新媒体 · 新传播 · 新运营 系列丛书

新媒体营销策划与运营

| 慕课版 |

惠亚爱　帅珍珍　乔晓娟◎主编

魏顿　李景景　吴红阳◎副主编

New Media

人民邮电出版社

北　京

图书在版编目（CIP）数据

新媒体营销 : 策划与运营 : 慕课版 / 惠亚爱，帅
珍珍，乔晓娟主编. -- 北京 : 人民邮电出版社，2025.
（新媒体·新传播·新运营系列丛书）. -- ISBN 978-7
-115-65469-4

Ⅰ. F713.365.2

中国国家版本馆 CIP 数据核字第 2024W5Y503 号

内 容 提 要

本书遵循基于工作过程导向的课程建设理念，根据工作岗位的典型任务将新媒体营销理念与实践相结合，构建兼顾新媒体数据化运营分析的知识技能体系。本书共 7 个项目，分别是新媒体营销认知、新媒体营销定位与策划、新媒体营销文案创作、新媒体图文营销、新媒体短视频营销、新媒体直播营销和新媒体营销数据分析。本书全面介绍了新媒体营销的要求、方法和技巧，旨在使读者掌握关于新媒体营销的系统化思维与实践方法，以及新媒体营销的核心知识与技能。

本书结构清晰，逻辑严密，案例新颖，"岗课赛训"融合特色突出，具有较强的实用性。本书可作为普通高等学校、高等职业学校财经商贸类专业的教材，也可供新媒体营销从业者和社会相关人士学习参考。

为了方便教学，本书配备了慕课视频，以助力实现智慧课堂的线上与线下互动，增强学习的方便性、快捷性，提升学习效果。

◆ 主　　编　惠亚爱　帅珍珍　乔晓娟

　　副 主 编　魏　頔　李景景　吴红阳

　　责任编辑　侯潇雨

　　责任印制　王　郁　彭志环

◆ 人民邮电出版社出版发行　　北京市丰台区成寿寺路 11 号

　　邮编　100164　电子邮件　315@ptpress.com.cn

　　网址　https://www.ptpress.com.cn

　　三河市兴达印务有限公司印刷

◆ 开本：787×1092　1/16

　　印张：13.25　　　　　　　　2025 年 1 月第 1 版

　　字数：333 千字　　　　　　2025 年 1 月河北第 1 次印刷

定价：52.00 元

读者服务热线：(010)81055256　印装质量热线：(010)81055316
反盗版热线：(010)81055315
广告经营许可证：京东市监广登字 20170147 号

前言
FORDWORD

当前，在新一轮数字科技革命和产业变革的背景下，人工智能、大数据、云计算、物联网等技术日新月异，新媒体行业的技术应用不断深化，传播模式不断创新，内容生态和产品形式日渐丰富，形成了满足不同用户信息需求的多样化圈层。因此，新媒体营销前景越来越广阔，这既为市场经济注入了新的活力，也为企业营销带来了更多机遇。然而，在商业利益、流量思维的驱使下，新媒体营销环境复杂，过度娱乐化、价值导向偏差等问题频出。满足公众对新媒体信息的真实性、科学性和正面导向的需求，建设健康的新媒体营销生态，是当下的重要课题。

新商业环境下，"新媒体营销"作为一门课程在普通高等学校、高等职业学校的财经商贸类专业中广泛开设，已成为新商科人才培养不可或缺的内容。本书融入新的理念与新的行业动态，形成了如下鲜明特色。

1. 坚持"立德树人"

本书围绕"家国情怀、经世济民、诚信服务、德法兼修"的高素质技术技能人才培养目标，坚持将"立德树人"的根本任务贯穿始终。每个项目均设置知识、能力、素养三维目标，优选具有中国特色的新案例和素材，挖掘新媒体营销中蕴含的价值元素，努力将社会主义核心价值观培育、法治意识与职业道德养成、优秀商业文化与传统文化传播等内容有机融入教材。

2. 遵循"项目式""任务式"教材开发理念

本书每个项目都遵循"知识目标—能力目标—素养目标—案例导入—任务学习—知识考核—项目实训"的逻辑结构展开，突出职业教育的特点，进一步强化学生的职业素养和能力，使其适应新媒体营销行业的需求。

3. 构建以图文营销、短视频营销、直播营销"三驾马车"为核心的知识技能体系

本书对接新媒体营销的新岗位、新技术、新业态，形成了以图文营销、短视频营销、直播营销"三驾马车"为核心的新媒体营销知识技能体系，更加符合教育教学规律和新时代人才培养的需求。

　　本书由惠亚爱、帅珍珍、乔晓娟担任主编，负责统稿；魏顿、李景景、吴红阳担任副主编。具体编写分工如下：项目 1 由惠亚爱编写，项目 2 由李景景编写，项目 3、项目 5 由帅珍珍编写，项目 4 由乔晓娟编写，项目 6 由魏顿编写，项目 7 由吴红阳编写。

　　由于编者水平有限，书中难免存在疏漏之处，敬请广大专家、学者及使用者提出宝贵的意见。

编者

2024 年 12 月

目录
CONTENTS

新媒体营销认知

知识目标

- 了解新媒体产生的背景；
- 熟悉新媒体的概念与类型；
- 熟悉新媒体营销的概念与特点；
- 掌握新媒体营销的创新思维；
- 掌握新媒体营销从业人员的职业素养。

能力目标

- 能够建立新媒体营销思维；
- 能够使用其中一种新媒体（如抖音）；
- 能够具备一定的新媒体岗位从业人员的基本素质。

素养目标

- 增强民族自信心和责任心，培养深厚的中华民族自豪感；
- 利用新媒体手段讲好家乡故事，助力乡村振兴；
- 增强从事新媒体工作岗位的基本素质；
- 培养创新思维和团队合作精神。

案例导入

揭秘蜜雪冰城"出圈"的运营策略

"你爱我，我爱你，蜜雪冰城甜蜜蜜……"一首有一点"洗脑"的主题曲，让蜜雪冰城迅速走红，并成为一个有"易上"热搜体质的品牌。

蜜雪冰城在几年前还是个名不见经传的奶茶品牌，即使在四、五线城市，光顾蜜雪冰城的人也不怎么多。那时，一点点、CoCo 都可、古茗等奶茶品牌十分火爆，谁也不会想到蜜雪冰城后来会频频上热搜。

在新品牌层出不穷、老品牌激烈竞争的茶饮行业，蜜雪冰城是如何掌握流量密码，成功"出圈"的呢？

1. 声音宣传

奶茶市场趋于饱和状态，蜜雪冰城为了提升品牌声量，选择了声音宣传，以美国乡村民谣《哦，苏珊娜》为基础创作了主题曲，其节奏轻快，搭配土味歌词，朗朗上口，一经推出就火遍全网。

一直以来，品牌都喜欢利用声音做宣传，无论是"挖掘机技术哪家强，中国山东找蓝翔"，还是"步步高点读机，哪里不会点哪里"，都是在用声音做宣传，以达到触达用户心底的效果。

2. IP 宣传+借势

（1）蜜雪冰城通过打造 IP 雪王，实现品牌人格化，并让雪王以"劲歌热舞""组团炸街"的形式出现在公众视野中，以打造雪王活泼、"鬼畜"的人设特点。

（2）蜜雪冰城借河南高温、暴晒这一网友都在吐槽、已有一定关注度的天气现象之"势"，顺势打造雪王被"晒黑"的事件，制造出"雪王黑化"的话题，而后自问自答，给出雪王因准备新品、采摘桑葚被"晒黑"的答案。比起普通的新品宣传，这更能引发高温下网友的共鸣，亦以轻松愉悦的方式扩大了宣传力度。

3. 渠道宣传

在互联网时代，蜜雪冰城深知只有掌握各大媒体平台的宣传方式，才能得到大量用户的关注。

（1）截至 2024 年 4 月，蜜雪冰城主题曲在某平台收获了超过 60 亿的播放量。亲近音乐创作、以趣味内容为主的天然属性，让与蜜雪冰城相关的话题一直保持着热度。#蜜雪冰城社死现场#等热门话题激发了网友的创作热情。网友自发改编了蜜雪冰城主题曲，创作出多个版本，其中包括俄语版、"鬼畜"版、说唱版，甚至还有京剧版……

（2）蜜雪冰城每出一款新品，都会在各媒体平台发布"种草"推文，或是运用节日宣传手段，发布优惠活动信息，这样客户可以第一时间得知它的最新消息。企业通过发布软文、视频来宣传品牌形象，能够让用户对品牌产生好感。其中，软文更能够塑造品牌形象，传递品牌价值，吸引用户的眼球，同时还可以在不知不觉中引起用户的共鸣，使其产生强烈的购买欲望。

任务1.1　认识新媒体

据工业和信息化部发布的 2023 年互联网和相关服务业运行情况显示，我国互联网业务收入持续提速增长。2023 年，我国规模以上互联网和相关服务企业（以下简称互联网企业）完成互联网业务收入 17483 亿元，同比增长 6.8%。

国家市场监督管理总局开展的统计调查显示，2023 年全国从事广告业务的事业单位和规模以上企业达 1.7 万户，广告业务收入 13120.7 亿元，比 2022 年增长 17.5%，彰显了消费市场活力和企业投资信心。其中，互联网广告发展迅猛，全年实现互联网广告发布收入 7190.6 亿元，比 2022 年增长 33.4%，在广告发布业务中的占比从 2019 年的 58.7%上升至 82.4%。传统媒体加快数字化转型，以电视台为代表的事业单位，互联网广告业务增长 8.3%。广告业集约化发展明显，北京、上海、杭州、深圳和广州等地收入合计占全国总量的 74.0%，成为我国"五大广告中心"。

中新经纬的数据显示，2023 年短视频上传用户超过 7.5 亿人。

2023 年全国广播电视行业统计公报显示，2023 年传统广播电视广告收入下降，新媒体广告收入增长。全国广告收入 3435.36 亿元，同比增长 2.78%。其中，广播广告收入 67.31 亿元，同比下降 8.70%；电视广告收入 516.35 亿元，同比下降 6.67%；广播电视和网络视听机构通过互联网取得的新媒体广告收入 2698.34 亿元，同比增长 12.09%；广播电视和网络视听机构通过楼宇广告、户外广告、报刊广告等取得的其他广告收入 153.36 亿元。

从收入结构来看，互联网广告和互联网营销服务仍然是新媒体行业的主要收入来源，但其他领域的收入增速也较快，显示出新媒体行业的多元化发展趋势。

1.1.1　新媒体产生的背景

新媒体产生的背景主要包括互联网和智能终端的快速发展，大数据、人工智能等新技术的支持，以及消费主力军的变化和传统媒体的持续衰退。

1．互联网和智能终端的快速发展

随着互联网技术的进步和智能手机的普及，人们能够更加便捷地访问和使用媒体内容，这为新媒体的产生提供了环境基础和硬件设备基础，也为新媒体的迅速发展和普及创造了有利条件。

2．大数据、人工智能等新技术的支持

大数据、人工智能等新技术的应用使得传统行业能够向更高层次发展，为新媒体的产生提供了技术支持。同时，这些技术使得媒体内容更加个性化，能够更好地满足消费者的需求，改善消费者的体验。

3．消费主力军的变化和传统媒体的持续衰退

随着消费主力军的变化，企业目标消费群体的需求和消费行为模式也在改变，企业需要顺应这一变化。同时，传统媒体在受关注度和广告收入上的持续下滑，以及行业间竞争的加剧，促使传统媒体主动融入互联网，寻求新的变革和业务增长点，这也为新媒体的产生和发展提供了契机。

> **📖 案例 1**
>
> ### 品牌年轻化，王老吉出了新花样
>
> 2023 年上半年，王老吉的业绩实现了明显增长，营业收入从 2022 年上半年的 59.2 亿元增长至 64.01 亿元。
>
> 王老吉为凉茶开发各类定制罐，持续强化产品与传统节日等多消费场景的关联，创新年轻化营销模式，丰富"吉"文化的内涵，提升品牌文化的影响力。
>
> 互联网、大数据、人工智能、云计算等新技术的发展推动了媒体技术的进步，也促进了行业的转型升级和竞争的加剧。传统媒体如果不积极寻求转型，进行结构升级，整合优化资源，打破僵局，寻找可持续发展之道，很快就可能被时代淘汰。在外界环境变化和内在发展的双重压力下，传统媒体正主动与新媒体融合，进行转型升级。

> **📖 案例 2**
>
> ### 小米的新媒体营销
>
> 小米的营销策略是成功的，让小米在强者如林的智能手机市场闯出了一片天地。小米从一开始就积极推销其产品概念，从立项就开始"炒作"；在工程机开始曝光，尚未量产的情况下就正式发布产品，以快为先导，时刻制造话题，将自己置于受关注的中心。小米在推广上充分利用公共关系，在分销上利用网络直销平台，从而节省了因中间商产生的成本。小米将节省下来的大量资金用于压低产品价格，形成高配低价的产品优势，通过快速渗透迅速占领市场。从战略布局来看，小米采用一步步试探和市场大力宣传结合、短期营销和长期营销结合的方式，逐步扩大直销范围，以规避风险和劣势，给自己留出充分的时间来了解市场反馈及市场需求。
>
> 小米运用了哪些互联网营销思维呢？
>
> 1. 打造极致单品
>
> 小米注重将单品做到极致，确保每一款单品都有让人惊喜的点。通过优化购买体验，提升产品格调和价值，小米成功打动了粉丝，让粉丝产生传播口碑的意愿。
>
> 2. 进行社群迭代
>
> 前期让少量粉丝参与产品设计，培养用户对产品设计的参与感，同时根据社群的反馈对产品进行快速迭代，从而不断积累产品势能，于是在用户的需求不断被满足和超越的过程中促成口碑传播。
>
> 3. 口碑传播
>
> 在打造极致单品和进行社群迭代的基础上，小米通过事件营销和网络渠道持续与粉丝互动，让粉丝参与营销，从而形成一种自愿式的口碑传播。

✳ 1.1.2　新媒体的概念与类型

1. 新媒体的概念与特点

新媒体是利用数字技术，通过计算机网络、无线通信网、卫星等渠道，以及计算机、手机、数字电视机等终端，向用户提供信息和服务的传播形态。从空间上看，新媒体特指当下

与传统媒体相对应的，以数字压缩和无线网络技术为支撑，利用其大容量、实时性和交互性，可以跨越地理界线，最终得以实现全球化的媒体。

与传统媒体相比，新媒体具有以下 4 个特点。

（1）新媒体迅猛发展，推动了传媒产业的转型升级。随着互联网技术的普及和发展，人们可以通过计算机、手机等终端设备随时随地获取信息，这使传媒产业的传播方式和商业模式发生了巨大变革。

（2）新媒体具有更强的交互性和参与性。传统媒体以单向传播为主，而新媒体通过抖音、微博、微信等平台实现了用户与内容的双向互动和参与。用户可以通过评论、点赞等方式表达自己的观点和情感，与其他用户进行交流和互动。

（3）新媒体具有更广泛的覆盖范围和更高的传播效率。互联网的普及让信息传播不再受限于地域和时间，人们可以通过新媒体平台获取来自世界各地的信息。同时，在新媒体平台上，信息可以通过网络实现实时更新和迅速传播。

（4）新媒体的发展推动了信息的数字化和多媒体化。传统媒体的信息以文字和图片为主要表现形式，而新媒体能够通过音频、视频等多媒体手段传播信息，这使得信息更加生动、形象，更能吸引人们的注意力。

2．新媒体的类型

新媒体的动态变化影响着新媒体类型的界定，从第一代门户网站、BBS 论坛、博客、QQ、视频平台、数字电视等，到微博、微信、短视频、直播等各类自媒体平台，新媒体的类型随着新的互联网产品和服务的诞生层出不穷，其界定方法也变得越来越模糊。

当前的新媒体大致分为 3 个阵营、8 类平台，如图 1-1 所示。

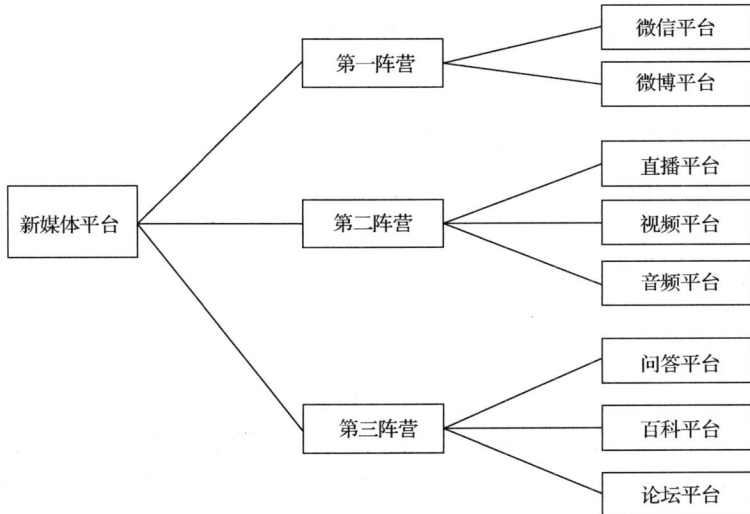

图 1-1 新媒体的 3 个阵营、8 类平台

（1）第一阵营包括微信平台和微博平台。这两大平台是目前各大企业都需要深耕的新媒体平台。

（2）第二阵营包括直播平台、视频平台和音频平台。娱乐化与多媒体化是营销推广的热门趋势，这 3 类新媒体平台是企业需要抢占和强化的阵地。

（3）第三阵营包括问答平台、百科平台和论坛平台，这些平台上的流量也不容小觑。

任务实训

一、实训目的

1. 掌握新媒体的概念与类型。
2. 学会一种新媒体平台的使用方法。
3. 学会沟通、合作及语言表达。

二、实训要求

1. 分组进行：每 3～5 人为 1 组，每组选出 1 名组长。
2. 实训形式：每组完成对应实训内容的 PPT，以组为单位进行讲解。

三、实训内容

1. 以小组为单位进行讨论，每个组员列举自己熟悉的 3 种自媒体平台并分析此平台的优缺点。
2. 将分析的结论整理成 PPT。
3. 各组组长上台汇报。

四、总结分析

根据每个组长的汇报情况，教师进行总结点评，并评出 2 个优秀组。

任务1.2 走进新媒体营销

新媒体出现以后，各种依托新媒体的营销方式也随之发展起来，营销手段日趋多元，营销方式日趋丰富，营销策略也更加符合消费者的个性化需求，企业对营销方式的更新迭代也越来越快。

✳ 1.2.1 新媒体营销的概念与特点

1. 新媒体营销的概念

新媒体营销，是指基于互联网平台进行的新形式营销，以微博、微信、抖音、小红书等新媒体平台为传播渠道，就企业产品与服务的功能、价值等信息进行品牌宣传、公共关系维护、产品促销等一系列营销活动。作为企业营销战略的一部分，新媒体营销是新时代企业全新的营销方式。

传统营销无论是通过报纸、电视、电影、广播、杂志投放广告，还是采用其他推销方式，本质上都是从企业或广告主的角度出发，与消费者的互动性不强。新媒体营销则从技术层面的数字化与传播层面的互动性出发进行营销，这种营销模式更注重内容的多样性和传播过程的互动性。企业可以通过新媒体平台的消费者反馈，及时调整营销策略，甚至针对不同的个体采用个性化的营销方式。

当下常见的新媒体营销模式主要有 10 种，分别是饥饿营销、事件营销、口碑营销、情感营销、互动营销、病毒营销、借势营销、IP 营销、社群营销和跨界营销。具体内容会在项目 2 进行讲述。

2. 新媒体营销的特点

随着科学技术的每一次变革，新媒体营销领域都会有新的形态出现，而营销的目的则万变不离其宗：让消费者知晓并认可企业的产品和服务，从而产生消费行为。

新媒体营销的具体特点表现为以下几个方面。

（1）互动性

新媒体营销最大的特点是互动性，消费者可以在社交媒体上分享、评论、点赞。在这个过程中，消费者不仅开始了解品牌，还能体验品牌的服务、互动形态。这种互动性的体验往往更具感召力，让消费者与品牌建立更加亲密的情感纽带，从而增加其对品牌的忠诚度。

（2）广泛传播

新媒体营销可以快速实现信息广泛传播，且传播门槛较低。例如，微博、微信、抖音等平台上的信息传播非常快，依靠粉丝和用户分享，新闻、活动和产品信息等都可以极快的速度传播。

（3）高定制化

与传统媒体营销的单向宣传不同，新媒体营销更加强调定制化，要求企业创造出符合消费者需求和喜好的产品和服务，以获得消费者的忠诚度。

（4）数据驱动

新媒体营销需要面对庞大且复杂的数据，因而要利用数据分析来实现更加精细化的营销，精准投放资源，从而更好地促进销售。

（5）多样性

新媒体营销渠道的多样化带来新媒体营销方式的多样性，直播、短视频、图文信息、话题讨论等多种营销形式不仅可以满足不同品牌和产品的不同营销需求，也能更好地迎合现代年轻人的消费习惯。

（6）引导式销售

新媒体营销强调引导式销售，企业推出一系列产品或服务，在营销过程中以轻度购买为契机，巧妙地激发消费者的消费欲望，并使消费者在参与互动营销的过程中渐渐做出购买决策。

总而言之，新媒体营销既强调与消费者的交互性和互动性，又强调进行有效的引导式销售，这是新媒体营销能够成功的根本所在。

📖 **案例 1**

5G：中国标准

移动通信技术发展的 40 余年，也是我国逐渐加快追赶步伐的 40 余年。从 1G 空白、2G 跟随、3G 突破到 4G 同步，我国通信行业实现了跨越式发展。如今，中国 5G 已走在世界前列，甚至在技术上实现领跑。《中国互联网发展报告（2023）》显示，中国 5G 网络建设和应用全球领先，全面推进 6G 技术研发，率先在全球将 6GHz 频段划分用于 5G/6G 系统；移动互联网用户达 14.89 亿户，移动物联网用户规模达 20.51 亿户，占移动网终端连接数的比重超过一半。

📖 **案例 2**

"耳朵经济"蓬勃发展：内容生态建设成关键

随着在线音频平台的资源投入和品质内容供给，"耳朵经济"进一步激发。华经情报网的数据显示，2023 年，我国在线音频行业移动端平均月活跃用户量实现了显著增长；在线音频行业移动端平均活跃用户达 2.99 亿名，同比增长 11.2%；我国在线音频行业市场规模达 250 亿元，2018—2023 年年均复合增长率为 35.7%。

艾媒咨询的报告显示，当前，中国在线音频行业的竞争点主要集中在内容层面，包括音频内容的数量、质量及创新度。绝大部分受访者希望在线音频平台进行内容层面的服务升级，可见，深耕内容仍是当前在线音频行业的发展主题。

网络文化呈"破圈化"发展趋势。新传播技术赋予传统文化源源不断的生机与活力，"互联网+文化""智能+文化"等催生网络文化新业态。文创产品不断融合经济价值与文化价值进行创新，文化产业发展势头强劲。网络文化内容和平台不断"出圈"，线上线下影响力协同增强。

数字社会治理共同体建设不断推进。随着政务新媒体建设的不断优化、政务数据的有序共享、社会数据的合理利用、互联网平台的有效协同、公众的积极参与，多元共治的数字治理模式不断形成。数字社会治理注重融合治理方式，做到线上线下融合治理，国内国外全盘化治理。数字治理手段不断得到认同和实际应用。

❋ 1.2.2 新媒体营销变革

新媒体营销变革主要体现在传播方式变革、营销策略变革、消费者互动变革和营销效果评估变革4个方面。这些变革不仅改变了企业与消费者之间的互动方式，也为企业提供了更精准的目标市场定位方法和更高效的营销手段。

1. 传播方式变革

新媒体营销通过多样化的平台，如微博、微信、抖音、小红书、今日头条等进行传播，打破了传统媒体的单向传播模式。这些平台支持企业与消费者进行双向互动，使得信息传播更加灵活和个性化。例如，通过微博和微信的实时互动功能，企业可以迅速响应消费者的反馈和需求。

2. 营销策略变革

新媒体营销在策略上更加注重内容的创意和个性化，通过有趣、有价值的内容吸引消费者关注。例如，小米构建粉丝社区，通过社区建设和内容创新，实现了品牌与消费者之间的深度互动，从而扩大了品牌影响力。

3. 消费者互动变革

新媒体营销强调与消费者实时互动，通过评论、点赞、分享等功能，让消费者参与到品牌的建设中，从而提高消费者的参与感，增加品牌的曝光度和影响力。例如，通过微信和微博的互动功能，企业可以引导消费者参与话题讨论，提高品牌的社交媒体活跃度。

4. 营销效果评估变革

新媒体营销使得营销效果的评估更加精准、实时。通过数据分析工具，企业可以实时追踪消费者的互动数据和消费信息，了解其喜好和行为模式，从而调整营销策略。例如，通过分析微博和微信的用户数据，企业可以精准定位目标市场，提高营销活动的转化率。

随着技术的不断进步和消费者行为的不断变化，未来的新媒体营销将更加注重个性化、情感联结和数据驱动。

❋ 1.2.3 新媒体传播中的不可为

1. 各路谣言不要传

造谣动动嘴，辟谣跑断腿。造谣或传谣容易引发社会恐慌，影响正常生活和工作秩序。互联网不是法外之地，传播谣言将会被追究法律责任。

2．违法有害信息不可发

新媒体平台由于用户基数大，信息传播面广，违法有害信息一旦在其中传播，影响更为恶劣。我国法律法规对禁止利用互联网制作、复制、查阅和传播违法有害信息做出了一系列规定，广大网民需要严格遵守法律规定，不可"越线"。

3．非法经营不可为

随着微信的兴起，各种类型的"微商"应运而生。"微商"因为产品渠道不正规、品控不严格屡遭诟病。更严重的是，某些特定产品需要销售资质方可销售，擅自利用微信平台销售已涉嫌违法，严重者构成犯罪。目前新媒体平台的直播带货也存在各种各样的问题，国家正在逐步规范网络直播带货行为。

4．消费者隐私不能说

在新媒体时代，个人和企业都越来越依赖网络来存储、传输重要信息。然而，用户数据泄露已成为现实生活中的一个严重问题。如果消费者的个人隐私，如银行账号、个人身份信息等被泄露，将会给个人和企业带来巨大的经济损失和信誉危机。因此，企业应该尊重消费者，加强网络安全防护，做好数据保密工作。

任务实训

一、实训目的

1．了解新媒体营销的特点。
2．学会2～3种新媒体营销的模式。
3．提升团队合作精神、沟通能力、语言表达能力。

二、实训要求

1．分组进行：每3～5人为1组，每组选出1名组长。
2．实训形式：结合自己比较熟悉的一种产品和新媒体营销模式，制作PPT进行讲解。

三、实训内容

各组每名成员介绍自己熟悉的产品及其新媒体营销模式。

四、总结分析

每组组长上台汇报，教师进行点评，并排出各组的名次。

任务1.3 培养新媒体营销创新思维

作为移动互联的数字时代的新媒体营销人员，要改变传统的营销思维，善用创新思维，以达到理想的营销效果。

1.3.1 线上思维

新媒体时代，通过线上运营可以更好地覆盖用户，提供更符合用户需求的产品或服务；同时，与线下运营相比，线上运营更加便捷和个性化。随着移动互联网技术、移动通信技术的发展，移动线上运营信息传递的快捷性、便利性和准确性超越了以往的任何媒体，并实现了精确的分众化传播，使信息能够准确触达每个目标用户，让每个用户都可以成为信息的传递者。移动终端逐渐变为企业和商家连接用户的首要途径。

❈ 1.3.2　用户思维

用户思维是指在价值链的各个环节中都要以用户为中心考虑问题。因为在新媒体营销过程中，每个用户都是非常重要的传播节点，他们不再只是旁观者，而是营销活动的见证者、参与者与体验者。以人为本、用户至上、以用户为中心的理念是互联网时代企业的宗旨。利用新媒体可以拉近与用户的距离，挖掘用户的潜在需求和消费特征，让用户参与到企业新产品设计、商业模式策划及日常运营中，从而为企业树立良好的口碑，使企业立于不败之地。

❈ 1.3.3　产品思维

产品思维是互联网时代企业营销的重要思维模式。在数字时代，新媒体营销人员一方面必须对企业产品的设计动机、定位和迭代了如指掌；另一方面也要时刻关注各大新媒体平台更新了哪些新的产品与功能，应更有效地借助新媒体平台为用户创造价值，进而帮助企业实现商业价值。

❈ 1.3.4　品质思维

在任何营销环境中，品质永远是产品的主要价值，特别是互联网经济中，把产品品质和服务品质做到极致，做到超出用户预期，企业才能保持竞争力。

1. 产品品质

在互联网经济中，大多数产品处于供大于求的状态。在市场比较饱和的情况下，企业如果不能保证产品品质，将很难在市场中站稳脚跟。互联网经济时代的竞争是用户认知的竞争，用户对品牌、对产品的认知在很大程度上决定了他们的消费观念。无法得到用户认可的产品难以传播，所以企业必须提升产品的价值和内涵，使其向精细化发展。

2. 服务品质

互联网环境下的目标用户需求更加个性化，也更加难以满足。对企业而言，必须使用户获得极致的使用体验，这样才能引发产品和品牌的传播。在这个社会化媒体时代，用户会主动对好产品进行口碑传播。所以除了产品品质，服务品质也是品质思维的重点，甚至对很多无法在产品品质上超越竞争者的产品而言，服务才是营销的关键。

❈ 1.3.5　品牌思维

品牌被称为企业的无形资产，也是商业竞争的核心要素，新媒体营销要围绕品牌做文章。品牌不生产产品，而是使消费者形成对产品的概念和印象；品牌不销售产品，而是为消费者提供购买该品牌产品的理由；品牌不会提高产品性价比，但会提高消费者的感觉性价比。品牌应具备消费者视角，立足于消费者购买决策的特点与过程，通过作用于消费者的心智，配合企业提升业绩。面对新的环境、消费群体与商业形态，如果企业的品牌规划与管理还是依赖传统手段，必然活力不足。只有懂得借助新媒体平台，做好新商业形态下的品牌规划，才有可能在新媒体时代实现品牌的超越和腾飞。

品牌思维是指把新媒体矩阵当作品牌来运营。新媒体营销不是简单地撰写文章、录制视频或做活动吸引粉丝，而是运营一个品牌，通过各种运营方法让这个品牌进入用户的大脑和内心，提升用户对品牌的认知。

企业拥有了品牌思维就会发现，品牌的最高境界就是代表一个品类，例如娃哈哈、三只松鼠、华为等。新媒体人的品牌思维是放弃战术层面的文案技巧、标题技巧、活动策划，从战略层面审视自己、用户和竞争对手，从用户需求，品牌理念、定位、认知等方向着眼和思考。

任务实训

一、实训目的

1. 熟悉新媒体营销的创新思维。
2. 培养分析问题、解决问题的能力。
3. 培养沟通意识与合作能力。

二、实训要求

1. 分组进行：每 3～5 人为 1 组，每组选出 1 名组长。
2. 实训形式：每组完成相应的写作任务，以组为单位进行讲解。

三、实训内容

1. 写一篇微信推文。
2. 写一篇微博推文。
3. 写一篇抖音推文。

四、总结分析

每组代表上台汇报，之后由教师进行点评，并排出各组的名次。

任务1.4 新媒体营销从业人员的职业素养

随着新媒体平台的迅猛发展，新媒体营销策略层出不穷，各行各业纷纷将其作为自身品牌宣传和营销推广的重要阵地。新媒体营销这一新兴领域的从业人员必须具备一定的职业素养。

❋ 1.4.1 新媒体营销岗位的要求

新媒体营销岗位对任职人员的专业、经验、知识及能力等都有相关要求，下面将从 4 个方面介绍新媒体营销的岗位要求。

1. 专业要求

由于新媒体营销具有营销属性，需要制定营销策略、撰写营销内容等，一般要求从业人员是新闻、中文、营销、广告、设计、工商管理等专业毕业的人才。由于企业规模的不同，该岗位对学历的要求也不同，但绝大多数企业都会要求学历水平为大专及以上，一些专业性较强的企业也会要求学历水平为硕士研究生及以上。

2. 经验要求

根据具体岗位及薪资水平的不同，企业对新媒体营销岗位从业人员的经验要求也不同。一般来说，企业对实习生的经验要求较低，大多不做硬性规定；对新媒体营销专员则要求至少具有 1 年的工作经验；对新媒体营销主管通常要求具有至少 3 年的工作经验。

3．知识要求

因为新媒体营销涉及新媒体平台、互联网的运用，因此从业人员要了解一定的互联网运用、数字化营销、新媒体平台运营、网络营销和营销策划等方面的知识，如懂得 Photoshop 的使用、排版工具的使用，熟悉各大新媒体平台，拥有新媒体账号并熟悉相关界面等。除此之外，从业人员还需要具备一定的营销心理学知识。

4．能力要求

从事新媒体营销工作的基本能力包括快速学习能力、创新能力和思考能力等。快速学习能力是指能够在短时间内快速熟悉陌生事物，学会使用新方法、新工具并融会贯通；创新能力是指能够不断提出具有推广意义、能运用到实际工作中的意见的能力；思考能力是指能够独立思考，面对问题具备提出解决方法的能力。

❋ 1.4.2　新媒体营销从业人员的工作职责

新媒体营销工作的核心是内容运营。据不完全统计，目前全国已有数百万人从事新媒体营销工作，这是一个非常庞大的族群。在某招聘网站上，以"新媒体营销"作为关键词搜索招聘信息并进行分析，得到的岗位包括新媒体营销策划、新媒体运营推广、新媒体文案编辑等。其职业发展遵循互联网行业的一般规律，成长路径为从助理、专员、主管、经理到总监。

新媒体营销岗位群的工作职责如下。

1．营销策划

（1）深刻理解企业发展战略和产品特点，聚焦社交平台的最新营销动作和产品舆论资讯，致力于品牌形象和营销业绩的提升。

（2）与团队共同讨论策划方案，配合执行各种线上、线下营销活动，进行媒介对接与内容制作。

2．新媒体运营

涉及各新媒体平台的活动策划、日常内容更新、数据分析等运营及推广工作。

3．视觉设计

视觉设计主要包括图像、文案、视频、资料、产品创意的策划、收集、制作与管理。

4．粉丝运营

（1）与各新媒体渠道粉丝进行良好互动，通过有效的新媒体运营手段提升粉丝活跃度，跟进推广效果，分析数据并及时反馈。

（2）聚集各社交平台上的粉丝群体，发展与维护核心用户，扩大社群经济的规模效应。

❋ 1.4.3　新媒体营销从业人员的必备素质

1．敏锐的"网感"

所谓的"网感"是指捕捉互联网热点和爆点的能力。所有新媒体营销从业人员都要有对时事、热点的敏感性，要了解网民关注什么，对网络语言、网络流行趋势要有全面的把控能力。

2．文案写作能力

优秀的新媒体营销从业人员一定要具备扎实的写作功底，还要能够自由切换语言风格，以适应不同的营销环境和素材。好的文案能够让读者产生强烈的代入感，从而在潜移默化中实现营销转化。

3．审美能力

令人赏心悦目的排版风格，配上足够有格调的图片，会带来意想不到的效果。这都要求新媒体营销从业人员具有良好的审美能力。

4．创意能力

只有好的创意才能深入人心，在网络上形成影响力。好的创意是文案的灵魂，也是营销效果的根本保证。

5．学习能力

学习是最基本的能力之一，因为新媒体运营的工作内容远不只是发文章。新媒体营销从业人员一定要对身边的事物充满好奇心，同时要充实自己的知识库。不管是进行文字编辑还是操作实用工具，都要不断尝试学习新知识，因为灵感往往来自对新事物的体验。

6．数据分析能力

一定程度上，新媒体工作是数据运营的工作，从业人员每天都要盯紧后台的阅读、互动、分享、留言、评论等数据。新媒体营销从业人员要了解每个曲线波峰、波谷出现的原因，预测大致趋向，并能分析后台的关键数据。

7．抗压能力

新媒体营销不是一项轻松的工作，需要从业人员马不停蹄地追热点、找素材、写文案、做推广，有时还需要客串一下客服，要做"多面手"，因此，新媒体营销从业人员要具有极强的抗压能力。

任务实训

一、实训目的

1．掌握新媒体营销从业人员的必备素质。

2．培养沟通能力、合作意识。

3．培养分析问题、解决问题的能力。

二、实训要求

1．分组进行：每 3～5 人为 1 组，每组选出 1 名组长。

2．实训形式：每组派 1 名代表上台讲解，结合成功案例，分析新媒体营销从业人员所具备的素质和能力。

三、实训内容

1．在互联网查找 2～3 个新媒体营销的成功案例进行分析。

2．在现实生活中找 2～3 个新媒体营销的成功案例进行分析。

四、总结分析

每组代表讲完后，由教师进行点评。

知识考核

一、单选题

1. 下列选项中属于新媒体的是（　　　）。
   A. 电视 　　　　B. 手机媒体 　　　C. 广播 　　　　D. 报纸

2. 以下不属于消费者行为习惯的是（　　　）。
   A. 社交 　　　　B. 生活 　　　　C. 学习 　　　　D. 工作

3. 以下哪项不属于新媒体营销的优势（　　　）。
   A. 消费者的自主选择性 　　　　　　B. 营销成本的低廉性
   C. 目标消费者的精准性 　　　　　　D. 企业与消费者的互动性
   E. 营销内容的创意性 　　　　　　　F. 市场覆盖的广泛性

4. 以下不属于新媒体营销变革内容的是（　　　）。
   A. 新的营销策略 　　　　　　　　　B. 新的传播方式
   C. 新的营销效果评估方式 　　　　　D. 新的消费观念

二、多选题

1. 新媒体营销从业人员应该具备的素质有（　　　）。
   A. 文案写作能力 　　B. 创意能力 　　C. "网感"
   D. 审美能力 　　　　E. 学习能力

2. 新媒体营销的创新思维包括（　　　）。
   A. 品牌思维 　　　　B. 框架思维 　　C. 产品思维
   E. 联想思维 　　　　D. 用户思维

3. 下列属于新媒体营销特点的有（　　　）。
   A. 形式多样，个性化突出 　　　　　B. 消费者范围广泛、精准，互动性强
   C. 传播快速高效 　　　　　　　　　D. 营销效果评测数据化
   E. 不能裂变

4. 新媒体营销不可为的操作有（　　　）。
   A. 传播谣言 　　　B. 发布有害信息 　　C. 非法经营 　　　D. 泄露个人隐私

5. 常见的新媒体营销模式包括（　　　）。
   A. 口碑营销 　　　B. 病毒营销 　　　C. 饥饿营销
   D. 情感营销 　　　E. 社群营销

三、判断题

1. 新媒体是利用数字技术，通过计算机网络、无线通信网等渠道，以及计算机、手机、数字电视机等终端，向用户提供信息和服务的传播形态。（　　　）

2. 新媒体营销是指利用新媒体平台进行营销的模式。（　　　）

3. 新媒体营销创新思维包括线上思维、用户思维、产品思维、品质思维和品牌思维。（　　　）

4. 能给大众带来新鲜感是新媒体与传统媒体最主要的区别。（　　　）

5. 新媒体的核心特征是及时性与互动性。（　　　）

四、案例分析题

品牌出海——蒙牛与巴黎奥运会

在 2024 年的巴黎奥运会期间，多个品牌通过巧妙的营销动作脱颖而出，吸引了大量关注，其中就包括蒙牛。那么，蒙牛是如何策划营销的？

1. 顶层合作

2019 年，蒙牛与国际奥委会合作，加入奥林匹克全球合作伙伴计划。巴黎奥运会期间，蒙牛作为奥林匹克全球合作伙伴亮相，并获得使用奥林匹克知识产权、广告优先权等权利。

2. 主题广告

蒙牛携手张艺谋导演的团队，拍摄并发布了奥运主题电视广告《开幕》，并邀请韩红演唱改编版歌曲《一路生花——中国队要强出征版》。

3. 话题营销

在微博平台上，"蒙牛"与"奥运"的话题讨论声量及互动量持续增长，阅读量接近 300 亿。

4. 人文快闪

蒙牛在巴黎塞纳河畔蒙牛艺术跑道展区举行了"我为家乡健儿上大分"快闪主题活动。在奥运现场设计线下品牌装置并不是罕见的操作。但蒙牛这条位于塞纳河畔的跑道内有乾坤，它是用 15 万个回收的奶盒制作而成的，这样的环保理念正与巴黎奥运的主题相契合。对于整个蒙牛而言，这不只是一个简单的装置，更是一个情感的锚点，可以更好地跨越空间和消费者进行品牌沟通。

蒙牛通过全方位的营销动作，不仅提升了品牌曝光度，还强化了自身与奥运会的连接，成功吸引了消费者的关注。

请分析：蒙牛新媒体营销成功的原因有哪些？

项目实训

实训项目：开启抖音之门

一、实训目标

1. 能够通过教师讲解、案例讨论掌握相应知识点。
2. 能够初步学会拟写抖音短视频文案。
3. 初步形成独立思考能力与自主学习能力。

二、实训内容

每名同学结合自己的实际情况，包括学习、日常生活、品尝美食、旅游等，设计策划并拍摄抖音短视频，完成后在抖音平台成功发布。

三、实训要求

1. 学习抖音的使用方法。
2. 必须亲自设计、策划、拍摄并发布。
3. 必须亲自撰写抖音短视频文案。
4. 具有创意性、生活性或娱乐性。

新媒体营销定位与策划

🛒 知识目标

- 明确新媒体营销定位的内容；
- 了解新媒体营销策划；
- 了解常见的新媒体营销模式。

🛒 能力目标

- 能够构建精准的用户画像，强化服务意识；
- 能够根据目标受众的特点和需求，提供有价值的内容；
- 能够撰写新媒体营销策划方案。

🛒 素养目标

- 树立以用户为中心的营销理念，培养敏锐的市场洞察力；
- 利用新媒体推广中华优秀文化，树立文化自信，为实现中华民族伟大复兴贡献力量；
- 增强创新思维和独立思考能力，勇于尝试新的营销手段和创意；
- 培养团队合作精神和沟通能力。

案例导入

极致"少女心"——花知晓的破圈密码

即使已经见惯了行业的"大风大浪",但仍然说不准,下一个被"流量之神"眷顾的品牌会是谁。在化妆品垂直赛道中,彩妆一直是"爆款"话题,近几年来,品质升级与内容竞争十分激烈,品牌洗牌尤其迅猛,行业中涌现了许多新面孔。

作为美妆领域的"后进生",花知晓在同质化的赛道中,却以一种极致化的"少女心"打法,推出一系列令人瞳孔放大的产品,诠释着彩妆的另一种可能。

2016 年,花知晓品牌创立。彼时,国货彩妆的"少女心"赛道仍是空白的,花知晓率先确立了这种风格,并一路坚持。花知晓不讲文化故事,坚持以简单、不重复的元素让用户感知"少女心",并不强行定义什么是"少女心",只是坚持让"少女心"的形象借由产品和品牌自然流淌出来,其 60% 以上的受众为"95 后""00 后"等"Z 世代"年轻消费者。正是源于对这种对"少女心"的洞察力,花知晓迅速从小众向大众破圈,2022 年卖出了2.2 亿元,销售额同比上涨 34.79%,2023 年销售额突破 4 亿元。

牢牢抓住小众人群的喜好打造的品牌文化,是新锐品牌天然的记忆点。在花知晓品牌创立之前,关注女性的品牌很多,但真正专注耕耘"少女心"的少;做大牌"平替"的品牌很多,但随消费者成长的少;做"出圈"单品的品牌很多,但能做出系列"爆款"的少。

从花知晓的定位来看,其客户画像十分清晰:第一类是泛二次元的圈层用户,包装对他们的吸引力十足;第二类则是学生及初次接触美妆的"小白",他们的经济基础相对薄弱,没有固定的消费喜好,同样容易被产品的"颜值"吸引。

1. 超美的视觉打造

彩妆是一个冲动消费的赛道,如果没有办法利用极短的链路让用户下单,用户基本上就会流失。因此,拥有强视觉冲击效果的包材和内料,是花知晓唤醒用户"少女心"的关键。"高颜值"的产品设计本身就具备超强的社交属性和传播属性,能够让消费者主动分享。

围绕漫画风、二次元少女风主题彩妆,花知晓做出了大众能接受的可爱风、国风、复古风、宫廷风,在小红书上"大杀四方",让消费者齐齐高喊"少女心俘获一切",也打造出花知晓差异化的品牌形象和独特的视觉体系。用"少女心"将产品打磨成一件件惊艳艺术品的花知晓,在早已不算蓝海的彩妆赛道展示着其独树一帜的品牌名片。

2. 产品 IP 化营销策略

品牌推新和消费者"真实看见"之间有一层难以跨越的结界,所以品牌需要借助新的力量找到对方。经过几番产品更迭,花知晓确定了产品 IP 化的营销策略,即针对不同的圈层打造不同的少女主题包装,成功推出"月光人鱼系列"(见图 2-1)、"独角兽系列"、"小天使系列"、"花神系列"、"草莓洛可可系列"等。这种形式一是能够使产品内容更加立体饱满,更有冲击力;二是能让消费者第一时间对产品形成高关注度,为品牌带来更多势能。

3. 高频率上新

彩妆已是快时尚,要想抓住消费者的眼球,除了让产品自带传播基因,花知晓还想到了一个难度更大的方案,那就是高频率上新。

图 2-1　花知晓"月光人鱼系列"

　　因此，花知晓始终在生产供应链、产品开发、品牌传播和渠道方面研究如何提高效率。为了迭代一件产品，创始人把大概 80%的时间都花在了工厂里，基于需求场景串联了一条供需链；从时间节点分布上看，花知晓选择电商大促的时间节点进行重点布局，最终实现了 1 年 6 次的高频率上新。花知晓系列产品如图 2-2 所示。

图 2-2　花知晓系列产品

　　赶在对手之前推出新产品，在被对手模仿之前靠时间差赚利润。这一策略的优势是一方面可以防止其他品牌乘虚而入，另一方面也提高了老客户的复购率。

　　在营销获客方面，花知晓于 2021 年布局小红书、入驻抖音，截至 2024 年 4 月，花知晓官方微博账号粉丝 21 万、小红书账号粉丝 39.4 万、抖音官方账号粉丝 120.2 万。花知晓通过拍摄宣传产品的视频和图文制造话题，积累粉丝，增强了消费者黏性。

　　花知晓的营销策略逐步让其从小众圈层延伸到泛化的大众圈层，利用高辨识度的 IP 化产品去强化用户心智，让消费者在社交媒体上一眼就能认出花知晓的产品。

　　因此，品牌只有从产品、服务到理念创造独特的吸引力，才能与消费者产生共鸣，从而打造出真正意义上的"爆款"。

任务2.1　新媒体营销定位

　　第 53 次《中国互联网络发展状况统计报告》显示，截至 2023 年 12 月，我国网民达 10.92 亿人，较 2022 年 12 月新增网民 2480 万人，互联网普及率达 77.5%。其中，网络视频用户规模达 10.67 亿人，占网民整体的 97.7%；网络直播用户达 8.16 亿人，占网民整体的 74.7%。

同时，商务部发布的数据显示，2023 年全国网上零售额 15.4 万亿元，增长 11%，其中，实物商品网上零售额 13.0 万亿元，增长 8.4%，占社会消费品零售总额的比重为 27.6%。

《2024 社交媒体营销趋势观察报告》显示，社交媒体平台的用户黏性成为品牌营销的关键。短视频内容以其高用户黏性，成为吸引用户注意力的主要形式。特别是小红书，2023 年以 154.8%的账号活跃度同比增长，成为品牌不可忽视的营销阵地。KOL 营销策略正在发生变化。小红书尾部达人以 82.5%的营销声量占比，成为品牌触达更广泛用户群体的有效途径。

短视频、直播行业飞速发展，用户规模和消费时长不断攀升。尤其是短视频近年来持续领跑用户时长占比，且持续保持较高增长率。短视频、直播日益成为企业树立品牌形象、内容营销"种草"、占据用户心智、增长业绩的重要渠道。

随着互联网行业不断向纵深发展，内容形态与营销场景也更加多元化。越来越多的品牌跑步入场，深耕社交媒体营销，建立多平台营销矩阵，借助社交媒体平台的全域态势助力品牌增长。但在开展新媒体运营前，企业或品牌必须有明确的定位，即在用户脑海中占据独特且有价值的位置。明确的新媒体运营定位有助于塑造用户对企业或品牌的初次印象，使他们能够迅速理解其内容和价值。同时明确的定位能够确保用户画像保持稳定，从而吸引更多领域的流量。清晰的定位也有助于增强用户的黏性，为后期的内容变现奠定基础。

✳ 2.1.1　用户定位

用户定位是指明确将为什么样的人提供什么样的产品。用户定位的目标是深入了解产品所面向的用户的核心需求与消费偏好，投其所好，开展营销策划，从而占据用户的潜在心智。

1．确定用户群体和用户特征

（1）确定目标用户群体

众所周知，任何企业都是通过向产业链下游提供产品来获取社会认同及收益的，我们统称这些购买企业产品的行为单元为用户。多数时候，企业无法将自己的产品功能完善至可以服务所有对同类产品有需求的用户的境界，无法在整个司业市场中实现价值传递。于是，企业根据自身的能力向特定的用户提供有特定内涵的产品价值，这些特定的用户就是"目标用户群体"。

随着我国经济市场化程度的不断加深及买方需求逐渐多样化，构成产业链的元素进一步分裂，为满足消费者日益细化的需求而衍生出许多纸分行业，使单元产业的价值链条变得更长，覆盖整个产业链的产品已经成为过去时，针对目标用户群体的细分需求形成产品定位方可打造企业的核心竞争力。

企业在制定营销方案时面临的最大问题就是把产品卖给"谁"，也就是确定目标用户群体的问题。市场之大，消费者何其众也，国内尚且如此，更何况国际市场。企业在确定目标用户群体时，首先要针对所有的用户进行初步判别和确认。

在初步确定目标用户群体时，必须关注企业的战略目标，它包括两个方面的内容，一方面是寻找企业需要特别针对的具有共同需求和偏好的消费群体，另一方面是寻找能帮助企业获得期望的销售收入和利益的群体。通过分析居民可支配收入水平、年龄分布、地域分布、购买类似产品的支出统计，可以将所有的消费者进行初步细分，筛除因经济能力、地域限制、消费习惯等原因不可能为企业创造销售收入的消费者，保留可能形成购买力的消费群体，并对可能形成购买力的消费群体进行某种一维分解。分解的标准可以是年龄层次，也可以是购买力水平，还可以是有迹可循的消费习惯。由于该分析方法更趋于定性分析，经过筛选保留的消费群体的边界可能是模糊的，需要进一步细化与探索。

参考需求层次理论，通过分类假设法与归纳总结法来简要定位与分析目标用户群体的特征，可以帮助我们初步了解用户的心理需求和偏好。在进行用户定位前，需要先思考以下问题。

① 我们产品的目标用户群体是哪些人？

② 目标用户群体的核心需求是什么？

③ 如何定位与分析目标用户群体？

④ 如何让目标用户群体对产品产生心理认同？

我们以小米手机旗下占据绝对销量优势的红米手机为例，探讨红米手机是如何定位目标用户群体，以及如何分析目标用户群体的特征的。

首先，使用分类假设法提出问题——市场上会购买红米手机的消费者是怎样的人？

其次，采用归纳总结法，对目标用户群体进行分析。在小米手机已成交的产品订单中挑选范例用户，对其进行属性分析，寻找用户之间的共同点，将共性融合为用户画像的基本轮廓。

（2）用户特征分析

用户特征指的是根据产品用户的共同特性对其进行分类，通常根据区域、人群属性、信息传播方式及活跃度等多个维度来分析用户特征。

① 区域分析

区域分析可以从国籍、地区、省份、城市、聚集场所等方面展开。了解不同国家和地区的用户数量和占比，有助于企业或组织更好地了解不同国家和地区的文化和消费习惯，以便提供更符合用户需求的产品或服务；分析不同省份及城市的用户数量和占比，可以了解用户的地域分布情况，便于为产品或服务的推广和营销提供参考；而对用户聚集场所进行分析则能够了解用户更倾向于在哪些场所使用产品或服务，了解这些聚集场所的特点，有助于企业或组织更好地定位产品或服务，并为不同场所的用户提供更符合他们需求的产品或服务。

② 人群属性分析

人群属性分析是指对目标人群的背景、特征和行为进行分析，以了解其人口统计学、社会经济、心理和行为等方面的特征。

人口统计学特征包括用户年龄、性别、学历等基本信息，这些是人群属性分析的基础。通过对这些特征进行分析，可以了解目标人群的基本情况，为后续的数据分析提供基础。社会经济特征包括社会地位、经济收入、职业分布等，可以反映目标人群的经济状况，为产品或服务的定位和推广提供参考。心理特征包括价值观、生活方式、消费观念等，可以反映目标人群的心理状况，为产品或服务的定位和推广提供更深入的参考。行为特征包括购买习惯、品牌忠诚度、社交媒体使用等，可以帮助平台更好地满足用户需求，提升用户体验。

③ 信息传播方式分析

信息传播方式分析是指通过研究用户接触和传播信息的媒介和方式，来深入了解用户的信息获取习惯、信息消费方式、社交媒体使用习惯等。这些信息一方面可以帮助企业更好地了解目标用户和市场，另一方面有助于优化信息传播策略，提升信息传播效果，从而更好地满足用户需求。

④ 活跃度分析

活跃度分析主要是分析用户在各类社交媒体平台的活跃时间和浏览信息的停留时间等。用户活跃度是衡量平台受欢迎程度和用户参与度的重要指标，对社交媒体平台的价值和影响力有直接影响。活跃用户数量增长可以带来更多的流量和交易，进而提高平台的营收和利润。活跃度分析可以提供更多的用户偏好和与行为相关的数据，这些数据可以帮助平台了解用户需求并改进产品，提供精细化的服务内容。活跃度分析还可以带来更多的营销机会，使平台更有效地向他们推销产品和服务，并吸引更多的广告商投入广告。

总之，用户特征分析是了解用户需求的关键。用户特征分析实际上就是知道用户是什么样的人、需要什么、喜欢什么。用户特征分析是信息分析的一个细类，归根结底还是对信息的分析。

2. 构建用户画像

（1）什么是用户画像

用户画像又称用户角色，是勾画目标用户特征，并以用户诉求指导设计方向的有效工具，在各领域得到了广泛的应用。在实际操作过程中，用户画像往往会以最为浅显和贴近生活的话语将用户的属性、行为与期待的数据转化联系起来。作为实际用户的虚拟代表，用户画像并不是脱离产品和市场构建出来的，而是需要有代表性，能代表产品的主要受众和目标群体。

用户画像最初是在电商领域得到应用的。在大数据时代背景下，用户信息充斥在网络中，将用户的具体信息抽象成标签，通过建立用户画像，企业可以更好地了解目标用户，并且可以制定更加精准的产品设计、营销和推广策略，以满足用户的需求。用户画像也有助于企业更好地了解其产品在目标用户中的受欢迎程度，为产品优化和升级提供参考。

（2）用户画像的应用

在实际应用中，用户画像主要为产品优化、精准营销和用户运营等方面提供支持。

① 产品优化

在产品推出早期，产品经理可以通过调研和访谈的形式来了解用户，但在用户体量达到一定程度后，就需要通过用户画像来了解核心用户的属性特征和具体需求是否发生变化，并以此来进行有针对性的产品功能优化和迭代。

② 精准营销

这是用户画像应用最为广泛的领域，尤其是当产品步入精细化运营阶段后，就需要通过更为细致的维度对用户进行细分，进而对其采用相应的推送、转化、激励等运营策略，以实现运营资源的价值最大化。

③ 用户运营

在对用户进行画像的过程中，有许多信息和数据与用户的关键行为息息相关，这些都能为用户运营策略的制定提供依据。此外，企业还可以借助自动化工具和人工智能技术为用户提供覆盖产品全生命周期的个性化服务，进而促进转化并达成运营目标。

除此之外，用户画像也是很多数据产品的基础，例如，我们在互联网上看到的个性化推荐广告，其底层的算法大多基于用户画像的数据和信息。

（3）如何构建用户画像

用户画像的构建过程可分为 3 个步骤：数据采集、数据标签化和生成画像。

① 数据采集

用户画像所需的数据可分为静态数据和动态数据两类。

静态数据通常涉及用户的人口属性、空间属性、社交属性、消费属性和金融属性等，这些数据可以通过定性的开放式问题来获取，也可以通过定量的问卷调研来获取。获取这些数据的主要目的在于了解用户的真实需求，进而具象化用户特征。

动态数据则主要是不断变化的用户行为特征数据（如场景、媒体、路径等），这些数据通常都会被相应的互联网产品或平台记录下来，获取难度相对较低。

② 数据标签化

构建用户画像的目的之一就是通过对用户数据进行分析，为每个用户打上相应的标签，并为标签赋予不同的权重，所以就需要将用户数据映射到构建的标签体系中，并将用户的多种特征组合到一起，如图 2-3 所示。

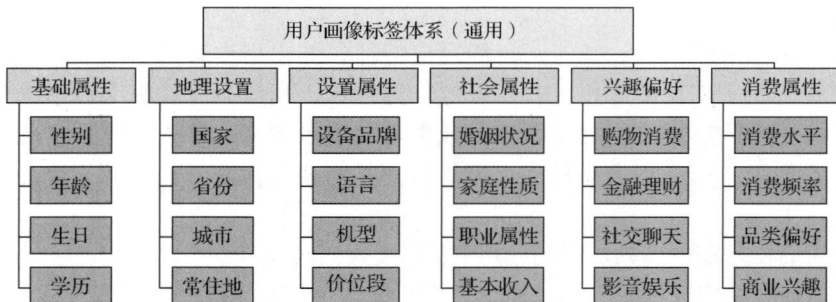

图 2-3　用户画像标签体系（通用）

标签的选择会直接影响最终画像的丰富度与准确度，因而将数据标签化时需要与产品自身的功能、特点相结合。例如，电商类平台需要对价格敏感度标签进行细化，而短视频平台则需要以多个视角用标签描述视频内容的特征。

③ 生成画像

在把用户数据标签化后，通过相应的模型或工具，如各类商业智能（Business Intelligence，BI）工具，即可生成相应的用户画像。用户画像可以是囊括各种标签的 Excel 表格，也可以是一张可视化的画像，如图 2-4 所示。

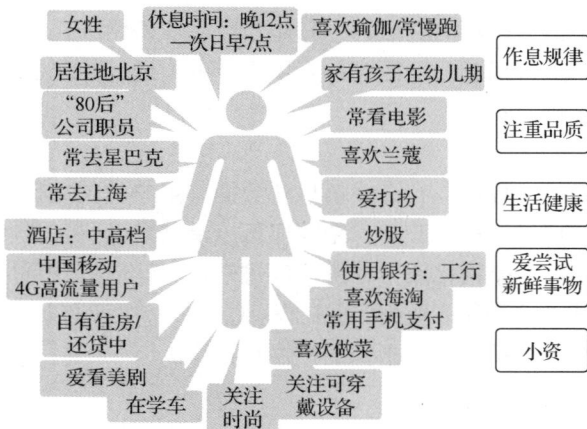

图 2-4　用户画像

需要注意的是，用户画像并非一成不变的，所以相应的模型和工具也需要具备一定的灵活性，要能够根据用户的动态行为调整画像。

对于任何一款针对个人用户的互联网产品而言，用户画像对其健康成长都有至关重要的作用，而随着数据采集工具和技术的不断发展，用户画像能做得愈加精细，用户的真实需求也能被更加准确地呈现出来，此时只要产品和运营策略及时进行优化迭代，那么，产品、运营与用户之间就能形成相互促进的良性循环，企业也能走入稳步增长的快车道。

📖**案例 1**

2022 抖音年轻人观察报告

18～23 岁的这一代年轻人充分享受了物质增长、教育水平提升、城镇化带来的时代红利。他们从小就生长在互联网和社交媒体的环境中，是真正意义上的"互联网原住民"。有了互联网这样便捷的信息渠道，他们的眼界更加开阔、知识素养不断提升，拥有更强的自主意识和文化自信，因此也更加追求"不同"，更加"不设边界、尽情探索"。巨量算数针对年轻人发布了《2022 抖音年轻人观察报告》，主要从年轻人喜爱的内容、偏好的消费方式及观念、追逐的兴趣潮流及日常参与的爱好活动这 4 个方面对抖音平台上 18～23 岁的年轻人进行数据扫描，展现年轻人在以上几个方面的多元选择、自由精彩。

1. 快意飞马的自由灵魂

在抖音，年龄为 18～23 岁的用户数量占总用户数量的比重超过 1/10。巨量算数调研显示，年轻人中男性用户略多一些，他们主要分布在二、三线城市。这些年轻人有接近一半是在校学生，如图 2-5 所示。相比一线城市，在中小城市生活的压力更小，这里的年轻人更愿意选择自由舒适的工作。他们有的当一名自由职业者，也有的不做"打工人"、自己当自己的老板，还有的选择当公务员。另一部分已婚的年轻人安逸地过起了全职太太或全职丈夫的生活，如图 2-6 所示。

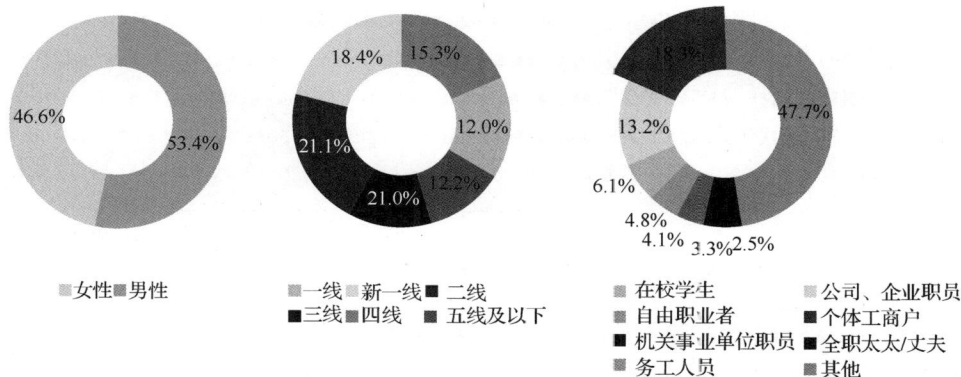

图 2-5　抖音平台年轻人分布概况

2. 认真生活的"社交牛杂症"

年轻人对社交的态度更多依赖于社交氛围。他们在喜欢的场合会滔滔不绝，在不喜欢的场合则会保持沉默，如图 2-7 所示。时而"社恐"，时而"社牛"，即所谓的"社交牛杂症"。

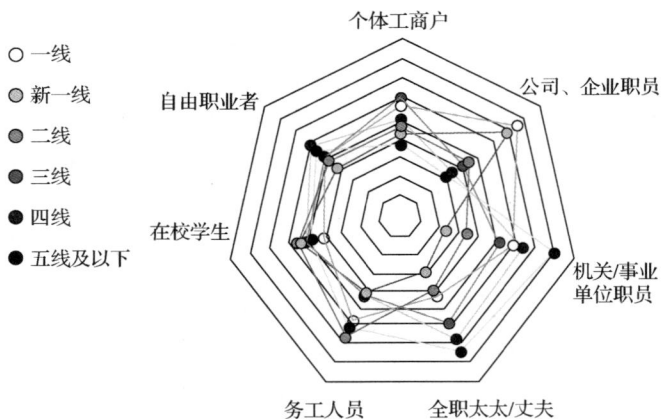

图 2-6　抖音平台不同城市级别年轻人职业分布 TGI

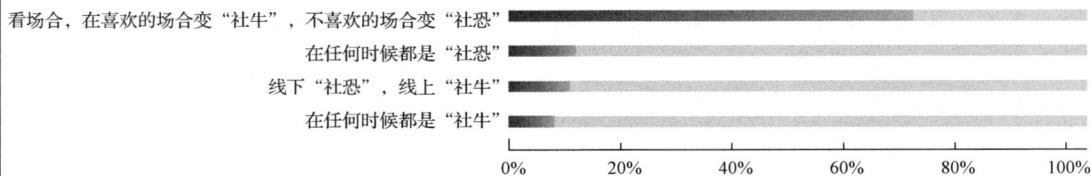

图 2-7　抖音平台年轻群体喜欢的社交态度

巨量算数调研显示，将近半数的年轻人认为，"社恐"最主要的根源在于在意别人的看法，如图 2-8 所示。

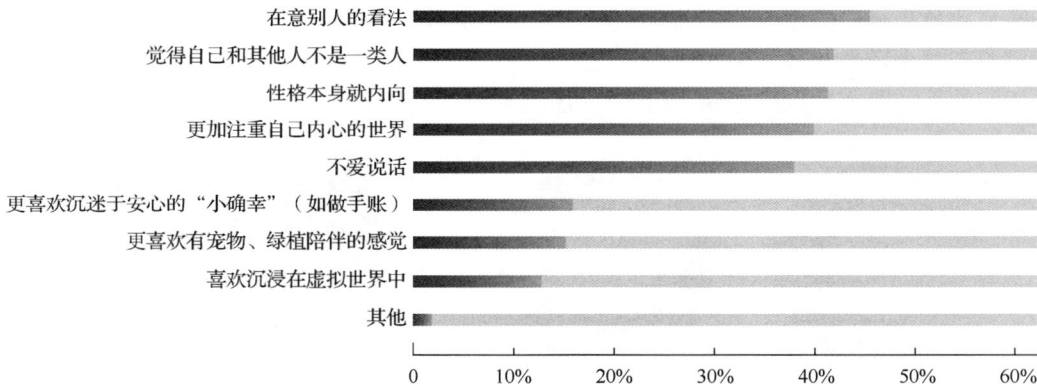

图 2-8　抖音平台年轻群体"社恐"的原因

越来越多"社恐"的年轻人选择在抖音观看与植物、插花和宠物等相关的视频。巨量算数数据显示，年轻人在抖音上搜索"绿植""植物""插花""萌宠"等关键词的频次，在 2022 年 1—5 月呈现出显著的同比增长趋势，如图 2-9 所示。

运动成为"社牛"的年轻人的新型社交方式。一些户外运动简单易上手、社交属性强，在年轻人的社交和运动需求中扮演了极为重要的角色。以飞盘为例，这项运动在 2022 年上半年迅速风靡于年轻群体中。巨量算数统计显示（见图 2-10），2022 年 1—5 月，18～23 岁的年轻人关于"飞盘"的评论量、点赞量和转发量，与 2021 年同期相比均有显著提升；2022 年 5 月，"飞盘"的搜索量更是较 4 月增长了 6 倍。

绿植		植物		插花	
点赞量	评论量	点赞量	评论量	点赞量	评论量
158.3%	254.9%	78.7%	166.0%	46.9%	75.3%

	转发量		转发量		转发量
	280.6%		32.2%		20.4%

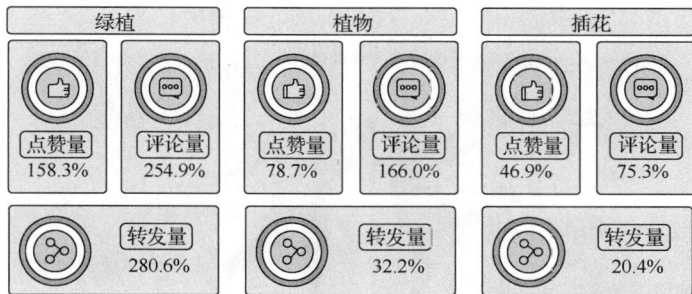

图 2-9　抖音 18～23 岁用户观看绿植等相关视频的同比增速

图 2-10　抖音 18～23 岁用户观看/搜索"飞盘"框关内容的数据

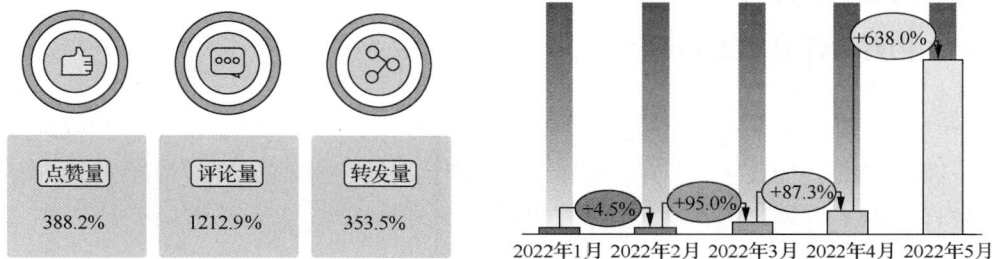

3．记录仪式感的创作者们

抖音年轻用户中有超过 2/3 的人经常在社交平台上分享自己拍摄的照片和视频。他们不惧表达，在社交平台上记录自己的生活，创作优质的内容。

巨量算数调研发现，在年轻群体中，有 10% 以上的人已经可以通过流量变现，其中男性占多数。网络不再是纯粹的虚拟世界，年轻人们越来越善于利用便捷的网络获得收入。抖音年轻用户喜欢在社交平台分享的原因如图 2-11 所示。

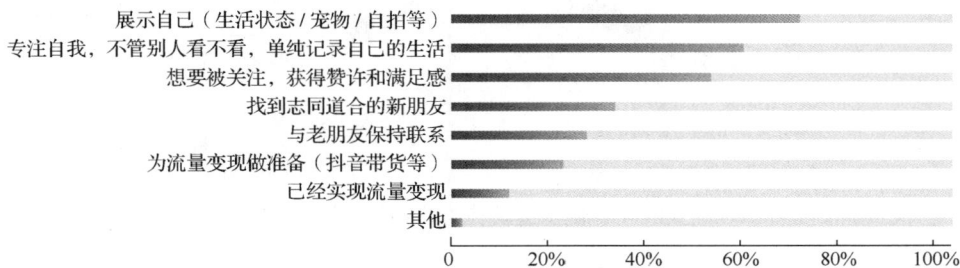

图 2-11　抖音年轻用户喜欢在社交平台分享的原因

超过半数的年轻人在网上直播过，其中有超过 20% 的人是为以后能直播带货做准备，还有 12% 直播过的人多多少少已经实现了流量变现。这样的趋势表明，直播已经成为年轻人赚取外快甚至作为职业的优先选择。

年轻人种种复杂的特征除了在社交和兴趣等方面体现得淋漓尽致，在喜好的内容和消费等方面也表现得异常明显，如图 2-12 所示。

他们是

#眼观六路的效率高手　#快意飞马的自由灵魂　#圈地自"萌"的小众粉丝

#寻根究底的好奇宝宝　　　　　　　#雅俗共赏的推广大使

#认真生活的"社交牛杂症"

#文化自信的精神消费者　　　　　　#记录仪式感的创作者

#拒绝"智商税"的购物达人

图 2-12　抖音年轻用户的画像

❋ 2.1.2　内容运营

1. 内容运营的定义和价值

（1）内容运营的定义

在了解内容运营的定义之前，我们先来了解内容的定义。这里的内容专指互联网产品的显性基础元素，例如文字、图片、音频、视频等，以及它们之间的排列组合；而内容运营是指以内容为核心，涉及内容分发、生产和消费的全链路运营。

（2）内容运营的价值

内容运营在整体运营中的价值主要体现在用户运营、市场/商务运营和活动运营都建立在内容运营的基础之上，如图 2-13 所示。

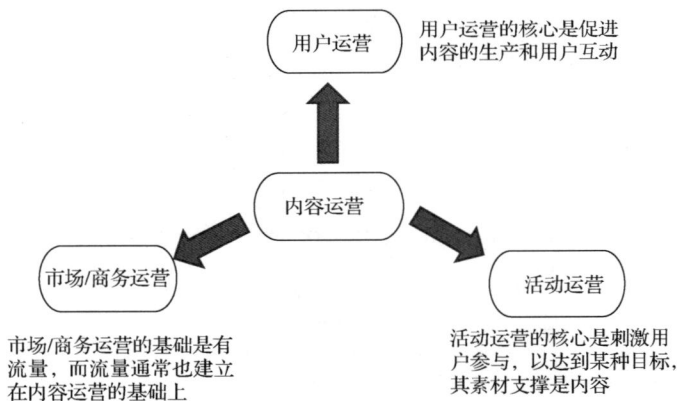

用户运营　用户运营的核心是促进内容的生产和用户互动

内容运营

市场/商务运营　市场/商务运营的基础是有流量，而流量通常也建立在内容运营的基础上

活动运营　活动运营的核心是刺激用户参与，以达到某种目标，其素材支撑是内容

图 2-13　内容运营在整体运营中的价值

可见，不管是策划活动还是日常投放市场所需的素材，都是建立在有内容的基础之上的。

（3）内容运营的战略价值

优质且不断更新的内容对于用户的留存、活跃及后期的变现具有重要作用。

对于社区型、内容型产品平台，如知乎、起点、抖音等，通过日更能够产出大量内容来吸引用户每天消费，从而达到留存用户的目的；通过设置评论区互动和群组互动的功能，能够吸引用户持续活跃；章节付费、投票或付费打赏功能，又能够引导用户付费。

对于工具型的产品，如支付宝、网易有道、高德地图等，通过提供特有的功能和内容，能够增强用户黏性。另外，对产品而言，在提供这些特有的功能和内容并有了基本流量之后，通过出售广告位或者推出付费功能等，能增加产品的变现渠道。

2．内容运营的分类

内容运营按岗位不同，可以分为文案型内容运营、产品型内容运营和资源型内容运营。

（1）文案型内容运营

文案型内容运营以编制创意文案为核心工作，主要工作范围包括主题专栏策划、文章标题撰写、作品引导文案撰写、短视频脚本制作、推送文案撰写、活动规则文案撰写、活动头图文案撰写等。

文案型内容运营的核心目标是通过文案与用户进行交流，刺激用户，提升转化率和用户活跃度。

从事文案型内容运营需要掌握基本的数据分析能力、创意策划能力、文本写作能力、资源整合能力、沟通能力，并具备热点意识。

（2）产品型内容运营

产品型内容运营的主要工作包括从内容的生产、分发、消费 3 个角度推动内容的产品化。

从事产品型内容运营需要掌握基本的数据分析能力、沟通能力，并具备产品意识和热点意识。

（3）资源型内容运营

资源型内容运营主要是通过整合达人、作者、名人、KOL（Key Opinion Leader，关键意见领袖）等外部资源来达到关于产品的某个目的。资源型内容运营可细分为商务运营、工会运营、KOL 运营等。

从事资源型内容运营需要掌握基本的数据分析能力、良好的资源整合能力、良好的沟通能力，并具备热点意识。

3．内容生产

（1）内容生产的定义

内容生产指通过制定评判内容质量的标准，挖掘优质用户、培育优质内容生产者，同时制定激励机制，为内容生产者提供激励，从而为产品持续生产出高质量内容。

在这个"内容为王"的时代，好的内容能够给用户带来价值，帮助他们解决问题并满足他们的需求。如何确定内容选题和完成内容生产呢？

好的内容选题不是拍脑袋得来的，"爆款"文章也不是冥思苦想就能写出来的，这通常需要一定的数据调研、分析以及总结来支持。在这个过程中，一方面需要分析自己能够输出什么内容，另一方面也需要随时了解行业的优质内容和发展趋势。

（2）内容生产方式

内容生产包括专业生产内容（Professional Generated Content，PGC）、用户生产内容（User Generated Content，UGC）和品牌生产内容（Brand Generated Content，BGC）3 种方式。

① PGC

PGC 即由专业的个人或团队有针对性地输出的较为权威、制作精良的内容，如电视节目、报纸刊物、媒体资讯等。

PGC 运营需要解决两个问题。

第一，专家为什么创造内容？（赢利、服务商业、树立知名度、追求成就）

第二，如何找到专家？（出资聘请、挖掘包装、人际关系）

② UGC

UGC 指用户原创内容，是伴随着以提倡个性化为主要特点的内容互联网产品模式（Web 2.0）概念而兴起的。它并不是某一种具体的业务，而是一种用户使用互联网的新方式，即由原来的以下载为主变成下载和上传并重。随着互联网的发展，网络用户的交互作用得以体现，用户既是网络内容的浏览者，也是网络内容的创造者。

UGC 内容运营需要解决两个问题。

第一，用户为什么创造内容？（分享经验、表明立场、寻求认同、获得同好）

第二，引导用户创作什么样的内容？（有意义的、有用的、有趣的、创造性的、符合产品调性的、不违法违规的）

③ BGC

BGC 是品牌为了向用户传递品牌形象、服务理念、产品特色等而生产并发布的内容。BGC 通常由品牌自己的内容团队制作，包括品牌故事、公司简介、企业文化等。在数字时代，BGC 的传播渠道更加多样化，如官网、社交媒体平台等。品牌可以通过数字渠道，将 BGC 精准地传递给目标用户，提高用户对品牌的认知度和好感度。

综上所述，PGC、UGC 和 BGC 是数字时代下内容资产的 3 种不同类型，都具备适应数字渠道传播的显著的数字化特征。这 3 种内容资产相互补充，共同构成了品牌的内容资产，为品牌的发展和传播提供了强有力的支持。

4．内容分发

内容分发指内容通过相应通路分发到达用户侧的过程，即让内容高效触达用户。内容分发主要包括内容推荐和内容发现。

（1）内容推荐的定义及途径

内容推荐主要有默认推荐、专题推荐、编辑推荐及个性化推荐。

① 默认推荐

默认推荐一般出现在新用户注册流程中，其目的是让用户快速熟悉平台、使用产品，降低使用门槛，提高留存率。默认推荐主要是平台帮助用户选择关注对象，通常会将优质的内容、大 V 等推荐给用户，由用户选择关注，或者直接帮助用户关注。默认推荐的意义与价值在于首次建立平台内容与用户之间的关系，使用户初步了解平台，初步提取用户的内容消费兴趣，与新用户次日留存高度相关。

② 专题推荐

专题推荐是将类型或主题相似的优质内容聚合成专题，根据不同用户的喜好进行推荐。优质的专题推荐不仅能刺激域内用户的内容消费，而且有极强的传播和扩散能力。开展专题推荐需要遵循 3 步：第一，策划及选择符合专题调性的产品类型，确定主题策划思路；第二，创新角度，切入热点，让内容本身有话题度；第三，将传播度作为考虑的必选项。

③ 编辑推荐

编辑推荐包括推荐优质内容、潜力内容和商务合作内容。其意义与价值在于发掘有价值的内容，确保内容流动，解决月度或者季度热门排行榜容易一成不变的问题，挖掘新的热门内容，保证平台热门内容具有流动性和新鲜感。

④ 个性化推荐

个性化推荐是基于大数据和算法，为每个人推荐适合其本人的内容。当平台发展到一定阶段，积累了海量的内容和用户，就可以为用户提供个性化内容。个性化推荐分 3 类：一是基于内容推荐，分析用户浏览内容后再推荐；二是基于用户协同过滤，为用户推荐相似用户喜欢的内容；三是基于物品协同过滤，即推荐和用户喜欢的物品相关的内容。个性化推荐的价值在于借助大数据和算法，有效根据用户的个人兴趣推荐内容，最大限度地提升留存率和用户满意度。

（2）内容发现的定义及途径

内容发现就是用户发现自己感兴趣的内容，具体可细分为搜索、分类查看、查看排行榜、查看标签、关注信息流。

① 搜索

用户需求：相对准确地寻找内容。

使用场景：对自己感兴趣的内容进行搜索，并发现相关内容。

运营落地：通过搜索记录、热门搜索推荐等方式让用户精准找到感兴趣的内容。

② 分类查看

用户需求：通过大类粗略地发现内容，如 QQ 音乐对歌曲流派做了中国风、民谣、爵士、古典等分类，就是为了让用户快速找到自己感兴趣的内容。

使用场景：通过展示不同类型的内容，让用户在某个类型里找到自己的兴趣点。

运营落地：通过定义一级分类、二级分类甚至三级分类的方式来展示内容。

③ 查看排行榜

用户需求：当面对众多内容不知道如何选择时，很多人会倾向于选择更多人看过或者推荐的内容，由此基于排行榜推荐的内容就诞生了。

使用场景：从总榜了解最近流行的内容，在分榜发现有趣变化。

运营落地方案：定期更新排行榜内容、排行榜分类等。

④ 查看标签

用户需求：用户往往喜欢更精准的分类方式。

使用场景：用户对某个标签下的内容感兴趣时，就诞生了通过标签发现内容的方式。

运营落地：依据用户感兴趣的内容进行标签分类，并及时将内容推荐给感兴趣的用户。

⑤ 关注信息流

用户需求：我关注、熟悉的人推荐的东西比较符合我的口味。

使用场景：打开关注信息流，了解我关注的人在做什么。

运营落地：处理好关注流、推荐流以及商业合作之间的关系。

那究竟何时用内容推荐，何时用内容发现呢？一般来说，在业务发展前期，以内容推荐为主，内容发现为辅，因为这个阶段内容量不够大，产品也处于探索期，在特殊情况下内容发现甚至只有搜索和分类即可；而在业务发展后期，则以内容发现为主，内容推荐为辅，因为随着内容量增加，产品模型稳定，用户量增加会导致对于内容的需求更加多样化和个性化，用户也会对高效内容检索提出更高的要求。

5．内容消费

内容消费是指内容经由生产、分发，最终到达用户侧被消费的过程。整个过程中，用户和内容的互动、用户和用户的互动都是必须关注的环节。内容消费的运营重点在于内容消费体验的好坏影响的是用户是否愿意消费，情感投入的多少则决定用户内容消费的黏性。

通过提升内容匹配度，提高内容质量，满足用户需求，甚至超出用户预期等，可以让用户的内容消费体验达到最佳；通过创建理智和谐的社区氛围，可以让用户更愿意表达和参与；通过提供合适的轻度内容生产工具，降低用户感情表达参与门槛，可以让用户有更强的情感投入。

❋ 2.1.3　平台定位

新媒体平台类型多样，我们将主流平台主要分为基础平台和引流平台两种，以微博、微信、知乎、抖音、快手、今日头条、哔哩哔哩（简称"B站"）、小红书等月活跃用户过亿的8个平台为例进行介绍。

1. 新媒体平台定位

（1）微博

微博是分享简短实时信息的新媒体社区平台。截至2023年四季度末，微博月活跃用户数达5.98亿。其运营宜以公告、动态和与粉丝互动为主。

（2）微信

微信是为智能终端提供即时通信服务的平台，2024年上半年，微信活跃用户达到13.7亿人。其开放度较高，适用于服务与粉丝沉淀。

（3）知乎

知乎是在诸多领域具有关键影响力的知识分享社区和创作者聚集的原创内容平台，截至2023年年底，知乎月活跃用户为1.05亿。知乎是一个优质内容集中地，运营中较适用于对品牌进行塑造。

（4）抖音

抖音是面向全年龄的短视频社区平台。早在2020年，抖音的日活跃用户就已超过6亿。用户一般会利用碎片时间在抖音观看短视频。抖音适用于进行广告投放、电商营销、电商销售和转化。

（5）快手

快手是用户记录和分享生产、生活的短视频社区平台。2023年第二季度，快手的平均日活跃用户数及月活跃用户数达3.76亿及6.733亿，每位日活跃用户日均使用时长为117.2分钟。快手适用于进行电商销售和转化。

（6）今日头条

今日头条是根据用户情况进行个性化推荐的新闻资讯平台。2022年，今日头条平均月活跃用户数达3.6亿，其适用于进行广告投放和品牌塑造。

（7）B站

B站是中国年轻人高度聚集的文化社区和视频平台。2022年第三季度，B站日均活跃用户数达9030万，月均活跃用户数达3.33亿，用户日均使用时长达96分钟。B站以专业用户自制内容的原创视频为主，适用于产品介绍和营销。

（8）小红书

小红书是生活方式平台和消费决策入口。截至2023年，小红书拥有超过3亿月活跃用户，其中"95后"占比超过50%，一、二线城市用户达到50%。小红书适用于进行品牌"种草"和口碑营销。

2. 新媒体平台分类

（1）实时流量平台

今日头条、抖音、快手、B站、微信是常见的实时流量平台。

　　在实时流量平台中，时间的权重非常高，个人用户首页推荐页面以最新发布的热门内容为主。在进行关键词搜索时，所展现的内容也以最新作品为主。

　　抖音平台首页推荐内容以最近作品为主，用户在滑动观看视频的过程中，出现的视频更多是最近发布的内容。当然，在搜索页面还是可以看到发布时间比较久的历史内容，但考虑到抖音用户的使用偏好更多是观看首页推荐作品，相对而言通过搜索而来的流量较少，因此我们也将抖音看作实时流量平台。

　　微信订阅号界面所推荐的内容普遍为近期发布内容。在对热门关键词进行搜索时，搜索页面所展示的也多为最新内容，冷门关键词的搜索结果中存在部分历史内容。总体来看，微信的时间权重也较高，因此我们也将其纳入实时流量平台的范畴。

　　（2）长期流量平台

　　在长期流量平台（如知乎、小红书）的个人用户首页推荐中，我们可以看到数月前甚至更久以前的热门作品。同时，在平台中搜索也可以看到以往的热门作品排在前列。知乎平台页面如图 2-14 所示。

图 2-14　知乎平台页面

　　在新媒体运营过程中，实时流量可以在较短的时间内获得较高的流量数据，但是也会在较短的时间内失去时效，容易被新数据流量所淹没。

　　相对而言，长期流量则可以延长新媒体代运营效果的保质期，但这并不是说要对实时流量置之不理。新媒体对企业品牌与产品而言是一种辅助工具，与品牌相辅相成、互相促进。长期流量的排名优势存在长期影响力，在口碑上也会产生很好的效果。而实时流量时效短、波动大，一个数据周期过后还需要持续运营，成本投入高，需要兼具高强度的运营频率和较高的水准，才能产生吸引力和长期推广效果。因此如果是处于新媒体代运营的起步期，利用好长期流量可能会让营销效果事半功倍。

┌───┐
　📖 案例 2

《种地吧》好内容收获真口碑

　　毫无疑问，2023 年是让营销人无比纠结的一年。
└───┘

一边是二级市场对 2023 年消费复苏的乐观心态，一边是线上获客成本不断上升，摆在营销人面前的似乎只有一个选择——将 ROI（Return on Investment，投资回报率）"卷"到极致。当品牌主在营销投放上变得精益求精时，压力自然会落到流量主和内容方身上。

按理来说，在预算有限的存量博弈中，遵循保守主义，有一定势能积累的综艺 IP 更能旱涝保收，但是爱奇艺推出的一档名为《种地吧》的长综艺成了例外——看题材，"种地"并不属于热门潮流类方向；看人员配置，节目中也没有一般意义上的非常受关注的艺人。但就是这样一档综艺，得到了元气森林、金龙鱼、AUPU 奥普、Leader 电器等诸多广告主的一致青睐。

1. 节目定位

《种地吧》官方海报和对外宣发稿上对综艺的定位是一款劳作纪实互动节目，广告语是"相信土地的力量"。该节目用 192 天的时间，真实记录了 10 位年轻人在 142.8 亩土地上，通过播种、灌溉、施肥等劳作去收获农作物，打造理想家园的全过程。

2. 内容热度

播出期间，《种地吧》在爱奇艺站内持续霸榜，位列微博季度热评综艺第一名，微博相关话题曝光超过 37 亿次，超话拥有 11.5 万"禾伙人"，豆瓣小组拥有 3.1 万人，小红书"种地"相关笔记超过 18 万篇，节目拥有一批黏性十足、二次创作（简称"二创"）疯狂"爆梗"的追更"禾伙人"。

3. 内容层的两条核心主轴

第一，农业题材——综艺赛道的颠覆式创新。

节目内容定位紧扣"农作纪实"。尽管田园慢综艺已有先例，但是聚焦真实的农业生产生活，主打真实记录的节目过去基本没有。种地是根植于中国人骨肉里的传统技能，因此观看的门槛低，且这个接地气的主题与任何一个艺人结合，都足以吸引眼球。加上现在乡村振兴的政策大形势让年轻人有意愿了解并投入农业发展中，这在一定程度上提高了这档综艺用农耕文化承载情感和教育的意义上限，让综艺不止于综艺。

第二，少年群像——10 个年轻人的精神成长。

通过层层面试和线下试拍，导演组从 200 多位候选者里选出 10 个独具特色的种地人，不需要剧本和人设，使他们置身于独立的生产劳作中，通过真实的记录和剪辑塑造了一个热血且真诚的大群像。每个人物在艰苦的劳作环境下都有自己的个性和特点，劳动的组别分工又让不同的人有了不同的成长故事线。

节目组在讲种地的同时，也在讲述成长，如第一期在开篇就提到，让年轻人专心做一件事，面对外界的竞争"内卷"、未来的焦虑迷茫，10 个年轻人在寻求一个答案，由此点题"相信土地的力量"，如图 2-15 所示。

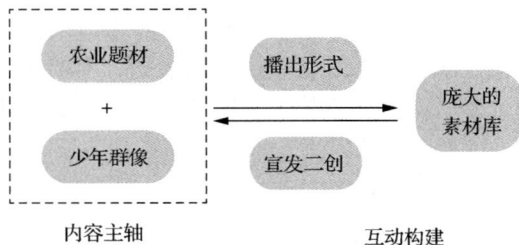

图 2-15 "种地吧"内容主轴及互动构建

4. 观众互动的良性构建

抛开"一周正片两更+两期加更"的官方物料，《种地吧》的更多物料随处可见，包括但不限于少年的每日 VLOG、官方监工直播、十个勤天官方社交账号、种地大喇叭、直播带货等。全方位的镜头聚焦尽管让正片重点不够突出，但不影响好的内容呈现及与观众的良性互动。

（1）PGC

从观众的视角出发，监工直播、每日 VLOG 等形式，让观众对种地这件事情产生参与感（可类比选秀打投）。通过弹幕留言、全程追踪，观众仿佛真的将自己代入到后陆门的环境里，跟随着少年的视角去陪一朵花开，一棵麦收，本质上是唤起大家对于种地的共鸣。

（2）UGC

两条内容主轴+丰富的物料，是驱动 UGC 的巨核动力，观众会从各种物料、各个细节里找乐子，以至于产出了一些传播性十足的话题内容，如#种地是男人最好的医美 #十个勤天上市等，一系列的 UGC 话题是节目最终能辐射外围用户的重要原因。

📖 **案例 3**

泡泡玛特私域运营案例

近 10 年来，私域发展得非常迅速，很多企业和品牌都在发展自己的私域领域，泡泡玛特也不例外。

1. 线下门店引流

在线下门店里，泡泡玛特小程序码随处可见，收银台、指示牌上都会有入群二维码。店员也会通过福利引导顾客加微信入群；在缺货的情况下，店员会引导顾客关注公众号和小程序商城，以便查库存，还能在线上抽盲盒。

2. 公众号承接流量

泡泡玛特旗下有"泡泡玛特 POPMART""泡泡玛特会员 Club""泡泡范儿""PTS 国际潮流玩具展" 4 个公众号，其中主号"泡泡玛特 POPMART"粉丝量超过 200 万。

（1）官方公众号"泡泡玛特 POPMART"

该公众号主要是针对还需要培养付费意向的新会员。新会员没有过多的消费意向，该公众号的核心目标便是最大限度地让用户接收到福利信息，引导用户参与活动，其主要作用是进行新品发布、品牌宣传、将线上流量引流到店铺或小程序进行消费。其主要操作有以下几点。

① 关注后的回复语突出品牌介绍和发文时间。

② 底部栏设置了官方商城入口。

③ 底部栏还为 3 个自建小程序增加了一级入口。

（2）会员公众号"泡泡玛特会员 Club"

该公众号的主要用户是由官方号和其他渠道深度运营吸引而来的付费会员，用户的付费意愿强，变现能力强，公众号的核心定位是消费变现。其主要操作有以下几点。

① 关注回复语和底部栏。

② 聚焦会员中心和加入社群。

③ 根据福利介绍和链接，点击即可进入购买。

④ 会员中心的订单、兑奖、客服链接也是加分项。

3．小程序高效运营转化

泡泡玛特主要运营着3个小程序，包括链接线上、线下商城的泡泡玛特官方小程序、专用于线上抽盒的泡泡玛特抽盒机，以及侧重于乐园运营的泡泡玛特城市乐园。

（1）泡泡玛特官方小程序

这是集最新的潮玩盲盒、限量大娃和手办购买，以及尖货抽选、会员积分和福利领取等的一站式平台，用户可以在小程序选择所在城市内的任意一家泡泡玛特线下门店购买产品。在用户体验方面，泡泡玛特官方小程序通过提供沉浸式的购物体验来吸引用户。例如，用户可以通过摇手机三次来排除三个不喜欢的款式，增加购物的乐趣；用户还可以将购买意向分享到微信群，让朋友帮忙猜，通过社交互动增加购物的满足感。

（2）泡泡玛特抽盒机

泡泡玛特抽盒机小程序不仅是一个简单的电商平台，更是一个零售娱乐化的尝试。该小程序通过丰富的游戏化和社交互动的方式，为用户提供娱乐体验。用户通过小程序参与抽盒玩法，并在其中持续活跃、分享商品或玩法，最终达成购买转化的结果。

（3）泡泡玛特城市乐园

这个小程序为游客提供全面的园区信息、活动资讯，以及门票订购、会员管理等一站式服务。例如，用户可以在该小程序提供的地图上查看乐园内的游乐项目、演出、景点等，方便用户规划游玩路线。

4．社群+视频号等多渠道进行用户触达

（1）社群

小程序会提示粉丝到各大社交平台搜索"泡泡猜盒群"加入社群，指引IP盲盒粉丝加入社群。这让粉丝拥有明确的共同兴趣，互动性会更强。

（2）视频号

视频号主要连接了公众号、企业微信、小程序3个入口，内容以品牌宣传、IP宣传为主。除此之外，视频号也会不定期开启直播，这既能带货也能增加品牌曝光。

5．总结

泡泡玛特在私域运营中的这两点是值得我们学习的：一是小程序不仅以卖货为目的，还设置了在线抽盲盒等游戏，利用社交化玩法让用户愿意停留；二是流量矩阵和布局做得相对到位，定位清晰，同时运营也较为精细。

任务实训

一、实训目的

1．掌握构建用户画像的基本流程。

2．掌握内容生产的两种方式。

3．了解八大主流新媒体平台。

3．培养团队合作精神、沟通能力、语言表达能力。

二、实训要求

1．分组进行：每3～5人为1组，每组选出1名组长。

2．实训形式：制作PPT，各小组讲解。

三、实训内容

1. 以小组为单位收集一个内容运营成功的案例，并分析其成功的原因。

2. 请每小组选择某一产品，搜集查看其 PGC 运营，为其选择合适的平台完成用户内容创作，并进行发布。

四、总结分析

完成汇报后，小组互评，教师点评。

任务2.2 新媒体营销策划

随着互联网的普及和发展，媒体传播领域也发生了翻天覆地的变化，新媒体平台如雨后春笋般蓬勃发展起来。在这一趋势下，为了推动营销活动发展，企业也需要以新媒体平台为核心逐步转变营销策略，重塑企业形象。

2.2.1 营销策划

1. 营销策划的含义

营销策划是根据企业的营销目标，通过设计和规划企业产品、服务、创意、价格、渠道、促销等方式，从而实现营销的过程。

营销策划的关键点包括以下 4 个方面。

（1）营销策划是营销管理的核心。

（2）营销策划是解决营销过程中某一问题的创意思维。

（3）营销策划是从营销方案的构思、实施到评价的规范程序和科学方法。

（4）营销策划承担的是导演的功能，其主要工作是利用各种方法制造轰动效应，取得受众的支持和欢迎。

在营销策划过程中，创意只是一种思路和想法，还需要将它转化为具体的营销方案，撰写出科学可行的营销策划方案是营销策划的一项中心工作。

营销策划是一种创新行为，要创新，就要把创意贯穿营销策划的始终。创意成功与否是营销策划成功与否的关键，从某种意义上说，创意是营销策划的灵魂。

2. 营销策划的意义

（1）营销策划的必要性

当今社会已经进入信息时代，大量新的信息不断产生，需要企业加以关注、收集、分析，并应用到营销决策中。

市场经济体制的建立使企业成为一个经济实体。由于自主性增强，加上外部竞争的压力，企业为了在竞争中取胜、抓住机遇、创造更好的效益，必须积极地进行营销策划。

在我国现代化建设的进程中，伴随着文化的相互交融和科学技术的发展，企业经营中进行的预测、创新、设计和选择也有了新的变化。决策的科学化、程序化和效能化，逐渐代替了经验化、即兴化和随意化。

（2）营销策划的作用

① 可以强化企业营销目标：目标问题是营销管理的首要问题，营销目标的确定只有通过营销策划才能完成。

② 可以加强营销活动的针对性：进行营销策划有利于避免盲目、增强营销自觉性。

③ 可以提高营销活动的计划性：计划源于策划，营销策划的本质就是确定企业未来的营销方案。

④ 可以降低营销成本：有策划和无策划的营销费用是不同的。

3．营销策划的分类

（1）按照营销策划的性质划分

① 基础策划：是指对保证营销运作所必需的基础工作的策划，包括市场调研策划、企业战略策划。

② 运行策划：是指保证营销运行的设计行为，包括战略方针的策划、战术原则的策划和主要措施的策划。

③ 发展策划：对企业开发或业务提升的设计行为，包括市场开发策划、产品开发策划等。

（2）按照营销策划的范围划分

① 宏观策划：由企业最高管理部门负责，是指整个企业的营销策划。

② 中观策划：也叫专项策划，是指企业某一部门或某一业务环节的策划，由各个业务主管部门或子公司负责。

③ 微观策划：指企业营销管理过程中的某一具体业务的策划。

（3）按照营销策划的部门划分

① 市场调研策划：是对市场调研的目标、内容、方法、组织、经费开支等进行的策划，由市场研究部门负责。

② 新产品开发策划：是对开发新产品过程的策划，包括收集构思、构思筛选、营销战略制定、商业分析、产品研制、市场试销、正式上市及组织和控制等，由企业新产品开发部门负责。

③ 广告策划：是对未来广告活动所进行的策划，包括制定广告目标、广告预算，确定广告信息，选择广告媒体及评价广告效果等，由广告部门负责。

④ 公共关系策划：是指对企业公共关系活动进行的设计和策划，如确定公关活动的范围、制定公关活动的目标、选择公关活动的方式、安排参与公关活动的媒体等，由公共关系部门负责。

✳ 2.2.2 新媒体营销策划

1．认识新媒体营销策划

新媒体营销策划是以新媒体平台（微博、微信、知乎、抖音等）为传播和购买渠道，把相关产品的功能、价值等信息传递给目标受众，以便使目标受众形成记忆和偏好，从而实现品牌宣传、产品销售目的的营销活动。新媒体营销策划是市场营销策划的重要组成部分，与传统媒体营销策划相比，具有以下特点。

（1）在新媒体营销策划中，数字科技成为一项标准

从新媒体营销策划定义中可以看出，新媒体主要依托数字技术、网络技术和移动通信技术，渠道主要是互联网、宽带集成网、无线通信网和卫星等，终端以电视、计算机和手机为主，这与传统媒体有本质性的区别。

（2）新媒体营销策划要包含明确的搜索元素

在新媒体环境下，受众自发性的搜索成为主流力量，消费者通过搜索向更多消费者提供了感兴趣的信息，所以在新媒体营销策划中，部分资源必须专注于如何将消费者的意图转变为持续不断的对话。

（3）新媒体营销策划导向从传播导向向受众创造及控制导向倾斜

在传统媒体中，传播者在传播过程中起着主导作用，即使开始向以受众为中心转变，但传播过程中的控制权仍然在传播者手中。但在新媒体环境下，传媒组织不再像过去那样拥有完全掌控信息的权利，新媒体平台上的内容可以来自任何地方，由于制作和传播内容越来越简单，因此人人都可以成为传播者。从表面上看，受众掌握传媒的优势已对传播者造成巨大的威胁，但若传播者能欣然接受并抓住这个趋势，这反而会成为一个机会。例如，如果消费者对企业的品牌传播没有兴趣，他们就不会选择与企业的品牌互动，而消费者参与各种新媒体平台上的活动则表明其对企业品牌产生了兴趣。但是品牌互动的产生并不是靠运气，而是需要新媒体营销人员策划出鼓励消费者参与的营销策略，并且给出可以让消费者轻松参与的创意方案。

（4）新媒体营销策划更注重数据导向

与传统媒体营销策划不同，新媒体营销策划更注重数据导向。新媒体平台借助各类信息技术，使获取更精准的消费者数据成为可能，这将成为制定营销策划的主要依据。消费者数据及相关的信息是新媒体营销人员与消费者建立联系的命脉，新媒体营销人员必须十分熟悉数据的搜集、管理与应用，因为数据是新媒体营销策略提出的主要依据。

（5）新媒体营销策划倾向数字化营销策划

在营销环节，传统媒体营销策划使用的物料仅是一些广告印刷品或其他与消费者有关的物品，但新媒体使得营销策划有了新的选择，在策划中可使用数字化技术手段来进行沟通、销售和支付等。

2．新媒体营销策划的意义

（1）新媒体营销策划是企业获得竞争优势的保障

新媒体时代改变了消费者的行为，因此企业需要采取对应的营销策略，例如小米的亲民价格、雀巢好玩的笨 NANA 等，就连全球快消品巨头宝洁公司也承认他们在新媒体营销策划方面需要做出根本性的改变。在竞争日益激烈、技术不断创新的情况下，开展新媒体营销策划是企业获得竞争优势的保障。

（2）新媒体营销策划有利于实现更加精准的营销

新媒体营销策划带给用户的体验越来越人性化，其既能适应当下人们利用碎片化时间进行休闲娱乐的特点，又能针对不同圈层与不同性别的受众展开更加精准的营销。

（3）新媒体营销策划有利于企业高度整合资源

企业在努力寻找受众的同时，还需要建立起自己的社会化媒体社区，积极建立与消费者沟通的平台。全业务营销平台的建立能够高度整合媒体资源，为企业节省大量的营销成本。

（4）新媒体营销策划是企业发展的必然趋势

如今，不管是技术还是媒体都在不断更新，在这种情况下，企业只有紧跟时代潮流，进行新媒体营销策划改革，建立更加立体化的传播模式，才能更好地进行品牌营销，以助力企业在营销竞争中取得更强的竞争优势。

3．新媒体营销策划的内容

（1）设定新媒体营销的目标

任何营销策划首先都要设定营销目标，营销目标不要仅仅围绕转发、点赞之类的指标展开，而应更加注重销售额、人气和网站流量等效益指标。

（2）新媒体定位策划

新媒体定位策划是新媒体营销策划的前提和基础，在开展营销之前，首先需要明确企业的核心产品是什么、核心卖点是什么，即明确目标消费群体并为其提供一个明确的购买理由。

（3）新媒体运营策划

新媒体运营策划就是通过研究用户心理，结合用户需求去编写内容，让用户持续关注和信赖企业。

（4）新媒体内容策划

新媒体内容策划包括内容定位、内容设计、内容传播三大部分。新媒体内容策划并非简单地写篇文章、录段视频或者做张图片，而是让更多用户打开、浏览全部内容并进行转发。新媒体内容策划的关键在于设计传播模式。

（5）新媒体推广渠道策划

新媒体推广渠道策划的关键在于根据企业的营销目标及主要消费群体的特征，选择合适的新媒体平台，帮助企业进行推广宣传。企业在进行营销策划时，首先需要熟悉不同新媒体平台的特点，根据其特点进行有针对性的营销策划。

（6）新媒体展示形式策划

新媒体平台上可展示的形式有很多，包括 H5 动态页面、图片、视频、音频等，不同的展示方式有不同的特点，所带来的营销效果也不同。在进行营销策划时，需要依据营销目标及主要消费群体特征进行选择。

（7）新媒体营销方式策划

在新媒体时代，营销方式发生了相应的变化，因此企业需要明确要使用的新媒体营销方式有哪些，如何基于特定产品的特点对消费者进行针对性心理引导，进而选择恰当的营销方式。这也是企业软性渗透的商业策略在新媒体形式上的实现。企业通过借助新媒体使消费者认同某种概念、观点和分析思路，从而达到企业品牌宣传及产品销售的目的。

4．新媒体营销策划思维

新媒体营销人员在进行营销策划过程中，要基于新媒体营销策划思维，运用恰当的营销理论、知识分析问题并提出有效的解决方案。

（1）用户思维

开展营销策划时，具备用户思维，做到用户至上，需要牢记两点：第一，策划的时候记住你是什么不重要，关键是用户认为你是什么；第二，要用普通用户的眼光看产品，从用户角度出发，聚焦产品核心。

（2）互动思维

在营销策划过程中，需要思考如何给用户提供参与互动的机会。一份好的新媒体营销策划方案一定要有用户参与互动的设计。现在，新媒体平台就是企业与用户之间的纽带，企业可以根据用户的需求和倾向利用新媒体平台的特点设计营销策划方案，达到用户与企业充分互动的目的。

（3）数据思维

大数据时代与传统时代最大的不同在于，很多决策可以通过数据进行分析。譬如广告就可以有目的地针对目标人群进行精准投放。通过运用各种方法收集用户的数据，企业可以了解用户需求，进行分析，从而改进产品决策，不断迭代。

数据分析不能为了分析而分析，而要将落脚点放到业务、产品和用户上。例如产品经理应通过数据分析不断优化产品设计，驱动用户增长。

（4）迭代思维

当前，创意营销成为人们争相努力的方向，很多新媒体营销人员都在绞尽脑汁地做创意，然而颠覆性的创新不是所有的企业或产品都能做到的。很多时候，产品只能通过持续的、小而快的迭代来保持其在市场上的热度。

（5）逻辑思维

逻辑思维，就是运用概念、判断、推理等思维类型反映事物本质与规律的认识过程。做营销也是非常重视逻辑的一项工作，如果你是一个逻辑能力不强的人，基本跟高阶营销不会有太多联系，所以提高自己的逻辑思维能力尤为重要。

（6）场景化思维

场景化思维其实是一种从用户的实际使用角度出发，将各种场景元素综合起来考虑的思维方式，其四要素分别是空间、时间、人物及事件。在新媒体营销策划过程中要综合考虑，对四要素进行有机融合。

（7）跨界思维

跨界思维本质上是一种开放、创新、发散的思维方式。新媒体平台最大的特点就是开放，做营销策划要想产生更多的可能性，就需要与别人合作。如瑞幸与茅台的跨界合作的成功，让我们看到了通过跨界合作可以打破行业界限，实现优势互补和资源共享，最终实现品牌效应的叠加和最大化。

✳ 2.2.3 撰写新媒体营销策划方案

一份考虑周到的新媒体营销策划方案会使得后续的工作更加容易，也是衡量企业开展新媒体营销策划成功与否的标准，因此撰写新媒体营销策划方案是非常重要的。

1．新媒体营销策划方案的撰写步骤

（1）设定新媒体营销策划目的

明确的目的是营销策划的核心部分。目的不仅能使新媒体营销策划人员在处于不利态势时快速做出反应，还可以衡量营销策划方案的实施效果，对营销策略和行动方案的拟定与实施具有指导作用。营销目的可以与销售额、人气和网站流量等指标相关。需要注意，营销策划目的必须与企业战略一致。

（2）认知现状，拟定思路

了解现有的新媒体并理解它的运作状况，为有针对性地选择恰当的新媒体平台及新媒体营销方式做好准备，以帮助企业达到所要完成的目的。

（3）确定平台

新媒体营销策划方案的撰写需要根据新媒体平台的特征有针对性地展开，因此要选择一个最适合企业的平台。假如企业在新媒体平台上没有账号，就需要从头开始建立，如企业有

账号就要尽力维护并及时更新内容。

（4）获取新媒体营销策划灵感

新媒体营销策划人员可以从竞争对手那里获得策划灵感，看看竞争对手是如何做的。新媒体营销策划人员还可以从客户分享的内容和措辞的方式上获得灵感。此外，新媒体营销策划人员还可以跟随行业标杆企业，向它们学习，为自己的营销策划找到更多的灵感。

（5）做出内容规划并编辑日程表

有了灵感后，应进行内容创作、内容归结并编辑日程表。日程表应该详细具体，涵盖拟选择的新媒体平台要开展的营销活动的详细时间，以及计划在新媒体营销活动中推送的内容。

（6）调整新媒体营销策划方案

对于新媒体营销策划方案来说，最重要的是随时变化。当新的状况出现后，新媒体营销策划人员要及时将它归入营销策划方案中。当达成目的时，就要确定新的目的并重新按照步骤策划新的方案。

2．新媒体营销策划方案的构成

新媒体营销策划方案没有固定的内容与标准的格式，根据策划对象和策划要求的不同，其内容和格式是不一样的。

（1）新媒体营销策划方案的基本要素

新媒体营销策划方案有如下 4 个基本要素。

① 市场环境分析

进行市场环境分析的主要目的是了解产品的潜在市场和销售量，以及竞争对手的产品信息。只有掌握了市场需求，才能做到有的放矢，减少失误，从而将风险降到最低。

② 消费者分析

只有掌握了消费者会因为什么去购买产品，才能提出有针对性的营销创意。目前的营销大多是以消费者为导向，根据消费者的需求来制造产品，但仅仅如此是不够的，还应对消费能力和消费环境进行分析，这样才能使整个营销活动获得成功。

③ 产品优劣势分析

产品优劣势分析包括本品分析和竞品分析。只有做到知己知彼，才能百战不殆。在营销活动中，本品难免会被拿来与竞品进行对比，如果无法了解本品和竞品各自的优势和劣势，就无法打动消费者。通过营销手段让消费者了解本品，进而产生购买欲望是营销活动中重要的环节。

④ 营销方式和平台的选择

营销方式和平台的选择既要考虑企业自身情况和营销战略，也要兼顾目标群体的喜好。

（2）新媒体营销策划方案的基本框架

营销策划方案要体现的基本内容可概括为 5W1H1E：What——执行什么新媒体营销策划方案？Who——谁执行新媒体营销策划方案？Why——为什么执行新媒体营销策划方案？Where——在何处执行新媒体营销策划方案？When——在何时执行新媒体营销策划方案？How——如何执行新媒体营销策划方案？Effect——要有看得见的结论和效果。

一般而言，一份规范的营销策划方案基本框架应包括封面、摘要、目录、前言、正文、结束语与附录等内容。

① 封面：封面应呈现策划方案的基本信息，包括策划方案名称、策划机构及策划人员姓

名、委托机构、策划方案的完稿日期、策划方案执行时间段、策划人联系方式、保密级别及编号等。

② 摘要：策划方案的主要内容概括。

③ 目录：策划内容标题及页码。

④ 前言：策划的背景、策划的目的及意义、策划的宗旨。

⑤ 正文：正文是策划方案中最重要的部分，是对策划内容的详细说明，包括市场状况分析、营销策略及实施方案、费用预算、实施进度计划、效果评估与策划方案控制等。

⑥ 结束语与附录：结束语在整个策划方案中可有可无，主要起到与前言呼应的作用；附录的作用在于为策划方案提供客观的证明。

（3）不同类型的营销策划方案的基本框架

① 品牌策划方案的基本框架如表 2-1 所示。

表 2-1　品牌策划方案的基本框架

方案构成		具体内容
题目		策划的主题
前言		策划的背景、目的、方法、意义等的说明
正文	环境分析	重要环境因素分析
	综合分析	SWOT 分析，分析优势、劣势、机会与威胁
	营销目标	宣传目标、市场目标、文化目标、财务目标等
	品牌定位	STP 战略（市场细分、目标市场、市场定位）
	品牌内涵	个性、文化、故事等创意
	表现元素	品牌名称、标志、基本色、标识语、象征物、包装等
	品牌传播策略	新媒体平台的选择、新媒体营销方式、具体传播方式等
	效果预测	知名度、认可度、美誉度、忠诚度
结束语		总结、突出、强化策划人意见

② 品牌推广策划方案的基本框架如表 2-2 所示。

表 2-2　品牌推广策划方案的基本框架

方案构成		具体内容
题目		策划的主题
前言		策划的背景、目的、方法、意义等的说明
正文	环境分析	重要环境因素分析
	综合分析	SWOT 分析，分析优势、劣势、机会与威胁
	营销目标	宣传目标、市场目标、文化目标、财务目标等
	战略陈述	现有战略（STP 战略）陈述
	推广指导	指导思想、方针、政策
	推广策略	新媒体平台的选择、新媒体营销方式、具体传播方式等
	推广计划	工作计划、人员安排、时间计划、费用预算等
	效果预测	知名度、美誉度、销售量、市场占有率等
结束语		总结、突出、强化策划人意见

③ 促销活动策划方案的基本框架如表 2-3 所示。

表 2-3　促销活动策划方案的基本框架

方案构成	具体内容
活动主题	活动主题及主题包装（艺术化、公益化）
活动背景	市场现状及开展活动的意义或原因等
活动目的	处理库存、提升销量、打击对手、宣传新品、提升品牌认知度及美誉度等
活动对象	目标群体（主要群体、次要群体）、活动范围
活动方式	新媒体平台选择、促销方式及具体策略、刺激力度等
时间地点	活动时间、持续时间、开展地点
前期准备	人员安排、物资准备、试验方案
中期操作	活动纪律、现场控制
后期延续	后续宣传、顾客回访、售后服务
广告配合	广告内容、表现手法、媒体选择
费用预算	广告费用、公关费用、人员费用、场地及设施费用、差旅及通信费用等
效果预估	经济效果、社会效果
意外防范	政府部门的干预、消费者的投诉、天气突变等情况的应对措施

④ 公关活动策划方案的基本框架如表 2-4 所示。

表 2-4　公关活动策划方案的基本框架

方案构成	具体内容
活动背景	市场现状及开展活动的意义或原因等
活动目的	树立品牌形象，提升品牌知名度、美誉度，提升企业社会形象和地位
活动主题	活动主题、主题包装（艺术化、公益化）、活动宗旨、价值
传播对象	主要受众、活动范围
时间地点	活动时间、持续时间、开展地点
推广规划	推广方案设计、新媒体平台选择及策略设计
执行流程	活动节目、顺序、时间表
宣传推广计划	宣传内容、表现手法、媒体选择、投放时间
人员安排	人员数量、工作分工、管理方法
费用预算	宣传公关费用、人员费用、场地及设施费用、礼品费用、差旅及通信费用等
效果预估	影响范围、认知度、美誉度
意外防范	人员缺勤、进程中断、天气突变等情况的应对措施

任务实训

一、实训目的

1. 了解营销策划的含义。

2. 掌握新媒体营销策划的思维模式。

3. 培养团队合作精神、沟通能力、语言表达能力。

4. 树立民族品牌意识，树立品牌自信，传播中华优秀传统文化。

二、实训要求

1. 分组进行：每 3～5 人为 1 组，每组选出 1 名组长。

2. 实训形式：撰写品牌推广策划方案，各小组做 PPT 进行路演汇报。

三、实训内容

以小组为单位，选择某一国货品牌，搜集资料，参考品牌推广策划方案的基本框架，为其撰写一份品牌推广策划方案，要求撰写规范，无重要内容遗漏。

四、总结分析

完成汇报后，小组互评，教师点评。

任务2.3　新媒体营销模式

随着数字技术的迅速发展和互联网的普及，新媒体已经成为企业宣传、推广和营销的重要渠道。在新媒体时代，许多新的营销模式应运而生，为企业提供了更多的选择和机会。接下来将介绍 10 种常见的新媒体营销模式。

❋ 2.3.1　饥饿营销

1. 饥饿营销的概念

饥饿营销是指产品提供者有意调低产量，以期达到调控供求关系、制造产品供不应求的"假象"、维持较高利润率、增加品牌附加值的目的。饥饿营销的最终目的并非提高价格，而是让品牌产生附加价值，但这一附加值一般有正面的和负面的之分：饥饿营销是把双刃剑，使用得当可以使原本就强势的品牌产生更大价值，使用不当则会令品牌受到伤害，甚至使整个品牌的经营活动陷入困境。

2. 饥饿营销的成功基础

（1）稀缺效应

饥饿营销是通过定量来营造产品稀缺的感觉，以达到热销甚至加价的意图，这种因稀缺而产生的消费冲动叫作"稀缺效应"。之所以会造成"哄抢"，主要原因其实并不是产品具有唯一性或者产品质量好，而是商家制造出了产品具有唯一性的假象。

（2）心理共鸣

消费者对于相似产品总有着各不相同的偏好，只有在品牌活动、产品设计以及实际经营条件等诸多方面与当下消费者的群体偏好对接，使消费者产生"共鸣"心理，饥饿营销才有可能成为有效的营销手段。

产品再好，也需要消费者认可与接受，产品拥有足够的市场潜力，饥饿营销才会有施展的空间。不断探究人的欲望，与消费者达成心理上的共鸣，这是饥饿营销运作的根本。

（3）量力而行

作为营销手段中的双刃剑，饥饿营销严格要求品牌方量力而行，在互联网和自媒体当道的今天，如果因为采取饥饿营销手段引发负面声音，这无异于引火烧身。

（4）宣传造势

饥饿营销正式面向消费者的第一步就是利用各大平台的流量资源和名人效应宣传造势。从某种程度上来说，衡量一个饥饿营销案例是否成功，品牌方所造声势是至关重要的因素之一。

（5）审时度势

当今社会热点频出，大家都已经对"跨界"现象司空见惯，审时度势——把握自身营销策略与实际效果和社会效应之间的平衡也是饥饿营销需要着重考量的部分。

3．饥饿营销的好处

饥饿营销是一种强势营销，只有一家有这个产品，所以消费者必须等，在这个等待的过程中，消费者会自动地去美化这个产品。饥饿营销能够强化消费者的购买欲望，实现收益最大化，扩大产品品牌号召力，有利于企业收益稳定，有利于维护品牌形象。

❋ 2.3.2 事件营销

1．事件营销的概念

事件营销是企业通过策划、组织和利用具有名人效应、新闻价值及社会影响的人物或事件，引起媒体、社会团体和消费者的兴趣与关注，以求提高企业或产品的知名度、美誉度，并树立良好品牌形象，最终增加销售量的方式。

2．事件营销的成功基础

（1）相关性

事件营销的策划需要在事件本身的新闻传播价值与产品的相关性之间寻找平衡点。在事件营销中，事件的新闻传播价值往往与其本身和产品的相关性呈反比例关系。如果想要实现新闻传播价值，则应降低其与产品的相关性，以减少在传播过程中产生硬性发布广告的嫌疑。此外，还应该从产品的实际特性出发，策划出具有较高新闻传播价值的事件。

（2）心理需求

事件营销能否引起消费者的行动，关键是事件是否满足了消费者的心理需求。策划事件时，我们需要关注目标消费者的地域特点、年龄层、流行文化、社会角色、收入水平等。只有洞察消费者的心理需求，才能策划出满足消费者心理需求的事件。

（3）大流量

关联了名人、社会热点等大众熟知的信息的事件往往具有更高的新闻传播价值。大家的关注点往往倾向于集中在名人与社会热点等信息上，当产品与名人或社会热点相关联时，可以有效地提升产品或品牌的曝光率。

（4）趣味性

在浏览新闻事件时，大多数受众会对新奇、反常、有人情味等的信息表现出较强的好奇心，而平淡无奇的事件往往被忽略。对于受众而言，毫无趣味的信息没有让人传播的欲望，会导致事件无法传播。

3．事件营销的注意事项

（1）事件营销应区别于恶意炒作

在整个营销过程中，需要本着求真务实的态度，不要有弄虚作假欺骗用户的行为。否则一旦消费者发现恶意炒作，知道事情的真相，企业受到的负面影响是非常大的。因此，事件营销本身的事件要"真"，营销手段要"真"。

（2）事件营销宣扬的价值观应符合大众价值观

事件营销大多会选取时下的热点事件，或者是能引起大众关注的新颖问题，此时，大众的观点往往会对事件的传播产生重要作用。如果选择的事件传播的价值观与大众价值观背道而驰，便会对传播不利；反之，会对传播非常有利。除此之外，事件所宣传的价值观，应当是积极向上的，具有正能量的，只有符合这一点，事件才能传播得更好。

（3）事件营销应遵守相关法律法规

随着互联网时代的到来，网络传播已经成为最主要的传播手段之一。在事件营销的整个过程中，要注意事件营销应遵守相关的法律法规，不能因为追求曝光率和关注度而越界。只有严于律己的网络行为才能保证用户和企业的利益，营销也才能做得更好。

✱ 2.3.3 口碑营销

1．口碑营销的概念

口碑营销是企业在调查了市场需求的情况下，为消费者提供他们所需要的产品和服务，同时制订一定的口碑推广计划，让消费者自动宣传企业的产品和服务，让人们通过口碑了解产品，最终达到企业销售产品和提供服务的目的。

相对于其他的营销方式，口碑营销有3个特点。一是营销成本较低，因为这种方式的传播效果是由人们自发完成的，不需要企业大量投入资源。二是传播效率非常高，因为人们在与他人交流时往往会更加真实和自然，更容易引起别人的共鸣和信任。三是信任度高，因为人们在与朋友、亲戚、同事等交流时都会保持一种信任的态度。这种方式不像广告那样充斥着各种夸张的内容，往往更能使消费者传递的信息被他人信任。

2．口碑营销的成功基础

（1）鼓动核心人群

核心人群是产品或品牌的忠实消费者或深受品牌文化感染的群体，他们追随某一品牌或产品，而无论是否持有该品牌产品，他们都乐意向其他人主动宣传该产品。企业一方面要调动各种资源来激发核心人群的购买欲望，另一方面要大打口碑营销组合拳，通过鼓动不同圈层的核心人群，扩大影响力。

（2）传播的信息简单而有价值

过于正统的口号或赘余的语言会大大增加信息传播的成本，而短小精悍、能够体现产品特点及价值的语言，会让产品迅速在人群中传播开。尤其是在新媒体平台上，传播的信息需要精心设计，有价值而又朗朗上口的短句往往能够迅速引起受众及传播者的传播欲望，而无价值的信息或冗长的句子难以有效传播。

（3）传播品牌故事与文化

故事是企业传播声誉的有效工具，无论是讲述企业的成长历程还是传播企业的品牌文化，故事都可以使企业精神具象化，并能将企业精神生动地传递给受众。虽然故事在流传过程中可能会有不同的演绎，但要坚守故事核心理念不变。

（4）关注细节

影响口碑传播的不仅仅是产品本身或品牌文化，还包括某些细微的地方。要避免细节错误，认真打磨产品或服务的每一个环节，让消费者感受到产品或服务的与众不同之处。

（5）关注消费者

对消费者持有傲慢态度的企业不会产生良性的口碑，在消费者对企业产生信任的那一刻，企业就应当对得起这份信任，关注并满足消费者的需求是实现口碑传播的基础。

❈ 2.3.4 情感营销

1．情感营销的概念

情感营销是从消费者的情感需要出发，激起消费者的情感需求，使消费者产生共鸣，寓情感于营销之中，让有情的营销赢得无情的竞争。在情感消费时代，消费者购买产品所看重的已不是产品数量的多少、质量好坏以及价格的高低，而多是为了获得一种情感上的满足，一种心理上的认同。

2．情感营销的成功基础

（1）产品命名

产品的名字是使消费者记住并传播产品的核心信息，产品的名字必须与产品的属性相关联，要能被消费者接受并能给消费者带来文化、思想、情感上的触动。产品的名字不仅要契合目标人群的定位，还要契合产品的定位，不恰当的名字将无法起到触发消费者情感的作用。

（2）形象设计

形象设计包括商标设计、产品外观设计与产品颜色设计。商标的设计需要与产品的属性相结合，同时要使商标具备易发现、易理解、易记忆的特点。根据产品属性及消费者的偏爱风格来设计的产品外观更容易引起消费者的注意。不同颜色的搭配能让消费者产生不同的情感。

（3）情感宣传

充满人情味的宣传及包含某种思想文化的广告，通常能够为产品树立良好的形象，消除消费者对广告的抵触。要设身处地地为消费者着想，加强与消费者的情感交流，使消费者对企业及产品从认识阶段逐渐升华到情感阶段，最后达到产生行动并消费的阶段。

（4）情感定价

情感价格由能满足消费者情感需求的价格、品牌产品的影响力、产品自身属性决定。合理的情感价格可以增强产品及品牌的影响力，从而达到提升情感营销效果的作用。

（5）营造氛围

为消费者提供舒适自在、具有感染力的营销氛围，一方面能够提升产品及品牌的格局，另一方面能让消费者更容易接受来自品牌的消费信息，从而购买想要买的产品或是根本不打算买的产品。

📖**案例 1**

999 感冒灵广告短片《种春天》

2022 年春天，基于对大众情绪现状的洞察，999 感冒灵选择在国际幸福日，也是春分这天，推出名为《种春天》的广告短片（见图 2-16），希望唤起生活中的暖意，激发人们创造幸福的能力。

999 感冒灵的广告短片《种春天》讲述了 4 个小故事。在 4 个小故事中，主人公没有感受到春天的温暖，却在用自己的善良传递着自己的温暖。999 感冒灵以真实故事改编，发布广告短片《种春天》，是在用户情感层面的一次洞察与创意，在引起消费者情绪共鸣的同时，进一步赋予品牌"暖"的形象，实现了品牌价值的增长。

图 2-16　999 感冒灵广告短片《种春天》

❋ 2.3.5　互动营销

1．互动营销的概念

互动营销是指企业在营销过程中将消费者的意见和建议用于自身产品或服务的规划和设计的营销方式。通过互动营销，企业让消费者参与到产品及品牌的活动中，拉近了消费者与企业之间的联系，让消费者在不知不觉中接受来自企业的营销宣传。

2．互动营销的成功基础

（1）了解消费者

企业应通过已有的数据或市场调研，对消费者进行分析，了解消费者的年龄层、社会角色、收入水平、分布区域、家庭状况等信息。全面了解消费者有助于与消费者进行有效的互动沟通。

（2）互动内容和渠道

根据消费者的属性与产品的属性，企业可以在互动营销中采取相应形式和相应风格的内容，同时了解消费者的区域分布及喜好，这有助于构建全面的互动渠道，进而从渠道中接触消费者，从内容上触动消费者。

（3）反馈机制

互动双方需要有反馈机制并相互影响，没有反馈机制的互动营销往往无法持续。企业需要利用消费者的反馈来对产品和服务加以改进，消费者则需要企业提供便利的服务和额外的激励。良性而恰当的反馈机制有助于双方保持有效而持久的沟通。

📖 案例 2

澳贝婴幼玩具——小鸡砸金蛋

澳贝品牌通过简单的砸金蛋游戏，使产品获得了更多的曝光机会，如图 2-17 所示。用户进入活动页面后，点击金蛋抽奖，一旦中奖就能够领取现金券，继而跳转至微店购买产品。而未中奖的用户，依照指引将链接分享到朋友圈或分享给好友，则能够再获得一次抽奖机会。通过这一游戏，用户有了有趣的体验，同时还能获得奖励；而对企业来说，既实现了品牌宣传，又达到了引流的效果。

图 2-17　小鸡砸金蛋游戏

✳ 2.3.6　病毒营销

1.病毒营销的概念

病毒营销是利用公众的积极性和人际网络，让营销信息像病毒一样传播至数以万计、数以百万计的受众。病毒营销是一种常见的网络营销方法，常用于网站推广、品牌推广等。

病毒营销与口碑营销的区别在于，病毒营销主要是利用人们的好奇心和分享欲，通常缺乏明确的针对性，其传播费用低于口碑营销；病毒营销主要依托网络，传播速度远比口碑营销快。

2.病毒营销的成功基础

（1）独创性

最有效的病毒营销具有独创性，模仿跟风虽然能够引起传播，但并不能获得最好的传播效果。保持病毒营销的独创性是满足大众的好奇心理与炫耀心理的极佳途径。

（2）利益点

利益点包含满足大众对新鲜事物的好奇心和为大众提供优质的产品两个方面，即为大众提供传播的支撑点，并在传播中植入营销利益点。缺乏营销利益点的传播无法为产品增加曝光。

（3）传播关键点

病毒营销的原始信息应当发布在大众容易发现且利于传播的地方。传播平台与传播者同样重要，利于酝酿、传播的平台是病毒营销的首选传播平台，与病毒营销信息相关的影响力人群是内容发布及传播的核心人群，通过传播平台和核心传播人群，可以高效地把病毒营销信息传播出去。

（4）跟踪管理

在病毒营销方案实施之后，其最终效果实际上几乎无法控制，但仍然需要对营销效果进行跟踪管理。要关注病毒营销信息传播带来的反响，以便发现可能存在的问题并及时引导舆论导向，为下一次病毒营销积累经验。

✳ 2.3.7　借势营销

1.借势营销的概念

借势营销是借助一个消费者喜闻乐见的环境，将营销活动隐藏其中，使消费者在这个环境中了解产品并接受产品的营销手段，具体表现为借助大众关注的社会热点、娱乐新闻、媒体事件等，潜移默化地把营销信息植入其中，以达到影响消费者的目的。借势营销是一种比较常见的新媒体营销模式。

2．借势营销的成功基础

（1）合适的热点

社会上每天都有各种各样的热点出现，企业需要从中筛选出适合自己目标用户的热点，进而策划相应的营销活动。

（2）反应迅速

在这个信息泛滥的时代，一个社会热点的平均寿命不超过 3 天，尤其是在互联网上。当企业策划借势营销时，需要在社会热点出现的第一时间策划出相应的传播方案，因为大众只会对最先跟进热点借势的内容有好奇心。

（3）进行创意策划

对于日常热点事件，企业在跟进时可以对恰当的产品信息进行改动，迅速制作出传播内容。针对大型热点事件或企业自身、同行业的热点事件等，需要进行周密的活动策划，从前期策划、中期传播到后期收尾，每一步都需设计传播点并植入产品信息。

📖**案例3**

借势营销怎么做？小米在世界杯上给出了答案

就世界杯这一全球焦点而言，没有哪个品牌不想借其进行推广和促销，这就造成了世界杯期间的品牌竞争异常激烈，各类营销信息层出不穷。然而受众能够接收的信息是有限的，有意愿参与的活动更是少之又少，而且很多品牌营销活动同质化严重，最终造成很多企业精心投入的品牌营销活动效果平平。因此，借势营销这个战场的竞争激烈程度并不亚于足球赛场。

怎样才能在这个特殊的战场上脱颖而出？各品牌如何结合自身特点和优势，以凌厉的攻势，命中活动营销的"球门"？小米的一系列操作或许能够给我们带来上述问题的答案。

为什么是摩洛哥？

摩洛哥是一个北非国家，地处非洲西北端，经济总量在非洲国家中位居前列，旅游业发达，是中国品牌出海非洲不可忽视的一个重要市场，也是小米品牌众多的海外目标市场之一。

早在 2018 年年初，小米就在海外社交媒体上建立了专门针对摩洛哥市场的主页。

摩洛哥足球文化氛围浓厚，被誉为"足球很纯粹的国家"，世界杯期间全民对足球的热情高涨。2022 年卡塔尔世界杯上，摩洛哥队获得出线资格，多家分析机构预测摩洛哥队具有黑马潜质。选择在世界杯期间在摩洛哥市场进行借势营销，可谓是占尽天时地利人和之举。

借势+造势——量身定制两大系列活动

借势营销对于品牌的策划、创意、运营、执行、本地化等综合能力而言是实打实的测试和考验。只有结合品牌、产品、赛事、受众的特点和喜好，打造出受众"喜闻乐见"的借势营销方案，才有可能达到甚至超出预期效果。

品牌借势的行为在当下已然屡见不鲜，但在借势的过程中还能够创造出自己的势，其操作难度不言而喻。

小米并非此次世界杯的赞助商，因此借势营销的重点在话题借势上，利用全民对足球的热情，展开系列话题营销，进而实现了品牌声量在世界杯期间的提升。Xiaomi Morocco 的世界杯借势营销集中体现为两大系列活动，分别在世界杯比赛期间和赛事结束后进行。世界杯期间，Xiaomi Morocco 在海外社交媒体平台上线了比分竞猜互动活动。世界杯结束后，小米借助世界杯余温，以短视频平台为主阵地，发起了足球街头挑战活动。通过这一次借势营销，小米收获颇丰。

✿ 2.3.8　IP营销

1. IP营销的概念

IP营销中的"IP"原意为知识产权（Intellectual Property），近年来随着IP内容的丰富及商业价值愈加可观，IP的含义已超越知识产权的范畴。IP逐渐成为一个现象级的营销概念。IP营销的本质是通过营销把IP融入品牌或产品中，赋予产品温度和人情味，降低人与品牌之间和人与人之间的沟通门槛。

2. IP营销的成功基础

（1）人格化的内容

人格化是通过一些文化创作手段，赋予虚拟物体或实物以情感、情绪，使其拥有像人一样的性格或感情。人格化的IP营销可以确保品牌与消费者的互动关系，使品牌更有温度。

（2）原创性

IP营销需要在表达风格、呈现形式及承载的精神文化上具备原创性和独特性。模仿抄袭的营销方式则会拉低企业的品牌价值。

（3）持续性

IP的建立需要持续的人格化内容输出。长期持续的内容输出可以把IP打造得更为立体鲜活，提升IP的价值。

✿ 2.3.9　社群营销

1. 社群营销的概念

社群营销是把一群具有共同爱好的人汇聚在一起，以感情与社交平台为纽带，使社群成员保持较高的活跃度，企业通过精心运营社群，提升社群成员的集体荣誉感和归属感，以增强品牌在社群中的影响力，提升品牌的凝聚力。

从概念上看，社群营销与会员营销类似。不同的是，会员营销是商家通过将普通用户转化为会员，分析会员消费信息，挖掘会员后续消费力，更重视会员的个性化服务和关怀，来提高收益；而社群营销是通过对社群的运营与建设，增强社群成员的黏性，来提升品牌影响力。企业在实际操作中可以根据自身业务需求和用户特点，综合运用社群营销和会员营销，最大限度地提升品牌影响力和企业收益。

2. 社群营销的成功基础

（1）同好

同好是指有相同爱好的人，而有相同的爱好是社群成立的基础。"物以类聚，人以群分"，拥有共同爱好的人只有汇聚在一起时，才能形成一个初步的社群基础。

（2）结构

"无规矩不成方圆"，一个能够存活的社群需要有完备的结构做支撑，这里的结构包括加入原则、管理规范、交流平台、组成人员。

（3）输出

每个社群在成立之初都有一定的活跃度，但如果不能为成员持续提供价值或不能带领成员共同创造某种价值，社群的活跃度将会逐渐下降。社群的输出是一个社群价值的体现，有高质量的输出才能增强社群成员的集体荣誉感，提升社群凝聚力。

（4）运营

社群的运营是社群保持活跃的关键，它涉及仪式感、参与感、组织感、归属感4个方面。社群运营要让群成员认识到所在社群是有组织的，对于任何社群活动的组织策划和内容输出，他们都可以参与，以便在一系列的社群活动中慢慢增强归属感。

（5）复制

可复制的社群模式是拓展社群规模的前提，也是检验社群模式成熟与否的关键，但多个社群并行运营会提高社群的运营成本。

✳ 2.3.10 跨界营销

1. 跨界营销的概念

跨界营销是指根据不同行业、不同产品、不同偏好的消费者之间所拥有的共性和联系，把一些原本毫不相干的元素进行融合，使其互相渗透，以赢得目标消费者好感的营销。

2. 跨界营销的成功基础

（1）跨界伙伴

跨界合作的伙伴往往是不同品牌，并且双方一定是在某个方面存在互补性而非竞争性。互补不仅仅是指产品功能的互补，更重要的是品牌覆盖用户群体的互补。通过跨界营销，双方的用户群体可同时了解两个品牌，这使参与合作的品牌都能得到最大限度的曝光。

（2）契合点

跨界营销合作双方可以是来自不同行业的不同品牌，双方合作的出发点是双方的用户群体对双方品牌都有需求，营销关键点就是找出双方品牌的共鸣点，从而让双方的用户群体觉得两个品牌非常自然地联系在了一起，进而自然地接受了营销信息，最大限度地促进了销售。

（3）系统化推广

跨界营销的目的是双方通过合作获得单方面无法获得的影响力，在合作宣传中需要双方合力开展系统化、全面性的营销活动。跨界合作的双方需找到共同点或共同利益，并在推广渠道、推广内容、内容形式及传播周期等方面达成一致，以便进行系统化的全面推广。

📖 **案例4**

瑞幸咖啡携手茅台，跨界营销"火出圈"

"美酒加咖啡　就爱这一杯"，2023年9月的瑞幸和茅台联名，让瑞幸咖啡再一次扩大了影响力。同时，这次的联名也实现了双赢，助力茅台打造了更年轻化的品牌形象。在注意力稀缺的今天，瑞幸咖啡的营销究竟是怎样"破圈"的？

首先，善于捕捉用户的注意力，从短期吸引到为长期营销积蓄能量。好的跨界营销一方面能率先抢占用户的注意力，获得高话题度与高流量。例如，瑞幸咖啡与茅台的合作，实现了声量剧增。另一方面，品牌的最终目的是通过一系列营销动作的叠加撬动长尾效应。瑞幸咖啡凭借敏锐的营销嗅觉，做到了营销有预见性，为品牌赢得了用户的注意力，实现品牌能量的长期释放。

其次，以更具话题性的跨界，实现突破圈层的营销。此次瑞幸与茅台的跨界合作，可谓一出现便"火爆"网络。瑞幸借助酒和咖啡的巧妙搭配获得高流量与热烈讨论，同时在传播上利用邓丽君的歌曲《美酒加咖啡》提炼出宣传语，形成自然的流量密码；而茅台凭借这种极具话题性的跨界营销，实现了年轻化、用户圈层的突破，也获得了超高的曝光度。

最后，拓宽用户群，提高用户忠诚度。通过与具有同样目标用户群体的知名品牌联名，可以使自己的品牌更快地被大众熟知，提升品牌影响力和知名度。联名也可以帮助品牌拓宽产品线，覆盖更广泛的目标市场，拓展业务范围。尤其是可以创造出新的产品组合，将原本不相关的元素融合在一起，从而创造出新的价值和市场机会。从这次瑞幸与茅台的跨界联名可以看出，合作方的优势互补和资源共享有利于实现品牌效应的叠加和最大化。

任务实训

一、实训目的

1. 熟悉新媒体营销的创新思维。
2. 培养团队的合作精神，提高分析问题的能力。
3. 培养新媒体营销从业者的创新意识和创新思维。

二、实训要求

1. 分组进行：每3～5人为1组，每组选出1名组长。
2. 实训形式：每组派1名代表发言。

三、实训内容

以小组为单位，查找资料，选择两个或以上品牌联合开展的跨界新媒体营销案例，分析其是如何完成跨界利益的交换的，又是如何开展营销推广活动的。

四、总结分析

完成发言，教师评价。

知识考核

一、单选题

1. （　　）指对目标人群的背景、特征和行为进行分析，以了解其人口统计学、社会经济、心理和行为等方面的特征。

    A. 人群属性分析　　　B. 区域分析　　　　C. 用户活跃度　　　D. 区域分析

2. 在营销策划过程中，需要思考如何给用户提供参与互动的机会，这是新媒体营销策划思维中的（　　）。

A. 用户思维　　　　　　　　　　　　　B. 互动思维

C. 数据思维　　　　　　　　　　　　　D. 迭代思维

3. 在事件营销的成功基础中，需要在事件本身的新闻传播价值与产品的相关性之间寻找平衡点指向的是（　　）。

A. 相关性　　　　B. 大流量　　　　C. 心理需求　　　　D. 趣味性

4. （　　）是社群成立的基础。

A. 结构　　　　B. 输出　　　　C. 运营　　　　D. 同好

二、多选题

1. 用户画像的构建过程可分为（　　）3 个步骤。

A. 数据采集　　　　　　　　　　　　　B. 数据标签化

C. 生成画像　　　　　　　　　　　　　D. 受众群体分析

2. 内容运营按岗位不同，可分为（　　）。

A. 文案型内容运营　　　　　　　　　　B. 产品型内容运营

C. 活动型内容运营　　　　　　　　　　D. 资源型内容运营

3. 饥饿营销的成功基础包括（　　）。

A. 心理共鸣　　　　B. 量力而行　　　　C. 宣传造势　　　　D. 审时度势

4. 新媒体营销策划方案的基本要素包括（　　）。

A. 市场环境分析　　　　　　　　　　　B. 消费者分析

C. 产品优劣势分析　　　　　　　　　　D. 营销方式和平台的选择

5. 在实际应用中，用户画像主要为（　　）等方面提供支持。

A. 内容生产　　　　B. 产品优化　　　　C. 精准营销　　　　D. 用户运营

三、判断题

1. 用户画像就是把用户的形象画出来。（　　）

2. 新媒体营销策划方案的基本框架应包括封面、主体、封底、附录等内容。（　　）

3. PGC 指专业生产内容（视频网站）、专家生产内容（新闻资讯），即由专业的个人或团队有针对性地输出的较为权威、制作精良的内容，如电视节目、报纸刊物、媒体资讯等。（　　）

4. 所有的社会热点都可以用来做借势营销。（　　）

5. 病毒营销与口碑营销没有区别。（　　）

四、案例分析题

《羊了个羊》为何火爆全网？

2022 年 9 月 14 日，一款小程序游戏《羊了个羊》突然在全网爆火，其因 0.1% 的通关率引得众多玩家"爆肝"，在多个平台登顶热搜，引发服务器过载、被质疑抄袭等一系列事件。许多人探讨一款小游戏为何能月赚千万，大获成功。从本质上来讲，《羊了个羊》完全没有为游戏性考虑，而是一款伪装成游戏的广告，其创意团队从设计之初就准备好了炒话题、买词条、造热搜，每一步都是互联网广告营销赚钱的经典手法。

请分析：《羊了个羊》采用的新媒体营销模式都有哪些？

项目实训

实训项目：走近新媒体营销策划

一、实训目标

1. 通过教师讲解、案例讨论掌握相应的知识点。
2. 初步学会撰写新媒体营销策划方案。
3. 培养独立思考能力及团队合作意识。
4. 培养创新能力。

二、实训内容与要求

1. 由教师介绍实训目的、方式、要求，调动学生实训的积极性。
2. 由教师布置模拟实训题目，题目如下。

假如你是某一食品企业新媒体营销策划人员，现公司有新坚果礼盒将于中秋节推出，你需要为其策划一场促销活动，同时领导提出可考虑与其他品牌开展跨界合作，请你完成新媒体营销策划方案的撰写。

3. 分成几个小组，由组长组织完成本次实训，并制作 PPT 进行演讲。
4. 完成汇报后，小组互评，教师点评。

新媒体营销文案创作

知识目标

- 了解新媒体营销文案的特点与类型；
- 熟悉新媒体营销文案创作思维培养；
- 掌握产品文案、品牌文案、活动推广文案和导购文案的创作方法。

能力目标

- 能够养成新媒体营销文案创作思维，强化创新意识；
- 能够撰写多种描述形式的产品营销文案，能够撰写以品牌广告语、品牌故事为核心的品牌营销文案；
- 能够撰写新媒体营销活动推广文案；
- 能够为主流新媒体平台撰写导购文案。

素养目标

- 增强遵纪守法、规范经营的法治意识；
- 培养正确的价值观，弘扬时代主旋律；
- 培养"义利合一"的商业伦理精神与诚信意识。

案例导入

江小白，被文案拯救的品牌

提到江小白，大家首先会想到它的瓶身文案，甚至认为"表达瓶"是江小白成功的原因。

通过以往的营销案例不难看出，江小白最擅长玩的就是"小众圈"。2012年横空出世，江小白便一夜"爆红"，但跟其他酒品牌不同，它鲜少出现在各大卫视的广告中，很多人是通过微博认识江小白的。

多年来，江小白瓶身文案已经成为白酒行业一道独特的风景。

"跟重要的人才谈人生"

"低质量的社交，不如高质量的独处"

"手机里的人已坐在对面，你怎么还盯着屏幕看"

"我是江小白，生活很简单"

"一个人，喝酒不是孤独，喝了酒，想一个人是孤独"

"兄弟间的约酒聚会，应该无关应酬和勾兑"

"我把所有人都喝趴下，就是为了和你，说句悄悄话"

……

这些文案堪称句句经典，字字灼心。

初识江小白的消费者，最容易被它瓶身的文案征服，因为它的文案貌似说的就是消费者的处境，给消费者提供了情绪释放的理由。江小白的创始人陶石泉曾说：做一个有真实态度的品牌，真诚对待消费者，深度挖掘消费者情绪，用直达人心的文案表达，让品牌回归简单，真诚地跟消费者沟通。

江小白的文案之所以打动人心，是因为对用户心智足够了解。江小白重文案，重场景，采集年轻人在不同职业背景下的口语，抢占用户心智，把情绪场景与江小白酒画等号。

任务3.1 新媒体营销文案的特点与类型

新媒体传播以互联网为基础，互联网极快的传播速度、海量的信息内容、自由的表达空间使得新媒体语言具有新颖前卫、信息丰富且自由的特点。新媒体传播内容突破传统文字的单一局限，包括文字、数字、图表、音频、视频等不同类型。

3.1.1 新媒体时代的营销认知和文案特点

1. 新媒体时代的营销重构

随着互联网的发展，媒介平台和传播环境已经发生了翻天覆地的变化，如果还沿用传统的营销手段，效果必然大打折扣。

在新媒体时代，企业必须调整自己的营销思维，重新审视当前的媒介平台环境，构建自己的新媒体营销认知，主要可从以下4点入手。

（1）从"广泛"到"精准"

在当今的数字时代，营销思维经历了从"广泛"到"精准"的转变。以往，营销活动主要关注的是获得广泛的效果，即通过大量的曝光和广泛的传播来触及尽可能多的人。然而，随着技术的进步和消费者行为的变化，营销思维逐渐转向了"精准"。"精准"意味着更加精确地瞄准目标用户，深入了解他们的需求、兴趣和行为特征。新媒体凭借其强大的数据分析能力和多样化的平台，使得这种精准成为可能。营销不再仅仅追求数量上的效果，而是更加注重质量和效率。通过大数据和人工智能技术，营销人员能够深入挖掘用户的行为数据，分析他们的喜好和购买意图，从而实现精准的个性化推荐。

精准营销思维的核心在于能够将合适的信息，在合适的时间，传递给合适的人。这不仅能提升营销的效果和转化率，还能增强用户的满意度和忠诚度。

从"广泛"到"精准"的转变，反映了营销领域的不断进化和创新。它要求营销人员更加深入地了解用户，不断优化营销策略，以满足用户日益多样化和个性化的需求。

（2）从"硬"到"软"

如今，互联网媒体平台的属性也发生着实实在在的变化，就拿现在的视频网站来说，它们已经不再仅仅是播放平台，例如爱奇艺、腾讯视频等早已有了自制节目的能力，还涉足电视剧、电影等传统文化产业的生产。这赋予了视频网站更强的自主性，使得它们不再一味以强硬的展示方式将广告植入节目，而是在软性营销层面具有更多的操作空间。

（3）从"覆盖"到"互动"

尽管目前企业已经认识到移动端广告的价值，但是大多数企业在进行营销时仍然在电视、计算机、移动终端和平面媒体等多个媒介平台上单纯地进行海量广告的投放，只追求覆盖。然而，随着手机等移动设备和微信、支付宝等移动应用的快速崛起，现在已经是一个多屏互动的时代，企业在进行营销时也必将更关注与目标受众的互动。

（4）从"曝光"到"影响"

随着科技的飞速发展，互联网已经深入我们生活的方方面面。网络世界早已不再是一个简单的虚拟空间，而是一个充满各种可能性的世界。在这个世界里，每个人都有机会成为自己的媒体，展现自己的才华，传播自己的声音。而抖音、微信公众号等自媒体平台的崛起也表明，这已经是一个碎片化阅读的时代，媒体在快速去中心化。在这一背景下，新媒体广告正在成为品牌和用户的连接器，通过信息、渠道、服务、体验等各个方面影响着用户，并与之产生互动，广告不再只是简单的品牌曝光，而是要提供足以带来用户心智变化的深度影响力。

2．新媒体营销文案的特点与趋势

伴随着移动互联网的快速发展，用户习惯发生了颠覆性改变，企业的营销行为也在发生重构，新媒体营销文案呈现以下特点与趋势。

（1）从单一发声到人人自媒体

在信息时代的浪潮中，新媒体营销文案经历了从单一发声到人人自媒体的巨大转变。曾经，营销文案的传播主要依赖少数权威媒体或专业机构的单一发声。信息的传递方向较为单一，受众处于被动接受的地位。然而，随着互联网的飞速发展和普及，人人自媒体的时代已然来临。每个人都拥有了发声的平台和机会。这种转变带来了诸多变化。首先，信息的传播变得更加多元化和广泛化。被传播的信息不再是单一的观点和声音，而是呈现出丰富多样的视角和表达。人人都可以成为信息的创造者和传播者，他们通过各种新媒体平台分享自己的见解、经验和故事。这不仅丰富了信息的内涵，也让用户有了更多选择。其次，互动性大大增强。在人人自媒体的环境下，用户不再是单纯的信息接收者，还可以积极参与讨论、评论和分享。这种互动使得信息的传播更加深入和有效，增强了用户对信息的参与感和认同感。此外，人人自媒体也促进了信息的快速传播和影响力的扩大。这让有价值的信息可以在短时间内迅速传播开，引发广泛的关注和讨论。

新媒体营销文案从单一发声到人人自媒体的转变，赋予了每个人更多的话语权和表达权，也为营销领域带来了新的机遇和挑战。

（2）从传统渠道投放到新媒体传播

从纸媒到新媒体，从电视到网络视频，从计算机到手机，营销渠道发生了巨大变化，整体而言体现出以下几点不同。

① 受众阅读习惯不同。由于受众的阅读习惯存在差异，新媒体营销文案的写作需因人而异。不同的受众群体具有各自独特的阅读偏好与习惯，这就要求新媒体营销文案创作者灵活应对。有些受众喜欢简洁明了的文字，他们追求高效获取信息，因此新媒体营销文案应简洁扼要，重点突出；而有些受众则偏爱详细深入的内容，他们期望深入了解产品或服务的细节，此时新媒体营销文案便需要提供充足的信息；对于年轻群体，流行的网络语言和时尚元素可能更能吸引他们的注意力；而对于成熟受众，稳重理性的文案风格可能更为适宜。此外，不同受众的阅读时间和场景也有所不同。这就需要文案创作者根据实际情况调整文案。

总之，新媒体营销文案写作应充分考虑受众的阅读习惯差异，量身定制。只有这样，才能更好地与受众产生共鸣，实现有效的信息传递。

② 传播媒介特质不同。互联网凭借其技术上的优势，改变了信息传播者与受众之间"点对面"的传播，双方可以极其方便地随时交流想法，不受地域和场所限制。这种一点对多点、横向与纵向交织的多元化互动交流关系使每个人都可以发布信息。所以新媒体营销文案不可避免地具有网民的心理倾向和叙述习惯，具有自由随性的口语化倾向。

（3）从语言规范到时尚多元

随着新媒体发展的日益成熟，新媒体营销文案逐渐突破了传统的语言规范，经常使用网络流行语、新词、缩略词、谐音，生动活泼，新鲜有趣。新媒体采用文字、数字、表情、图片、声音、视频等多种形式传递信息，语言风格更轻松自由，口语化特点显著。

> 📖**案例**
>
> **重磅新规《互联网广告管理办法》将"直播带货"纳入广告监管范围**
>
> 国家市场监管总局于 2023 年 3 月 24 日通过了《互联网广告管理办法》（以下简称《办法》），该《办法》已于 2023 年 5 月 1 日起正式施行。
>
> 这也意味着中国互联网广告正式迎来新的行业规则。
>
> 整体上来看，《办法》是对 2016 年原工商总局制定的《互联网广告管理暂行办法》的一次全面修订完善。互联网广告在广告形式、经营模式、投放方式等方面不断发展变化，在传统电商大发展背景下形成的监管思路和监管方式需要做出新的调整。另外，在互联网广告主体逐渐多元化的情况下，《办法》也细化了各类广告活动参与主体的法律责任并明确了其行为规范。

《办法》进一步明确了广告主、互联网广告经营者和发布者、互联网信息服务提供者的责任，积极回应社会关切，对人民群众反映的弹出广告、开屏广告、利用智能设备发布广告等行为做出规范；细化了"软文广告"、含有链接的互联网广告、竞价排名广告、算法推荐方式发布广告、利用互联网直播发布广告、变相发布须经审查的广告等重点领域的广告监管规则；新增了广告代言人的管辖规定，为加强互联网广告监管执法提供了重要制度保障，也为互联网广告业规范有序发展赋予了新动能。

✳ 3.1.2 新媒体营销文案的类型

如图 3-1 所示，新媒体营销文案按广告目的的不同，可分为销售文案和传播文案；按篇幅长短的不同，可分为长文案和短文案；按植入方式的不同，可分为软广告和硬广告；按投放渠道和表现形式的不同，可分为纯文字文案、图文文案、视频文案等。

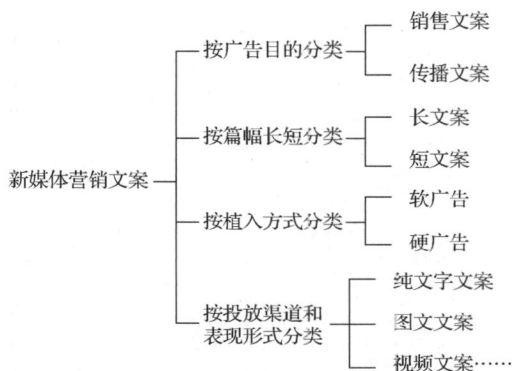

图 3-1　新媒体营销文案的类型

（1）按广告目的分类

新媒体营销文案根据广告目的的不同可分为销售文案和传播文案。销售文案是指为了提升销量而制作的引流广告图等，即能够立刻带来销量的文案，如肯德基的销售文案，如图 3-2 所示。传播文案，即能够扩大品牌影响力的文案，如企业形象广告、企业节假日情怀营销文案等，如图 3-3 所示。不同的文案类型，其写作方法不同。如销售文案需能立即打动人，并促使人立即行动；传播文案则侧重于引起人的共鸣，引发受众自主传播。

图 3-2　销售文案

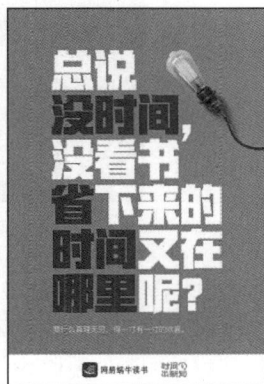

图 3-3　传播文案

（2）按篇幅长短分类

新媒体营销文案按照篇幅长短的不同可分为长文案和短文案。长文案为 1000 字及以上的文案，短文案则为少于 1000 字的文案。通常来说，长文案需构建强大的情感场景，例如奥美广告公司早年为某企业 25 周年庆活动（动员大众读书）创作的长文案《我害怕阅读的人》，文案貌似谈“害怕”，实为敬佩、鼓励，影响更多人成为阅读的人，如图 3-4 所示。其实，这篇文案不仅仅在推广阅读，读它本身也能获得美好的阅读体验。而短文案则在于快速触动，表现核心信息，如特仑苏的广告“不是所有牛奶都叫特仑苏”，一句话突出其不是一般牛奶比得了的，如图 3-5 所示。另外，行业属性不同，文案的运用也有不同。在价格高昂、顾客决策成本较高的行业通常要运用长文案，如珠宝、汽车行业；而在价格较低、顾客决策成本较低的行业，则一般运用短文案，如装饰品、日用品等。

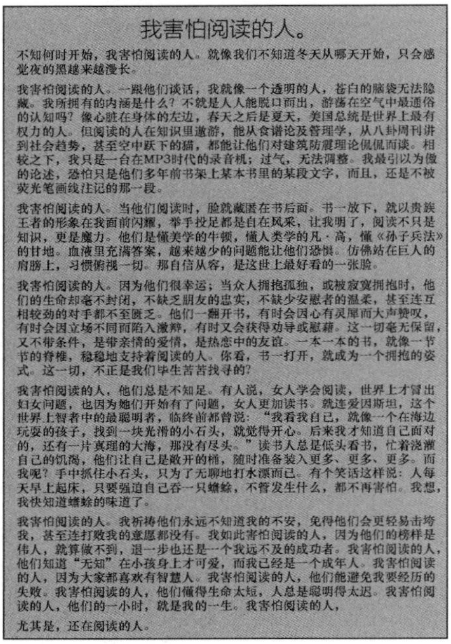

我害怕阅读的人。

不知何时开始，我害怕阅读的人。就像我们不知道冬天从哪天开始，只会感觉夜的黑越来越漫长。

我害怕阅读的人。一跟他们谈话，我就像一个透明的人，苍白的脑袋无法隐藏。我所拥有的内涵是什么？不就是人人能脱口而出，游荡在空气中最通俗的认知吗？像心脏在身体的左边，春天之后是夏天，美国总统是世界上最有权力的人。但阅读的人在知识里遨游，能从食谱论及管理学，从八卦周刊讲到社会趋势，甚至空中跃下的猫，都能让他们对建筑防震理论侃侃而谈。相较之下，我只是一台在MP3时代的录音机；过气，无法调整。我最引以为傲的论述，恐怕只是他们多年前书架上某本书里的某段文字，而且，还是不被荧光笔画线注记的那一段。

我害怕阅读的人。当他们阅读时，脸就藏匿在书后面。书一放下，就以贵族王者的形象在我面前闪耀，举手投足都是自在风采，让我明了，阅读不只是知识，更是魔力。他们是懂美学的牛顿，懂人类学的凡·高，懂《孙子兵法》的甘地。血液里充满答案，越来越少的问题能让他们恐惧。仿佛站在巨人的肩膀上，习惯俯视一切。那自信从容，是这世上最好看的一张脸。

我害怕阅读的人。因为他们很幸运；当众人拥抱孤独，或被寂寞拥抱时，他们的生命却毫不封闭，不缺乏朋友的忠实，不缺少安慰者的温柔，甚至连互相较劲的对手都不至匮乏。他们一翻开书，有时会因心有灵犀而大声赞叹，有时会因立场不同而陷入激辩，有时又会获得劝导或慰藉。这一切毫无保留，又不带条件，是带亲情的爱情，是热恋中的友谊。一本一本的书，就像一节节的脊椎，稳稳地支持着阅读的人。你看，书一打开，就成为一个拥抱的姿式。这一切，不正是我们毕生苦苦找寻的？

我害怕阅读的人，他们总是不知足。有人说，女人学会阅读，世界上才冒出妇女问题，也因为她们开始有了问题，女人更加读书。就连爱因斯坦，这个世界上智者中的最聪明者，临终前都曾说：“我看我自己，就像一个在海边玩耍的孩子，找到一块光滑的小石头，就觉得开心。后来我才知道自己面对的，还有一片真理的大海，那没有尽头。”读书人总是低头看书，忙着浇灌自己的饥渴，他们让自己是敞开的桶，随时准备装入更多、更多、更多。而我呢？手中抓住小石头，只为了无聊地打水漂而已。有个笑话这样说：人每天早上起床，只要强迫自己吞一只蟾蜍，不管发生什么，都不再害怕。我想，我快知道蟾蜍的味道了。

我害怕阅读的人。我祈祷他们永远不知道我的不安，免得他们会更轻易击垮我，甚至连打败我的意愿都没有。我如此害怕阅读的人，因为他们的榜样是伟人，就算做不到，退一步也还是一个我远不及的成功者。我害怕阅读的人，他们知道“无知”在小孩身上才可爱，而我已经是一个成年人。我害怕阅读的人，因为大家都喜欢有智慧人。我害怕阅读的人，他们能避免我要经历的失败。我害怕阅读的人，他们懂得生命太短，人总是聪明得太迟。我害怕阅读的人，他们的一小时，就是我的一生。我害怕阅读的人，

尤其是，还在阅读的人。

图 3-4　长文案

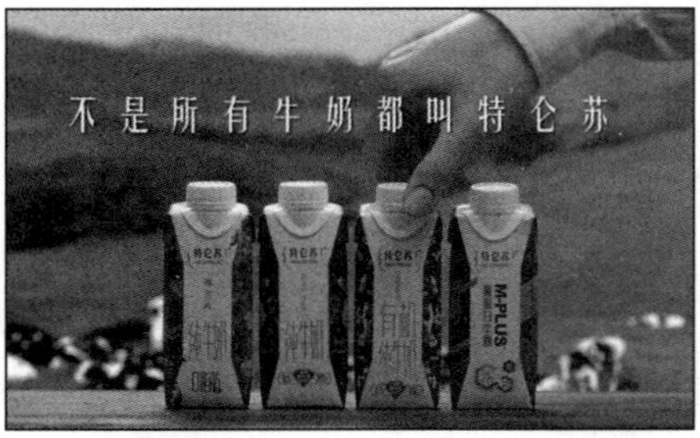

图 3-5　短文案

（3）按广告植入方式分类

新媒体营销文案按广告植入方式的不同可分为软广告和硬广告。软广告即不直接介绍产品、服务，而是通过其他方式代入广告，如在案例分析中植入品牌广告，在故事情节中植入品牌广告，使受众不容易直接觉察到广告的存在，它具有隐藏性，如图 3-6 所示。硬广告则

相反,是以直白的内容发布在对应的渠道媒体上,如图 3-7 所示。一般而言,企业会根据不同情况选择不同的植入方式。往往在需要高曝光度及直接带动销售时,企业会选择硬广告,而在需要补充增加品牌曝光时则选择软广告。

图 3-6 软广告

图 3-7 硬广告

（4）按投放渠道和表现形式分类

传播渠道不同,文案的表现形式也有所不同,常见的有纯文字文案、图文文案、视频文案等。如公众号支持多种形式的文案:纯文字、语音、图片、图文(图片+文字)、视频等;微博最多支持发布 140 字,也可附图、附视频;抖音可以通过短视频传递文字、图片、视频等内容;淘宝等电商平台可以通过图片、文字等传递产品详情页内容。不同的投放渠道和表现形式适用于不同的目标受众和营销策略,企业需要根据具体情况进行选择和优化。

任务实训

一、实训目的

1. 了解新媒体营销文案的特点与类型。
2. 培养团队合作精神、沟通能力、语言表达能力。

二、实训要求

1. 分组进行:每 3～5 人为 1 组,每组选出 1 名组长。
2. 实训形式:小组分工协作,搜集案例资料,撰写案例分析报告并进行讲解。

三、实训内容

以小组为单位,搜集不同类型的新媒体营销文案并分析其特点。

四、总结分析

提交案例分析报告并完成汇报,小组互评,教师点评。

任务3.2 新媒体营销文案创作思维培养

在互联网时代,获取注意力越来越困难,文案只有足够"吸睛",才能让人产生分享和传播的欲望。创作新媒体营销文案，需要用最精准的文字，通过最精准的策略和渠道，触达最精准的受众。那么，该如何找到最适合自己的文案创作方式呢？本任务从以下 7 个维度解析如何写出具有互联网思维的新媒体营销文案。

✳ 3.2.1　用户视角

当眼前的信息与本人无关时，大脑便会自动地进入"节能模式"以保存能量，只有与自己有关的信息才会引起大脑的注意，这是生物的本能。

新媒体营销文案人员在创作文案的时候要做到从"用户视角"出发，而不是进入"自我视角"，否则写出的文案只能感动自己。

那么，如何进入"用户视角"呢？

我们先来看看雪碧的广告文案"透心凉，心飞扬"，它描述了喝完雪碧的美好感受，使人在炎热的夏季里联想到一潭清澈的碧水，顿时有一种清凉之感，感受到"挡不住的诱惑"，从而激发消费者的购买欲望。

所以，要站在用户的角度思考什么样的文案能够影响其感知，而不是只影响自己。文案应该围绕用户的感受进行设计，而不是针对有关这些感受的文字进行设计。

✳ 3.2.2　制造对比

消费者往往需要在不同的产品之间做出选择，但是市场上产品同质化问题非常严重，这导致消费者很难快速做出决定。解决这一问题最好的办法就是制造对比，塑造差异，帮助消费者高效选择。例如，很多品牌会用对比图的形式告诉消费者自己的产品的优点有什么，如图 3-8 所示，这样消费者就能清晰地看到两种产品的差异。所以，制造对比可以让消费者的大脑快速地对产品产生印象，从而更快地做出决定。

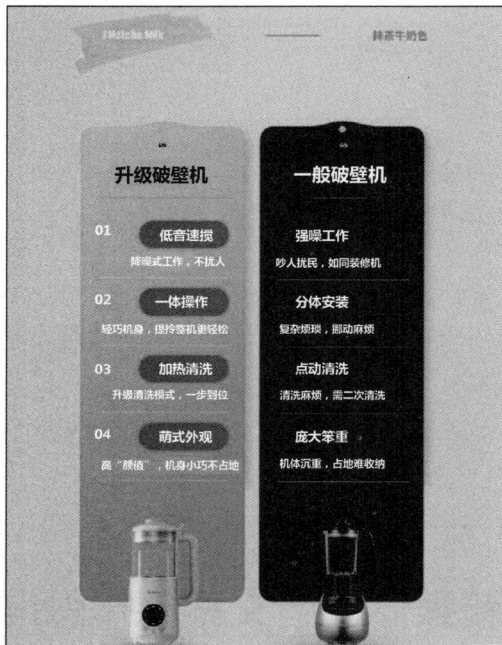

图 3-8　对比类广告文案

✱ 3.2.3　去抽象化

虽然文案不可能改变产品，但它能改变消费者对产品的观感，广告大师大卫·奥格威认为，广告是词语的生涯。失败的广告往往是因为它们缺乏一种最基本的技能——找到准确的语言。但是语言的本质是抽象的，文案的作用是促进销售，重点在于让人记住，以实现传播，说服消费者购买。所以在创作文案时，重点在于去抽象化。

例如，乔布斯在发布第一代 iPod 时并未说明自己的产品内存空间有多大，而是说"把 1000 首歌装进口袋"，如图 3-9 所示。

图 3-9　第一代 iPod 的营销文案

内存空间对消费者来讲是很模糊的信息，而 1000 首歌这样具体的信息则非常容易理解，这使得用户可以快速地感知 iPod 的存储空间。

✱ 3.2.4　可视化表达

具体的信息描述加上可视化表达，往往可以让信息传递如虎添翼。人很难理解抽象的事物，例如，单纯说"外面的世界很精彩"，用户无法产生共鸣；但如果说"你写 PPT 时，阿拉斯加的鳕鱼正跃出水面；你看报表时，梅里雪山的金丝猴刚好爬上树尖……"，立刻就能吸引用户。

文案的作用是影响用户的行为和认知。因此，需要寻找具体的信息，并以视觉化的方式进行表达。例如，小米 10 青春版手机为了突出产品轻薄这一关键特点，其广告运用了可视化的表达方法，如图 3-10 所示，让用户可以直观地感受到产品的轻薄。

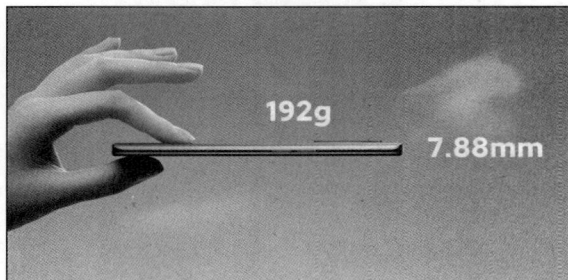

图 3-10　小米手机可视化表达文案

✱ 3.2.5　调动用户情绪

用户并不是时刻都保持理性的，如果文案能够调动用户的情绪，往往会产生意想不到的效果。文案要激发用户的需求，这样用户才会决定购买一种产品或服务。文案也要和用户建立情感联结，和用户交朋友，让品牌与用户超越"商家和顾客"的关系，做到互相欣赏。

人们尊重温情的付出，尊重每一个相信文字力量的创造者。如果想写一篇治愈人心的"走心"文案，可以从 3 个词入手：故事、情感、记忆。或讲述用户身上发生的故事；或诉诸强烈的情感，如理想、情怀、奋斗等；或找回某个群体的记忆。

例如，益达的系列广告讲述的是"丫头"向"厨神"拜师学艺的酸甜苦辣历程。系列广告以追求理想需要脚踏实地、坚持不懈为主题，引人深思。小包装的益达穿插其中，表现"吃完喝完嚼益达"和"关爱牙齿"的主题。

❋ 3.2.6　引发好奇心

在信息泛滥的时代，一则文案吸引用户注意力的时间只有短短几秒，而在这几秒内，文案要瞬间使用户产生好奇心。一旦文案使用户产生了好奇心，他就会顺势阅读下去。

要使用户产生好奇心，不妨采用新闻式写法。新闻式写法不仅强调新，还强调出人意料。要善于利用六大原则——简约、意外、具体、可信、融入情感、讲故事。

击中用户痛点的文案往往比较有效，如王老吉的广告语"怕上火，喝王老吉"。这句广告语巧妙地指出了用户的痛点——怕上火，引发了用户的共鸣，并在心理上激发了其购买的欲望。

❋ 3.2.7　讲个好故事

从文案的角度讲，最容易传播的内容毫无疑问是故事。爱听故事是很多人的天性。故事的吸引力和说服力在于它很容易激发人的大脑中与之相关的区域，让人产生"代入感"，实现"角色转换"。

实现"角色转换"还有一个条件：尽量在故事里描述美好的场景。例如，高跟鞋品牌 7or9 在国际妇女节当天发布了短片《请你跳一支舞》，影片中不同身份、年龄的女性，伴随着柔和的曲调，在舒适自然的状态下随心摇摆，如图 3-11 所示。不同于其他品牌在妇女节的广告，这条简单的短片凭借轻盈松弛的气质打动人心，也呼应了品牌追求舒适的价值主张。7or9 希望通过影片让女性感知日常生活中的浪漫，邀请所有女性跳一支轻松自在、迎接日常的舞。

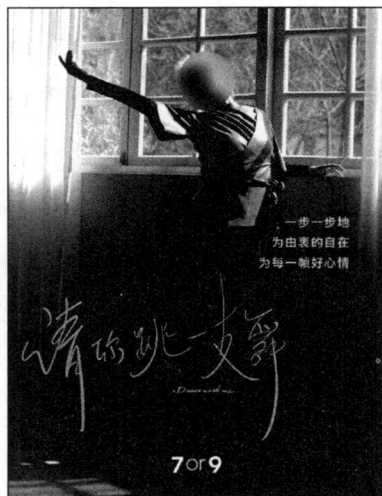

图 3-11　讲故事类文案

美国著名的商业演说家斯科特·麦克凯恩在其代表作《商业秀》里提到，用户最希望从企业身上得到 7 种"东西"，其中第一种就是企业的"可沟通性"。品牌也是一样，如果能让品牌像人一样说话，可沟通、逗趣、活泼，品牌就会像一个好玩有趣的人。

当然，品牌也不能随便开口说话。不同的人性格不同，说话的风格和内容也会不同。品牌要说话，必须人格化，并应找准品牌人格定位。品牌人格化就是对品牌进行拟人化、情感化，以彰显品牌拥有的价值观、格调、情怀等。品牌人格化是时代的一大趋势。而文案，就是品牌的"发声器"。

任务实训

一、实训目的

1. 能够建立新媒体营销文案创作思维，强化创新意识。
2. 培养团队合作精神、沟通能力、语言表达能力。
3. 树立民族品牌意识，讲好"中国故事"。

二、实训要求

1. 分组进行：每 3～5 人为 1 组，每组选出 1 名组长。
2. 实训形式：小组分工协作，头脑风暴，分析产品，训练文案创作思维，根据华为 Mate 60 Pro 手机的核心卖点创作新媒体营销文案。

三、实训内容

华为 Mate 60 Pro 是华为公司旗下的一款手机，2023 年 8 月 29 日，华为 Mate 60 Pro 正式上市。

华为 Mate 60 Pro 从里到外都呈现东方色彩，拥有麒麟芯片、盘古模型、玄武架构、北斗导航、星闪连接、方舟引擎、灵犀通信、风驰闪拍等功能，是全球首部支持卫星通话的手机。

请根据在本任务中所学的新媒体营销文案创作思维，将华为 Mate 60 Pro 的功能性描述转化为营销文案。

四、总结分析

提交文案作品并演示分享，小组互评，教师点评。

任务3.3 新媒体营销文案创作训练

对企业而言，无论选择哪一种新媒体平台，采用哪一种文案创作风格，归根结底都是为了达成营销目的。因此，对新媒体营销而言，文案的创作也应围绕营销目的出发。下面从产品文案、品牌文案、活动推广文案、导购文案和 AI 技术在新媒体文案写作中的应用 5 个角度介绍新媒体营销文案创作。

3.3.1 产品文案创作

无论是从流水线生产出来的工业产品，还是从枝头采摘下来的农产品，很多都在公众视线之外，并没有关注度。而想要让大众认可并购买，就要依靠充满温度的文案激活大众的需求。那么，如何让写出来的文案直抵人心？如何不仅是让客户心动，还要让客户做出购买行动？

1. 产品卖点提炼方法

通常所说的产品卖点是指产品本身的价值，不同产品的卖点是不一样的。面对不同的产品，要提炼其卖点。提炼产品卖点，就是要告诉消费者为什么要选择购买该产品。产品卖点包含两大要素：差异和优势。例如，慕思床垫的营销文案强调用 AI 技术实时采集人体身高、重量、睡眠习惯等信息，以人为中心，智能调节床垫软硬度，这是其与传统床垫的差异；有效减少翻身次数，延长深度睡眠时长，提高睡眠质量，这是优势，如图 3-12 所示。再如图 3-13 所示，新鲜的冬虫夏草体现了绝对的差异，但没有把优势罗列出来，应该告诉消费者，新鲜的冬虫夏草比传统的干的冬虫夏草具体好在什么地方，并从中选出一个消费者更为关注的信息点，作为主要卖点进行营销策划。

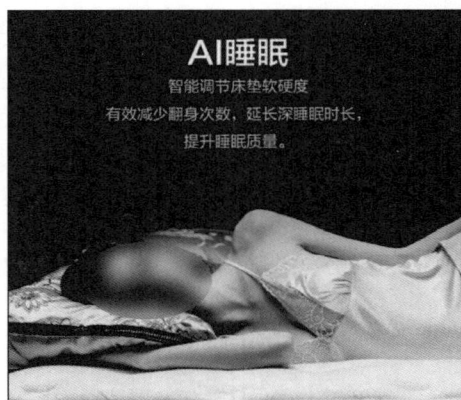

图 3-12　慕思床垫广告　　　　　　图 3-13　冬虫夏草广告

只有具备差异和优势两个特征，才算得上一个合格、真实的卖点，否则只是伪卖点。只有精准、真实的卖点才能打动消费者，这样的卖点必须同时符合以下 3 条标准。

（1）区别于竞争对手

能够做到竞争对手做不到的，承诺竞争对手不敢承诺的，就很容易获取用户信赖。例如，小红书（见图 3-14）就是一个集购物、社交、生活经验分享于一体的社交电商平台。通过将社交和 UGC 相结合，小红书为用户提供了一个真实可信的购物和生活经验分享平台，让用户实现从社交到交易的一站式体验，因而受到广大用户的喜爱。

（2）符合自身实力

卖点不是忽悠用户的口号，而是强有力的承诺，必须经得起市场和用户的考验。例如，得物采用"先鉴定，后发货"模式（见图 3-15），平台每发出一件产品，都会经过至少 8 道查验工序，包括逐件收货、查验质检、拍照留档、多重鉴别、独立绑扣、复合查验、防伪包装和打包出库，有问题的产品会被直接扣留。"先鉴别，后发货"的模式使得物获得了大批消费者的认可，也吸引了大量经营潮流球鞋、服饰、潮玩、数码等品类的商家入驻开店。

（3）可感知和衡量

一个成功的卖点还必须是用户可感知和可衡量的。在提炼产品卖点时，一般可以参考图 3-16 中的维度。

图 3-14 小红书

图 3-15 得物购物平台

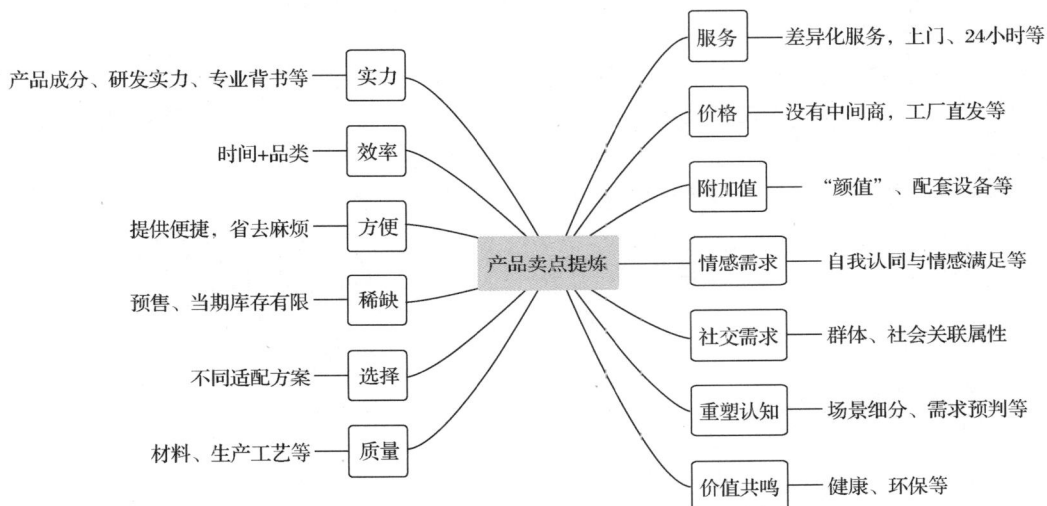

图 3-16 产品卖点提炼的 13 个维度

📖案例 1

溪水藏——赣南脐橙的核心卖点提炼

下面以溪水藏——赣南脐橙为例进行核心卖点提炼。

1. 围绕产品特征提炼核心卖点

卖点 1：个头大，皮薄。

卖点 2：水分足，酸甜比例适中。

卖点 3：肉质脆嫩，少渣，风味浓甜芳香，有较浓郁的橙香味。

经过对产品特征的分析可以发现，赣南脐橙大多具有这些特点，因此这些特点很难作为核心卖点。

接下来，继续围绕产品利益提炼核心卖点。

2. 围绕产品利益提炼核心卖点

卖点 1：产自赣南寻乌的稀土王国，土壤富含硒，有助于提高免疫力。

卖点 2：原生态种植，农残检验项目全部达标。

卖点 3：富含维生素 C 和胡萝卜素，有益于身体健康。

卖点4：产自东江源头，果园群山环抱，溪水长流。

经过对产品利益点的分析，这款脐橙有着与众不同的天然优势，那就是产地，位于东江源头并不是每个脐橙产地都有的特点，而且消费者对于水果的原生态、健康的诉求是十分强烈的，因此，产品的差异化卖点就十分突出了。

3．围绕产品前后端提炼核心卖点

卖点1：品牌化运营，优选精品果实，确保品质如一。

卖点2：产品多次被评为"国家优质产品"，并被国家评定为"无病毒优质出口产品"。

卖点3：快递驻扎果园，现摘现发，新鲜直达。

卖点4：针对售后问题，建立"快速赔"服务机制。

卖点5：发现与坚守，品牌创始人的情怀。

经过以上3个维度的分析，基本把这款赣南脐橙的卖点提炼出来了，但是，卖点不在于多，而在于精。

卖点的提炼是基于产品创新、消费习惯与认知、市场竞争态势综合进行的。所以，需要提炼出3个最能体现产品价值的卖点，也就是最能打动消费者的卖点，然后用最通俗易懂的语言表达出来。

经过分析与精心提炼，得出溪水藏的3个核心卖点，如图3-17所示。

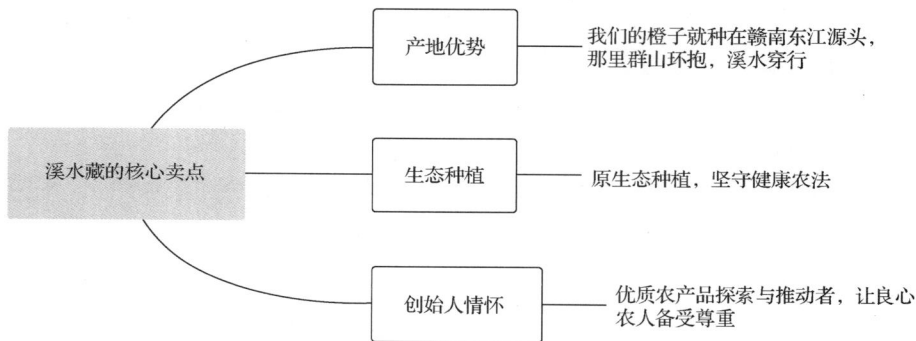

图3-17　溪水藏的核心卖点

2．产品详情页文案写作

产品详情页是向消费者详细展示产品细节与优势的地方，消费者喜不喜欢这个产品、是否愿意购买，很大程度上取决于产品详情页。绝大多数订单都是在消费者看过产品详情页后产生的，由此可见产品详情页的重要性。优质的产品详情页可以提高转化率，激发消费者的消费欲望，强化消费者对店铺的信任感，打消消费者的消费疑虑，促使消费者下单。

（1）产品详情页文案的写作原则

产品详情页文案不是纯粹的文案，它是介于产品说明书和广告文案之间的一种表达。它比产品说明书更生动，比广告文案更客观。优质的详情页文案中最重要的是什么？不是华丽的用词，也不是读起来有趣，而是用有效的设计影响用户的感受。

① 紧贴品牌定位。如今网购不仅是一种渠道，也是人们的一种生活方式。一份优质的产品详情页文案能让人从中知晓品牌调性、产品属性和受众类型。例如，可口可乐的品牌调性就是青春、健康、有活力，可口可乐每年推出的广告片和广告文案都是围绕这3个调性展开

的，而它的受众也以正值青春年华、有活力的年轻群体为主。文案调性是基于品牌调性而言的，但是文案调性也有自己的特性，文案调性强调清晰、鲜活、有性格。

② 用语平白朴实，避免"自嗨"。在广告创作中，语言的运用至关重要。产品详情页文案创作倡导使用平白朴实的语言，避免自我陶醉式的表达。平白朴实的语言更贴近消费者，能够清晰地传达信息，与消费者建立起真实有效的沟通。要避免使用过于复杂或浮夸的词汇，以免让消费者产生距离感。让广告回归真实，以简洁明了的方式传递产品或服务的价值，这样才能更好地吸引消费者的关注。

③ 明确对象，从痛点入手。可以使用同理心的方法寻找痛点，设身处地为消费者思考，找到消费者为什么必须买这个产品。以消费者的痛点带出产品的卖点，会增强消费者的认同感，提升他们的购买欲。除此之外，还要深度挖掘购买这个产品的人所关心的是什么。只要找到目标消费者的痛点与兴趣，逐个击破，层层递进，就能写出转化率高的文案。

（2）产品详情页文案写作逻辑框架

产品详情页文案的写作逻辑框架通常包括以下9个关键部分。

① 创意海报情景大图：通过引人入胜的创意海报和情景大图，吸引消费者的注意力，激发他们的阅读兴趣。

② 产品卖点：详细描述产品的特点和优势，提炼出产品的核心卖点。

③ 产品参数：通过可视化的尺寸规格设计，让消费者更加直观地了解产品的各项参数。

④ 同行产品对比：强调产品与竞争对手的产品相比的优势，以及能为消费者带来的价值。

⑤ 产品全方位展示：进行全方位的图片和模特展示，并提供实际使用案例，增加可信度。

⑥ 产品细节展示：以图文的形式突出产品工艺、质感、品相等细节。

⑦ 产品资质证书展示：通过展示权威机构出具的资质证书，打消消费者的顾虑，提升其对产品的信心。

⑧ 品牌/基地实力展示：通过介绍品牌背景和理念，或者展示基地实际规模，突出品牌实力，强化购买信心。

⑨ 产品包装介绍/售后服务介绍/物流服务介绍：通过包装介绍、售后服务介绍、物流服务介绍等，解决客户的未知问题，提高产品转换率。

📖**案例2**

虚假宣传赔偿3倍价款

甲有龋齿、牙龈红肿增生等口腔疾病，他在网上购物平台中看到乙开设的旗舰店卖牙膏及涂抹膏。销售界面中显示该牙膏及涂抹膏有修复蛀牙的作用，使用3～8个月便可达到牙齿无菌斑、无疼痛感的效果，即蛀牙得到修复。

于是甲在该网店购买牙膏及涂抹膏多次，共计花费356.96元。

甲使用后并未达到乙宣传的效果，去医院检查后结果显示牙齿仍存在深大龋坏，需根管治疗。甲后续治疗花费1万余元。

于是甲将乙告上法庭，要求乙向其赔偿所购产品3倍的价款，并承担后续1万元的治疗费用。

法院查明：

1. 甲确实于乙开设的旗舰店购买牙膏及涂抹膏，并花费356.96元。
2. 国家药品监督管理局查询结果显示乙名下不存在注册或备案的医疗器械产品。

　　3. 订单中显示乙销售的产品宣传文案"专业修复蛀牙牙膏""无菌斑""无疼痛感"属于使用医疗术语误导消费者，构成虚假宣传。

　　4. 甲主张的1万元损失与其在乙处购买产品的行为之间不存在因果关系。

法院判决：

1. 乙赔偿甲3倍产品价款计1070.88元。

2. 驳回其他诉讼请求。

法律依据：

1.《中华人民共和国消费者权益保护法》第五十五条　经营者提供商品或者服务有欺诈行为的，应当按照消费者的要求增加赔偿其受到的损失，增加赔偿的金额为消费者购买商品的价款或者接受服务的费用的三倍；增加赔偿的金额不足五百元的，为五百元。法律另有规定的，依照其规定。

2.《中华人民共和国广告法》第十七条　除医疗、药品、医疗器械广告外，禁止其他任何广告涉及疾病治疗功能，并不得使用医疗用语或者易使推销的商品与药品、医疗器械相混淆的用语。

❋ 3.3.2　品牌文案创作

　　传统品牌以产品为中心，互联网品牌则是以人为中心。移动互联网时代的营销本质是粉丝经济。因此，越来越多的企业想尽一切办法打造自己的品牌，培养忠诚的粉丝群体。例如，小米有"米粉"，华为有"花粉"，等等。

　　有时，卓越品牌与平庸品牌之间仅隔一篇好文案，可以说，文案是品牌与用户沟通的有效工具。

1. 基于用户需求的品牌文案创作理念

　　每个时代都有推动消费增长的动力，与过去的农业经济、工业经济时代不同，处于转型期的中国经济，其消费市场正在经历着巨大的转型：从最早的功能式消费到后来的品牌式消费，再到近年流行起来的体验式消费和参与式消费，如图3-18所示。

功能式 → 品牌式 → 体验式 → 参与式

图 3-18　消费市场动力变化

　　在物质基本需求得到满足后，新一代用户的消费方式和消费观念也开始变得不一样，他们开始注重更高品质的生活，在衣食住行方面开始追求时尚、健康、舒适和便捷；另外，他们还更注重精神层面的消费，如娱乐、教育等。这一阶段的品牌一定要建立在高品质上，当用户接受了产品品质，产生口碑传播后，进而也就认同了品牌。消费正在从实物型向服务型、从生存型向发展型和享受型升级。

　　随着消费升级，用户需求形成了如下发展趋势。

　　（1）从价格敏感变为时间敏感

　　在Web 2.0时代，淘宝类电商主打的就是价格，电商获取竞争优势的关键在于谁能把价格降到最低。而在移动互联网兴起后，O2O（Online to Offline，线上到线下）的热潮很大程度上建立在用户对时间的追求上。例如，京东依靠快速的物流打响了自身的品牌；打车软件的消费者大多不会为了省几块钱而多等十几分钟，所以打车软件获取市场竞争优势的关键在于汽车的数量和调度算法的快速、合理。

（2）在意品质和品牌价值

消费升级意味着人们在购买产品和服务时，不再仅仅关注价格，而是更加注重以下两个方面。

① 品质：对产品或服务的质量有更高的要求，包括性能、耐用性、安全性等。

② 品牌价值：品牌在用户心中的形象、声誉和价值观。

在这一变化趋势下，企业发展不应该一味地追求利益最大化，更需要注重企业品牌形象的塑造和品牌价值的提升。

（3）更注重精神层面的泛娱乐消费

用户开始愿意为好的内容付费，如果内容能够给人带来知识层面的提升或者给人带来愉悦，那么就有人愿意消费。泛娱乐领域产业蓬勃发展，以 IP 为核心的知识财产不断向纵深延展。同时，泛娱乐行业呈现年轻化态势，用户对内容领域的付费欲望越来越强，爱奇艺、优酷等公司在 IP 方面的投入让更多高品质内容的 IP 占据消费主体。

以"90 后""00 后"为主的年轻用户追求个性且接触的信息多元，他们对内容更为挑剔，对自己认同的内容会有更深的情感且忠诚度极高，更愿意围绕优质内容进行电影、电视剧、游戏、周边等领域的多维度消费。

（4）追求多元文化

无论是泛娱乐领域还是自媒体平台，如果只依靠单一的内容形式，很难吸引用户。内容生产者需要输出的是一种价值观，一种可以被广泛接受的文化和生活方式。文化是多维度的，二次元文化、科技文化、泛娱乐文化等亚文化虽然与主流文化存在着一定的距离，但是在特定群体中依然很受推崇。追求多元文化的人会关注自我，并寻找有类似价值观的人，与其一起建立或者参与到某种亚文化圈层中，其中的文化需要有消费品来承载。文化作为产品的一种价值观延伸输出，可以把目标用户留住并更好地拓宽自身产品线。

（5）人和物的更深层次连接

消费不仅能满足物质和精神上的需求，还能建立人与物之间的联系或者情感，它传达了消费者的品位、个性，能说明消费者是一个什么样的人。产品为购买它的人打上了标签，划分了属性，用户与产品也就因此建立了一种联系。

主打消费升级的产品需要考虑用户消费观念的转变，专注于打造高品质、优体验、连接用户情感的消费行为，在内容领域具备更强的"专业度""场景感""引导力"，这样才能影响用户做出不同于以往的消费决策。

2．品牌口号的创作方法

一个好的品牌口号是品牌的一种超级符号，能够帮助解读品牌内涵，赋予品牌新的生命。企业品牌口号的本质需求是有效地降低传播成本和认知成本，令用户看一眼或听一次就能记住，而且乐于介绍给别人。除此之外，品牌口号还能直接向用户传递品牌的精神和理念。

品牌和产品之间的区别在于，品牌最重要的是抢占用户的认知，而产品是一个物质的客观存在。例如，最好喝的凉茶未必是加多宝或王老吉，但是它们抢占了"这两个品牌的凉茶最好喝"的认知。虽然与客观事实可能会有一定的差异，但是品牌营销的出发点就是抢占用户认知，用户认知中的事实是商业事实，未必等于客观事实。

下面介绍 5 种品牌口号的创作方法。

（1）突出产品功能与独特卖点

突出产品功能的品牌口号在广告中较为常见。用简洁的口语把产品的独特卖点写出来，告诉用户使用了该产品有什么好处，该产品解决了用户哪些问题，给出了哪些实际利益与心理利益承诺，以此来打动用户。例如，苏宁易购"6·18"关于吸尘器的广告语"买回家，就吃灰"（见图 3-19），以诙谐的方式突出了产品的核心卖点。

图 3-19　突出产品功能与独特卖点

（2）突出体验感

这种方法放弃介绍产品功能，转为突出产品带来的体验感。例如，2023 年"五一"假期，美团酒店发布了一条短片《换上拖鞋，好好休息》。短片以"拖鞋"作为主角，从"换上酒店拖鞋"这一细节切入，并结合日常生活场景，将笔帽、手机壳、眼罩、耳机、帽子等物品都联想成拖鞋造型，由此引出了封笔不写、失联不营业、耳根清净等"摆烂"场景，营造出沉浸式过"五一"假期的"躺平"氛围，如图 3-20 所示。

图 3-20　突出体验感

（3）号召行动，场景联结

这类口号通常会给出产品的使用场景，让用户在处于相同场景下时，产生与品牌相关的联结记忆。例如，百事可乐校园场景海报让产品贯穿生活场景，通过"操场有你""考场有你"等口号植入用户生活，勾起用户关于学生时代的美好回忆，如图 3-21 所示。

图 3-21　号召行动，场景联结

（4）提出品牌主张

　　品牌和产品的卖点如果和竞争对手大同小异，或产品已上市很久，那么可以另辟蹊径——提出一句能引起该圈层核心消费者内心共鸣的主张，以新的口号或话题的形式巩固消费者的品牌忠诚度。品牌主张大多是一句信心十足的肯定句，并与产品的精神主张息息相关。例如，京东的口号"多·快·好·省"就充分体现了其核心竞争力，如图 3-22 所示。

图 3-22　提出品牌主张

（5）情感唤起

　　在现实生活中，这类口号基于产品或品牌衍生出对应的情感，用比较感性的语句来引发用户的共鸣，继而拉近与用户的距离。例如，蜂蜜品牌"等蜂来"的品牌口号"一瓶蜂蜜=100万次飞行"（见图 3-23），体现了越是珍贵的东西，越是来之不易；越是来之不易的东西，越值得去珍惜。

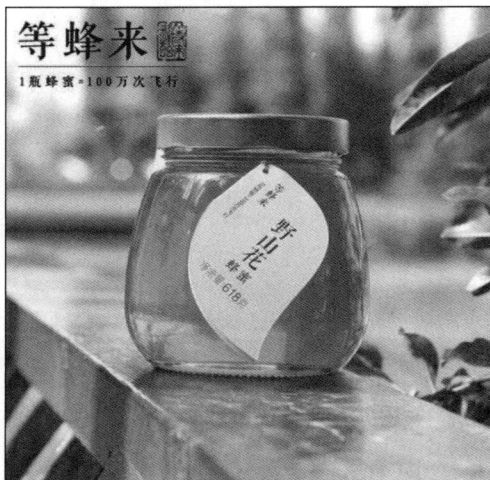

图 3-23　情感唤起

3．品牌故事的创作方法

（1）三步写好品牌故事

有人认为，所有关于品牌的故事都是关于品牌体验的。对品牌来说，重要的不仅仅是叫什么名字，更重要的是它带来的体验。有感染力的品牌都是通过故事和体验来创造的。

要讲好一个品牌的故事，可以参考以下 3 个步骤。

① 确立一个简明的故事要点。要想让人马上记住一个企业，可以通过讲品牌故事实现。每个人都有很多故事，很多经历，企业也一样。讲品牌故事时要突出企业的差异、内涵、愿景。这需要不断去提炼，最后形成容易理解、富有情感因素、简约清晰、诚实质朴、能够有效传播的品牌故事。

② 讲更可信的故事。如果品牌故事的核心内容已经确定，接下来要思考的就是用什么样的方式讲出这个故事才会让人信服。品牌故事的讲述有两个关键点：一是从"是什么"到"意味着什么"，也就是不仅要告诉受众企业能做什么，更重要的是告诉受众企业能为他们做什么；二是要选择那些与人们的生活联系密切的素材，持续地将故事讲下去，使品牌故事有生命力。

③ 企业身体力行，强化受众体验。好的品牌故事首先要让员工相信，要积极影响员工。这样的品牌故事可以让员工感同身受，愿意不断地讲给更多的用户听。

品牌故事从创作到传播是一个漫长的过程，也许网络可以加快一点速度，但务必不要揠苗助长，要讲出好的品牌故事需要很多的坚持，而这些坚持往往是需要时间来沉淀与积累的。此外，用户需要引导，整体营销方案和执行也不可少，否则品牌故事就无法传播。

（2）品牌故事写作的切入点

好的品牌故事会让人产生情感倾向，打动人心，促成销售，最后使人形成购买偏好。既然是从"情感"切入，就应该避免虚情假意，讲一个具有真感情的故事。任何品牌的诞生都一定有其独特之处，都有讲述自己品牌故事的切入点。

① 品类的历史和故事。品牌虽然可能是新品牌，但产品通常不是全新的，所以这个产品

一定有历史和故事可讲。例如，做茶叶品牌，可以从茶的历史切入，也可以从茶产品本身切入。如果产品不具备这种历史底蕴，例如童装，那么也可以从一个小故事切入，如父母和孩子关于衣服的一个感人小故事。但不管是历史还是故事，在加工和创作时都要遵循真实的原则，保证情感真挚。

② 创始人的创业故事。可以通过讲述创始人的创业经历表现其对品牌和行业的热爱，其希望通过努力用自己的品牌和产品改变人们的生活，带给用户幸福和快乐。好的创业故事就像好电影一样，能够把用户带入故事情节，让用户的情绪跟着故事的主人公"起起伏伏"，甚至能够让主人公成为用户心里的"自我象征"。

③ 当地文化。一些地域性的品牌可以以当地的风土人情、文化特征作为切入点。这样的品牌故事能让本地人产生认同感和共鸣，让外地人觉得好奇，并认为这个品牌有文化内涵。

✲ 3.3.3 活动推广文案创作

在新媒体营销中，不管是用户运营人员还是内容运营人员，或多或少都会接触到活动，而一个很小的活动的推广文案，也有很多地方需要注意。

1. 活动推广文案的写作框架

（1）目标

任何活动都必须有目标，而且目标越明确具体越好。那么怎么样才能明确具体呢？用数据呈现。真实的数据会明白地说明活动推广得怎么样、效果如何。所以，在一开始就要设定一个推广目标，例如活动想达到多少销售额，或者 App 推广活动要带来多少新注册用户，或者是想要多少曝光率，等等。

（2）活动背景与主题

活动背景主要阐述为什么要做这个活动，例如出于市场环境的考量。活动主题主要是给目标用户一个参与活动的理由，需要简短、有号召力。例如，支付宝根据中国人中秋回家团圆的习俗，创作出《想见就相见》的暖心广告片，成功引起用户共鸣，实现中秋"秒出圈"。

（3）推广渠道

推广渠道就是活动想要曝光的地方。任何可以曝光的地方都是推广渠道，只要有足够的预算，在线上、线下，PC 端、移动端都可以进行推广。当然，推广的前提是必须合理可控，也就是节省成本且效果超过预期。

（4）活动方式与内容形式

活动目的、人群、背景的不同都决定了活动方式的不同，例如新媒体活动的常见方式有抽奖、有奖转发、有奖征集、留言点赞等。

不同的曝光渠道，展现内容的形式不一样。只做一张图或写一篇软文，然后发布到各大网站，那样肯定是无法达到推广效果的。针对不同的渠道，要设计合适的内容形式。

（5）推广时间

推广时间其实就是节奏。不同的主题，不同的曝光渠道，是一次性全部推送出去还是分开推送？是打算在周末还是工作日推送？是在晚饭后还是中午推送？这就是节奏，节奏把握得不好，效果必然不会理想。以微信推文为例，有数据表明，用户在早晚上下班高峰和睡前最活跃，企业可以挑这些时间段推送内容。对于节奏的把握，需要经过数据分析和推广经验的积累来判断。

（6）预算

列出完成各项事务的费用明细及总金额，以评估具体费用支出是否合理。

（7）数据结果

数据结果预估是一个 PDCA［计划（Plan）—执行（Do）—检查（Check）—行动（Act）］循环的过程，需要不断测试、反馈、对比、优化。一开始估算的数据可能与实际效果的偏差非常大，但有了第一次的经验，就可以更加准确地预估第二次的推广效果了。

（8）执行负责人与验收人

设计、技术、运营、文案、媒介……各环节的执行都需要具体的负责人。验收人要对执行的内容进行检查、监督。

（9）相关附件

附件一般包括"活动统筹执行表""活动推广表"等，主要用于确保活动能够顺利进行，相关配合人员都需要据此了解自己的工作职责及完成时间，其中还会涉及法务（合同）、财务（预算申请、发票）、行政等各方面的工作。

2．活动海报文案写作方法

无论是平面海报，还是 H5 海报，其文案的写作要点都大致相同。

（1）主题

主题是文案的灵魂。确定了主题，文案就有了重点，文案内容也就有了依据。确定了主题，才知道文案怎么写。

① 根据推广目的确立主题。首先，要知道推广的目的是什么，是活动推广、产品或服务推广、品牌推广，还是公益推广？例如，公益广告《文明十二时辰》通过了解文明人的十二时辰，记录其生活中的文明瞬间，来宣传践行文明的活动主题，如图 3-24 所示。

图 3-24《文明十二时辰》海报示例

② 根据用户层次及心理确立主题。根据用户层次及心理确立主题，能更有效地吸引他们的兴趣，从而达到宣传的效果。首先要了解或者调查用户，进行用户画像分析，了解他们的心理需求。例如，顾家家居为庆祝成立 10 周年所做的一次活动，将线下公交站、写字楼下与地铁站的广告牌都"软化"了。这样可躺可靠的"软广告"仿佛疲惫生活中的一个小小支点，让人随时随地有处可依，如图 3-25 所示。其柔软温暖的质感，也恰到好处地传达了产品的舒适特性。区别于一些生硬的户外广告植入，顾家家居真正洞悉了用户的情感需求。

图 3-25 顾家家居海报

（2）标题

如何写出一个好标题？写标题前，需要问 3 个问题。第一，标题写给谁看（目标用户是谁）？第二，这些人关注什么（根据目标用户确定卖点）？第三，标题的风格是怎样的？了解了上述信息后，通常可以选择以下标题类型。

① 警示型标题。例如，"知道吗？洗衣机比马桶脏 64 倍，也许你正在错误地使用它……"这样的标题就是警示型标题，会吸引人点进去浏览，看看自己是不是真的用错洗衣机了。

② 夸张型标题。例如，"××女性驻颜的秘密"就是一个很夸张的标题，这样的标题很吸引人的注意。

③ 情怀型标题。在内容电商时代，越来越多的品牌打起了情怀牌，更多地把品质诉求和特色风格融入营销推广活动中，用走心的文案唤起用户的情感。如图 3-26 所示，某大米品牌的文案便突出了品牌情怀："粒粒皆辛苦，既要倒背如流，也要亲眼所见。大自然的陪伴，为每个孩子的童年留住稻香。"

④ 利益型标题。任何时候，充满利益诱惑的标题都是"吸睛利器"，例如淘宝"12·12年终盛典"促销时使用的利益型标题，如图 3-27 所示。

图 3-26 某大米品牌海报

图 3-27 淘宝"12·12 年终盛典"海报

（3）内容

活动海报中，好的文案内容是关键，它能触动人心、激发想象，让人惊叹和佩服。

① 要点罗列写作法。这是一种最常见且运用十分广泛的文案表现手法。它将某个产品或主题直接、如实地进行展示，充分运用视觉设计，细致刻画并着力渲染产品的质感、形态、功能和用途，将产品精美的质地呈现出来，让用户产生亲近感和信任感。例如，M&M's 巧克力豆广告中展示了 M&M's 巧克力豆区别于其他竞品的最大优势是，人们在吃完 M&M's 巧克力豆后立刻就可以去干其他事情而不用洗手，也体现了袋装 M&M's 巧克力豆可以放在任何地方，在任何场景下都能食用。该广告还以形象的动画展示产品裹上不会脏手的糖衣的过程，展示产品的特殊性。同时，无论是产品外形还是字母商标，都有显著特色可以让用户一眼认出，如图 3-28 所示。

图 3-28　M&M's 巧克力豆海报

② 亮点突出写作法。在运用这种写作方法时，需要抓住和强调产品或主题与众不同的特征，并将其鲜明地表现出来，将这些特征置于海报的主要视觉部位，或加以烘托处理，使用户在看到画面的瞬间立即感受到并对其产生兴趣，从而产生购买欲望。例如，瑞幸与茅台联名，推出酱香拿铁，并使用了茅台标志性斜向对角布局与斜线装饰的排版布局，红金色的"酱香拿铁" 4 个加粗大字体现了茅台的精髓，沿用了茅台深入人心的视觉符号，如图 3-29 所示。这一组合成功引起了用户的好奇心，激发了用户的购买欲望。

③ 热点借势写作法。借势营销是新媒体营销的常用手法，也产生了很多的经典案例。这种方法有两个诀窍：一是要快，速度很关键；二是要巧妙，构思要独特。例如，晨光文具借势高考热点进行宣传，如图 3-30 所示。

图 3-29　瑞幸"酱香拿铁"饮品海报　　　图 3-30　晨光文具海报

④ 幽默写作法。幽默是一种高级技巧，特别是高雅、有内涵的幽默文案需要用心推敲。围绕品牌、企业等创作的幽默文案，因为软性植入、趣味性、去广告化等因素，没有了广告的生硬，使得传播"细无声"。一句合适的幽默文案抵得过千言万语。例如，瑞幸咖啡就以城市坐标为主元素，创作出各种风趣幽默的广告语，如图 3-31 所示。

⑤ 代入情怀写作法。代入情怀，基于感情色彩的沟通内容最容易触动人的内心世界，这也是很多广告人强调要嵌入用户心智进行沟通的原因。例如，卫龙在 2022 年"双 11"，以当时流行的"躺平人设"设计了一组产品页面，并配上"随便买买 都是缘分""你买或不买 辣条都在 不悲不喜"等文案（见图 3-32），打造视觉情怀，为品牌制造话题，引起广大年轻人的共鸣。

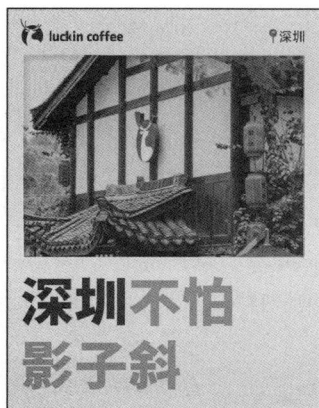

图 3-31　瑞幸咖啡海报

图 3-32　卫龙海报

⑥ 设置悬念写作法。在文案中设置悬念，使用户对广告画面乍看不解其意，引发用户的好奇心，然后通过正文将广告主题点明。例如，很多电梯广告、公交站广告、高速路牌广告，需要在短时间内吸引用户的注意力，就会采用设置悬念的写作方法，成功引起用户的好奇心，如图 3-33 所示。

图 3-33　设置悬念类广告

❋ 3.3.4　导购文案创作

中国互联网络信息中心的数据显示，截至2023年12月，我国网民规模达到10.92亿人。越来越便捷的上网行为已经让产品品牌的触达方式发生转变，以往是门户网站、搜索引擎入口主导流量，现在人人都有机会成为流量入口，在用户与品牌的关系中，身边人平时的口碑推荐行为和内容电商的重要性越发凸显。越来越多的用户在观看直播、阅读自媒体文章、查看帖子的过程中购买产品。

1．导购型新媒体平台概述

导购型新媒体平台是指基于个性化推荐引擎技术，根据每个用户的兴趣、位置等多个维度进行个性化推荐的平台。导购型新媒体平台会根据用户喜好，引导自媒体运营者提供相应的文案来满足用户的需求，促进成交。

从购买角度看，导购型新媒体平台可以分为淘宝达人导购平台、资讯导购平台、自建导购平台。

（1）淘宝达人导购平台

淘宝达人导购是指淘宝达人把自己拥有的行业专业知识传递给用户，创建自身的导购员知名品牌，与用户保持联系，创建彼此之间的强关联。

在现阶段的淘宝移动端，许多用户都会在淘宝达人的淘宝微淘帖子下评论自己想要买某类产品，请淘宝达人推荐，随后淘宝达人会依据自身的工作经验给予回应，用户通常会追随淘宝达人去选购。这能增强用户与淘宝的黏性。

（2）资讯导购平台

如今，越来越多的资讯平台加入了内容电商的队伍，下面将分析3个主要的资讯导购平台。

① 今日头条。今日头条是一款基于数据挖掘的推荐引擎产品，它为用户推荐有价值的、个性化的信息，提供连接人与信息的新型服务，是国内移动互联网领域成长最快的产品服务平台之一。

② 大鱼号。大鱼号是阿里娱乐的内容创作平台，其特色在于为内容创作者提供多点发布和多种收益的综合服务。大鱼号的内容可以一键分发到UC、土豆、优酷等多个阿里娱乐的终端平台，大鱼号为创作者提供了广阔的创作空间。

③ 百家号。百家号是全球最大中文搜索引擎百度向微内容创作者提供的内容发布、内容变现和粉丝管理平台。百家号支持内容创作者轻松发布文章、图片、视频作品，还支持H5、VR、直播、动图等多种内容形态，内容一经提交，将通过手机百度、百度搜索、百度浏览器等多种渠道进行分发。

作为内容运营者，在选择平台的时候有一个重要的参考指标，那就是用户量，用户多就会吸引更多内容创作者。目前新媒体平台通过以经济手段实现内容变现的方法来吸引大批内容创作者入驻。

（3）自建导购平台

在国内，最被大众熟知的综合购物平台非淘宝、京东莫属。但由于这些平台上的产品多而杂，加上广告推送多，用户想找到合适的产品变得越来越不容易。与此同时，用户的消费习惯也正变得越来越多元化和个性化。于是，细分的导购平台变成了另一种需求，一批小众导购平台应运而生，如十点读书、美物计等公众号已成为深受大众喜爱的购物平台。它们不仅对用户群体和产品进行了细分，往往还有着或文艺或个性的标签，做起有品质的社区消费导购。这些自建导购平台借力分享经济，利用熟人社交来开辟属于自己的蓝海。

2．导购文案创作方法

在综合分析了目标人群的需求，创造了合理的需求缺口，创设了合适的销售环境后，可以总结导购文案创作方法，让用户从最初的开始注意、有代入感到产生信任并购买，如图 3-34 所示。

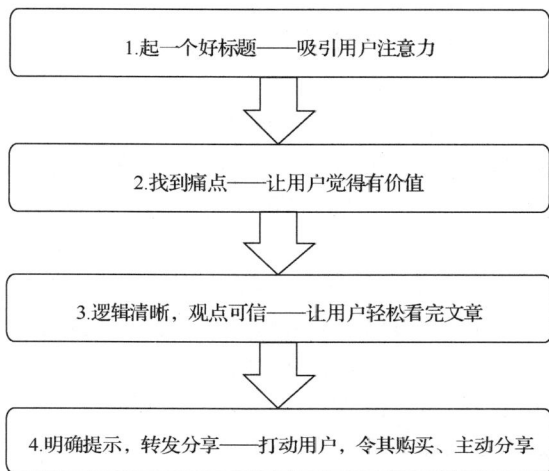

图 3-34　导购文案创作方法

（1）起一个好标题——吸引用户注意力

一篇文案好看不好看，首先要看标题有没有吸引力，标题没有吸引力的文案就不会有高的点击率。所以从文案写作来看，起好标题是非常重要的一个环节。

① 以"利"诱人。与其他类型的文章不同，文案一般都是商家宣传产品、品牌的文章，所以一定要以"利"诱人，应在标题中直接指明利益点。例如，"用对了牙膏，一生能省 100 万元""一口能用 100 年的铸铁锅，在德国竟比奔驰还有名"。

② 以"新"馋人。人们容易对新鲜的人和事物感兴趣，所以把握住这个特点，创作出具有新闻价值的软文，就可能会成功。标题"新"的效果明显，阅读量就会增加。例如，"画了一个月眉毛，眉毛竟然越长越浓密!""×××只爱这套保暖内衣，薄如裸感，却 32℃恒温保暖"。

③ 以"情"动人。高层次的营销就是在营销"情"，"情"可以是爱情、亲情、友情，围绕"情"来感动用户，很容易把用户带到场景中，让用户产生共鸣。例如，"老公，别抽烟了，洗洗肺吧""美国色盲小男孩收到一副眼镜，戴上后激动地哭了"。

④ 以"事"感人。故事是触动人心的魔法。在文案写作中，以故事感人是一种强大的技巧。一个好的故事能够引起用户的情感共鸣，让他们沉浸其中，感同身受。这样的文案不仅能够传达信息，更能够打动人心，给用户留下深刻的印象。例如，"430 年的非遗中药眼膜传奇""千年茶树和采茶女的邂逅"。

⑤ 以"悬"引人。在标题上埋下伏笔，使用户由于惊讶、猜想而去阅读正文。此类标题应具有趣味性、启发性和制造悬念的特点，并能引出正文作答。例如，"1 秒止鼾的神器，你信吗？""颠覆了 4000 年洗涤历史的利器"。

⑥ 以"密"迷人。人类的求知本能让大家更喜欢探索未知的秘密，喜欢听到各种真相。

这类标题常用的关键词有"秘密""秘诀""真相""背后""绝招"。例如，"这双高跟鞋穿起来竟然比平底鞋还舒服，它背后有什么秘密""如何在夏天猛减 15 斤？秘诀都在这里！"

⑦ 以"险"示人。警视式标题通过"警视"的手法吸引用户的关注，例如陈述某一事实，而这个事实能让别人意识到他从前的认知是错误的，或者产生一种危机感。例如，"一生约有2/3 的时间是在床上度过的，为什么不选个好床垫呢？""如果你不在乎钙和维生素，请继续喝这种豆浆"。

⑧ 以"问"呼人。提问式标题让用户感觉更亲近。显然，对话、发问的形式或者直呼其名的方式往往更能吸引用户的目光。例如，"1 亿人都喜欢吃的美食，你不来尝尝？""湿气缠身？吃它比拔火罐有用"。

⑨ 以"趣"绕人。一个好的标题，用户阅读后往往会记忆深刻，这得益于创作者所使用的语言。生动、幽默、诙谐的语言，可以将标题变得活泼俏皮；恰当运用修辞手法与谐音的效果，可以令用户回味无穷，甚至乐意进行口碑传播。例如，"赶快下'斑'，不许'痘'留""有'锂'讲得清"。

⑩ 以"议"动人。建议性的标题是一种常见的标题，特别是做促销活动的时候，这样的标题更为多见，但是建议性的标题要想打破常规，需要下一番苦功。例如，"别让衣服上的褶皱暴露你的生活状态""果珍建议：冬天要喝热果珍"。

（2）找到痛点——让用户觉得有价值

要站在对方的角度去思考问题，考虑用户为什么看文章，文章能帮用户解决什么问题。首先，要写与用户相关的内容，让用户产生共鸣，以吸引用户观看下去。其次，要站在用户的角度来写。最后，写出具体的好处，让用户读了有所启发。文章的总体框架包括痛点、好处、原理、方法和案例。

有的文章用导语开头。导语是为下文产品介绍所做的铺垫，需要使用简明扼要的文字介绍文章中最重要、最新鲜、最吸引人的内容，以便让用户迅速了解文章的重点，吸引用户进一步阅读全文。导语可以结合时下的热点话题展开，带有一定的故事情景，这样能够提升用户的阅读积极性，导语的最后一句/段最好有承上启下的自然过渡作用。

（3）逻辑清晰，观点可信——让用户轻松看完文章

新媒体运营人员应该逆向思考读者拒绝阅读的原因。其主要有两点。

① 没有一个清晰的结构。解决办法：确定一个清晰的结构（如总—分—总）。

② 没有留白处理。解决办法：文章要分段，段与段之间要留白，切忌大片文字堆砌，多预览调整。

（4）明确提示，转发分享——打动用户，令其购买、主动分享

① 结尾呼吁用户转发，如"喜欢就分享吧""请大家分享我的文章""本文欢迎转发""转发请注明作者和出处"等。

② 结尾引导用户转发，如转发集赞抽奖等。

❋ 3.3.5 AI 技术在新媒体文案写作中的应用

文案写作是新媒体运营中不可或缺的一部分，但创作者有时候可能会遇到创作瓶颈，或者时间紧迫，需要快速生成优质文案。随着 AI（Artificial Intelligence，人工智能）技术的发展，越来越多的 AI 写作工具应运而生，这一技术的发展，很大程度上解决了新媒体从业人员创作困难的问题。

利用 AI 技术进行新媒体文案写作，具有以下优缺点。

优点如下。

① 提高效率。能够在短时间内生成大量文本，从而提高写作效率。对于新闻报道、营销材料等大批量文本的生产，AI 写作可以极大地减轻人工写作的负担。

② 减少人力成本。自动化的写作过程可以减少企业在雇用专业作者或编辑方面的成本。这对小型企业和初创公司来说是一个重要的优势。

③ 多语言支持。可以轻松处理多种语言的信息，使得跨文化交流和国际合作更加便捷。这在全球化的商业和媒体环境中具有显著的优势。

缺点如下。

① 缺乏创造性。尽管利用 AI 技术能够生成高质量的文本，但它缺乏人类独特的创造性和情感理解。这使得利用 AI 技术创作的文案在创意性和感性领域的表现力较为有限。

② 可能导致信息失真。AI 技术在写作方面依赖于训练数据，如果数据存在偏见或不准确，生成的文本也可能存在问题。这可能导致信息的失真和误导。

③ 威胁就业。随着 AI 技术在写作领域的普及，一些传统的写作和编辑岗位可能受到威胁，从而导致一些从业者失业。

下面介绍两款当前比较流行的新媒体文案 AI 写作工具。

1．ChatGPT

ChatGPT 是美国人工智能研究实验室 OpenAI 推出的一种人工智能技术驱动的自然语言处理工具，是基于 GPT 系统大模型构建的。这是一种用于处理序列数据的模型，拥有语言理解和文本生成能力。它通过链接大量的语料库来训练模型，这些语料库包含真实世界中的对话，这使得 ChatGPT 上知天文、下知地理，还能根据聊天的上下文与人进行互动，做到与真正人类几乎无异的聊天场景交流。ChatGPT 不仅是聊天机器人，还能撰写邮件、视频脚本、文案、代码以及翻译等，其工作界面如图 3-35 所示。

图 3-35　ChatGPT 工作界面

ChatGPT 具有以下特点和优势。

① 强大的语言理解和生成能力：能够理解用户的问题，并生成连贯、合理的回答。

② 广泛的知识储备：可以回答各种领域的问题。

③ 高度灵活：能够根据上下文进行自然而流畅的对话。

④ 多用途：适用于多种应用场景，如聊天机器人、智能客服等。

它的应用场景如下。

① 提供信息和解答问题。

② 进行自然的对话。

③ 辅助创作，如写故事、诗歌等。

④ 帮助人们获取知识和信息。

然而，ChatGPT 也存在以下局限。

① 知识可能不完全准确：由于数据范围和准确性的限制，它的回答可能存在错误。

② 缺乏真实的情感和体验。

③ 对上下文的理解可能有限。

2．文心一言

文心一言是百度全新一代知识增强大语言模型，能够与人对话互动，回答问题，协助创作，高效便捷地帮助人们获取信息、知识和灵感。文心一言基于飞桨深度学习平台和文心知识增强大模型，持续从海量数据和大规模知识中进行融合学习，具备知识增强、检索增强和对话增强的技术特色，其工作界面如图 3-36 所示。

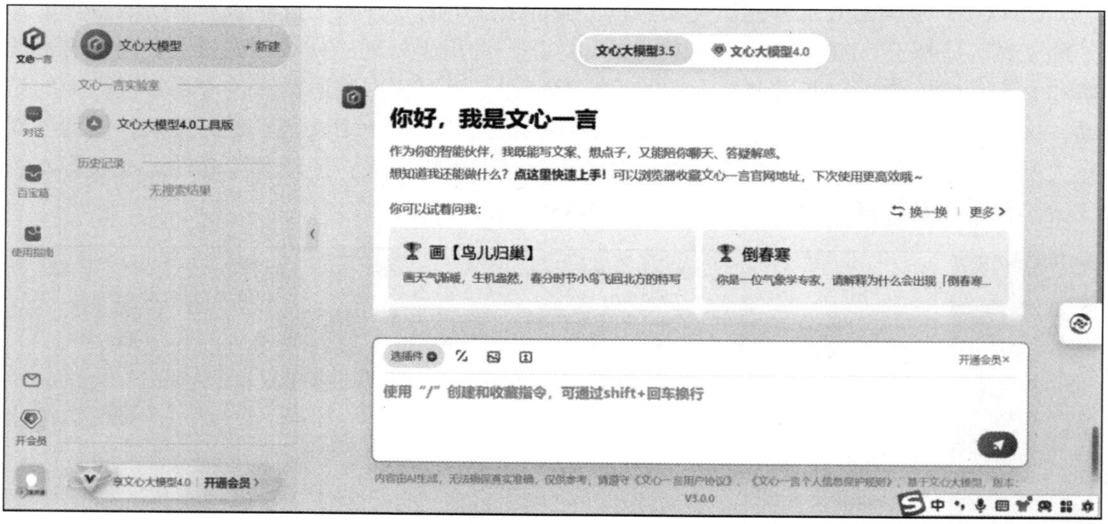

图 3-36　文心一言工作界面

它具有以下特点。

① 广泛的知识覆盖：涵盖了大量的知识和信息。

② 自然语言处理能力：能够理解和生成自然语言文本。

③ 回答问题：可以回答各种问题，并提供相关的信息和解释。

④ 生成文本：能生成各种类型的文本，如文章、故事、对话等。

⑤ 语言交互：支持与用户进行自然的语言交互。

文心一言在很多领域都有应用，举例如下。

① 智能客服：为用户提供快速准确的回答。

② 内容生成：帮助创作者生成各种类型的内容。

③ 知识查询：提供丰富的知识和信息。

然而，它也有一些局限性。

① 数据和知识的时效性：可能存在过时或不准确的信息。

② 复杂问题的处理：对于某些复杂的问题，回答可能不够准确或完整。

③ 语言表达的局限性：生成的文本可能不够灵活和多样。

总体来说，利用 AI 技术进行写作在提高效率和降低成本方面有很多优势，但也需要谨慎对待其潜在的负面影响。在推动技术发展的同时，需要制定合适的政策和规范，确保 AI 技术在维护信息准确性和保护社会利益方面发挥积极作用。

任务实训

一、实训目的

1. 能够为淘宝达人导购平台、资讯导购平台、自建导购平台等平台撰写导购文案。

2. 培养团队合作精神、沟通能力、语言表达能力。

二、实训要求

1. 分组进行：每 3～5 人为 1 组，每组选出 1 名组长。

2. 实训形式：完成一款产品的导购文案的写作。

3. 实训工具：可以借助文心一言进行创作。

三、实训内容

可复美，陕西巨子生物技术有限公司旗下代表品牌之一。其核心专利技术"人源性基因工程胶原蛋白（类人胶原蛋白）"先后荣获国家技术发明奖、中国专利金奖。该技术使我国成为国际上首个能够产业化生产人源性胶原类材料的国家。可复美产品广泛应用于皮炎、敏感性肌肤、痤疮、激光治疗术后等各种原因引起的支肤炎症反应的临床辅助治疗。

各小组根据提供的资料，找到核心利益点，创作出有卖点的文案。

四、总结分析

提交文案并演示分享，小组互评，教师点评。

知识考核

一、单选题

1. 相较于传统营销而言，下面不属于新媒伓营销变化的是（　　　）。

    A. 从"广泛"到"精准"　　　　　　B. 从"覆盖"到"互动"

    C. 从"软"到"硬"　　　　　　　　　D. 从"轰炸"到"影响"

2. 以下不属于新媒体营销文案的特点与趋势的是（　　　）。

    A. 从单一发声到人人自媒体　　　B. 从传统渠道投放到新媒体传播

    C. 从语言规范到时尚多元　　　　D. 从长文到短文

3. 按广告目的，新媒体文案可分为（　　　）。

    A. 销售文案和传播文案　　　　　　　B. 长文案和短文案

    C. 软广告和硬广告　　　　　　　　　D. 微信文案和微博文案

4. 不属于产品卖点提炼方法的是（　　　）。

    A. 围绕产品特征提炼核心卖点　　　　B. 围绕产品利益提炼核心卖点

    C. 围绕产品包装提炼核心卖点　　　　D. 围绕产品前后端提炼核心卖点

5. 随着消费升级，以下不属于用户需求变化趋势的是（　　　）。

    A. 价格敏感变为时间敏感　　　　　　B. 在意品质和品牌价值

    C. 更追求物质层面的消费　　　　　　D. 追求多元文化

二、多选题

1. 以下属于新媒体营销文案创作思维的有（　　　）。

    A. 用户视角　　　　B. 制造对比　　　　C. 去抽象化

    D. 可视化表达　　　E. 讲个好故事

2. 属于产品详情页文案的写作原则的有（　　　）。

    A. 紧贴品牌定位　　　　　　　　　　B. 逻辑结构固定

    C. 明确对象，从痛点入手　　　　　　D. 用语平白朴实，避免"自嗨"

    E. 用词华丽

3. 属于品牌故事写作切入点的有（　　　）。

    A. 品类的历史和故事　　　　　　　　B. 创始人的创业故事

    C. 品牌态度　　　　　　　　　　　　D. 当地文化

    E. 产品的用途

4. 属于导购型新媒体平台的有（　　　）。

    A. 今日头条　　　　B. 淘宝店铺　　　　C. 百家号

    D. 大鱼号　　　　　E. 淘宝头条

5. 以下哪些工作属于新媒体文案从业人员的工作内容？（　　　）

    A. 新媒体渠道的文案写作

    B. 策划产品或品牌推广活动

    C. 为一个海报写宣传主题

    D. 根据时事热点撰写品牌借势营销文案

    E. 为天猫店铺写导购文案

三、判断题

1. 新媒体传播内容也正在突破传统文字的单一局限，包括文字、数字、图表、音频、视频等不同类型。（　　　）

2. 伴随着移动互联网的快速发展，用户习惯发生了颠覆性改变，但企业的营销行为仍然离不开传统营销方法。（　　　）

3. 文案不可能改变产品，但它能改变消费者对产品的观感。（　　　）

4. 好的详情页非常注重逻辑性，在线上，我们根据客户的实际顾虑直击痛点，用逻辑严密的详情页文案引出客户选择我们产品的理由。（　　　）

5. 导购文案中，重视正文的撰写至关重要，标题并非文案的重点。（　　　）

四、案例分析题

油烟情书

丈夫：两个人相遇，就像两种食材，从天南海北，来到了一口锅里。

妻子：那年下乡，我嘴馋，你嘴笨，每次你要讨好我，就会给我做些叫不出名字的东西。哼，果然，食物中毒了。

丈夫：得亏了这次中毒，我终于有机会在诊所和你朝夕相处了。

妻子：可是，刚在一起没多久你就回了城。186天，每天给你一封信，对未来却越来越没有信心。

丈夫：想你的时候，就做个你爱吃的菜。思念和油烟，也说不清哪个更浓。

妻子：记得那天，你突然出现在我面前，说，结婚吧，要是我还敢吃你做的菜。

丈夫：就这样，我们过起了柴米油盐的日子。锅碗瓢盆里，装满了苦辣酸甜。

妻子：你再忙也会回家做饭。你说你爱吃青椒，把肉丝都留给了我。

妻子：后来，我们俩变成了我们仨。

丈夫：我就再也没有和你吵过架，一对二，我赢不了的。

妻子：时间走得太快，我还没吃够你做的菜，牙齿就快掉光了。

丈夫：你还是每天给我写信，字还是那么秀气，只可惜，我戴着老花镜也看不大清了。

妻子：50年了，我给你写过1872封信，你做饭时升腾的油烟，就是你一天3封回我的情书。油烟不仅仅是蓬头垢面，还有干净整洁、平实幸福的一面。

以上是方太品牌一则名为《油烟情书》的广告文案，试分析这则广告文案的写作特点，并说一说其成功之处。

项目实训

实训项目：霸王茶姬导购文案写作

一、实训目标

1. 能够撰写产品描述、海报文案等形式的新媒体营销文案。

2. 培养团队合作精神、沟通能力、语言表达能力。

3. 树立民族品牌意识，讲好"中国故事"，传播中华优秀传统文化。

二、实训要求

1. 分组进行：每3～5人为1组，每组选出1名组长。

2. 实训形式：小组分工协作，进行头脑风暴，分析产品，完成一篇霸王茶姬的导购文案的写作，以进一步提高文案写作能力。

三、实训内容

霸王茶姬是一个新中式茶饮品牌。2017年，霸王茶姬诞生于世界茶叶故乡——云南。诞生伊始，霸王茶姬就坚持使用好茶好奶来制作对身体健康友好的茶饮，为茶友呈现一杯清爽不腻、能喝得到茶香的原叶鲜奶茶。其招牌产品"伯牙绝弦"平均每年卖出超过2000万杯。

　　霸王茶姬的品牌故事脱胎于《史记·项羽本纪》，项羽自刎前曾言："且籍与江东子弟八千人渡江而西，今无一人还，纵江东父兄怜而王我，我何面目见之！纵彼不言，籍独不愧于心乎？"项羽兵败有鲁莽大意的原因，但骄傲的西楚霸王对江东子弟的义气却打动着世人，项羽虽能退守称王，仍觉愧对本心，最终身赴黄泉的铮铮铁骨也被后人称赞。虞姬与项羽两人都是为了内心中最珍贵的坚持而慷慨赴死。这是中国人骨子里的骄傲与坚持，这也是霸王茶姬对中国茶文化的执念。

　　1. 根据产品推广要求，结合标题写作技巧，撰写导购文案标题。

　　2. 教师引导，小组讨论，构建文案撰写框架。

　　3. 教师布置任务，学生根据要求撰写文案并排版成文。

四、总结分析

提交文案作品，教师评价。

项目 4

新媒体图文营销

知识目标

- 了解新媒体图片类型；
- 熟悉新媒体图片制作工具和制作技巧；
- 掌握新媒体图文排版实操方法；
- 掌握排版编辑器的应用；
- 了解新媒图文的发布平台；
- 掌握新媒体图文的站内和站外推广方法。

能力目标

- 能够借助工具完成封面图、海报、信息长图、GIF 动图及二维码的制作；
- 能够完成完整的公众号图文的排版；
- 能够在站内和站外推广图文内容，提高曝光率和传播力。

素养目标

- 培养去粗存精、去伪存真、明辨是非的判断力；
- 培养关注时事热点、民生问题和国家大事的良好习惯；
- 培养诚信守法、不弄虚作假、不虚假宣传的职业操守；
- 培养吃苦耐劳、精益求精的工作态度。

揭秘宜家公众号运营思路

大部分企业的公众号的作用是展示品牌、扩大影响力，在转化上相对弱势。尤其是专业性要求高、决策周期长的家具行业，公众号内容以干货、攻略为主。相较于其他大型家具，宜家有很多小而美的货品，消费门槛低、消费频次高，很容易让消费者下单，而且通过小程序打通购物环节，让加购过程也更加容易。截至2023年4月，宜家的订阅号、服务号积累了2900万粉丝。而2021年宜家小程序上线不到半年，日均销售额就突破了100万元。下面从产品植入、标题设置、排版设计3个角度分析宜家公众号运营的思路。

1. 产品露出分几步？花式亮相一步到位

把产品融入装修指南/案例，是家具行业的普遍操作，但这种方式很像套用了一个模板，掐头去尾之后，谁也看不出来产品是哪个品牌的。但在宜家，产品植入有3种方式，个个不重样。

（1）入门版——清单种草，简单好用

"好物"的特点是低单价、美观实用。在商场里，宜家将好物置于某个样板间中点缀，或是电梯通道处，根据动线让顾客"随手"可得。但在公众号里，宜家制作了好物清单，如图4-1所示。

图4-1　好物清单

这些好物适用于不同场景，近到卧室居家，远到办公收纳。那些追求高品质又要高性价比的年轻人，通过好物清单疯狂"种草"。

除了简单粗暴地"安利"，也有迂回介绍，例如加入产品的背景故事，如图4-2所示。

线上用户无法亲身感受实物，但设计师的叙述视角让这些有设计感且陌生的产品变得功能清晰，也展现出宜家设计的人性化和专业性。

还有与热点的巧妙结合，如借助AI热点介绍产品，如图4-3所示。

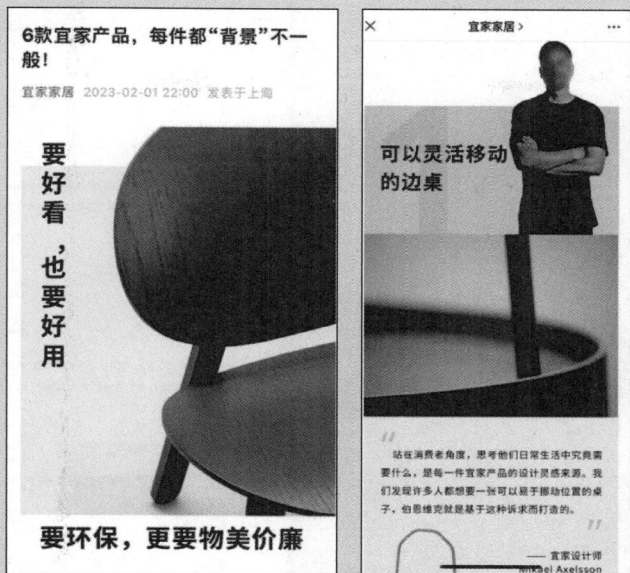

图 4-2　背景故事

图 4-3　结合热点

（2）进阶版——线上样板间，进来"抄作业"

　　样板间向来是宜家的"灵魂"所在，可以让人去店里一待就是一整天。而在公众号中，宜家的线上样板间主要分为两大类，一类是依照季节进行的搭配，一类是根据房屋功能区进行的小范围搭配。宜家搭建线上样板间的思路很清晰——成品效果图+产品链接+文字介绍，如图 4-4 所示。

　　文字介绍是线上样板间能够成功的关键，它采用具象的表达方式，使产品功能与使用场景完美适配，让人仿佛进入真实情境中。《春日氛围好物，唤醒一室春意》这一篇中还加入了虫鸣、流水声等背景音乐，使文字变得生动起来，如图 4-5 所示。

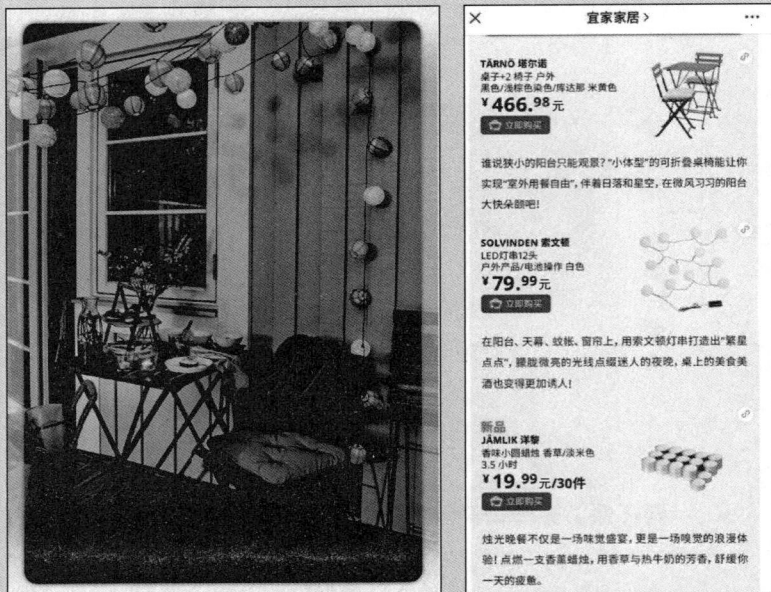

图 4-4　线上样板间

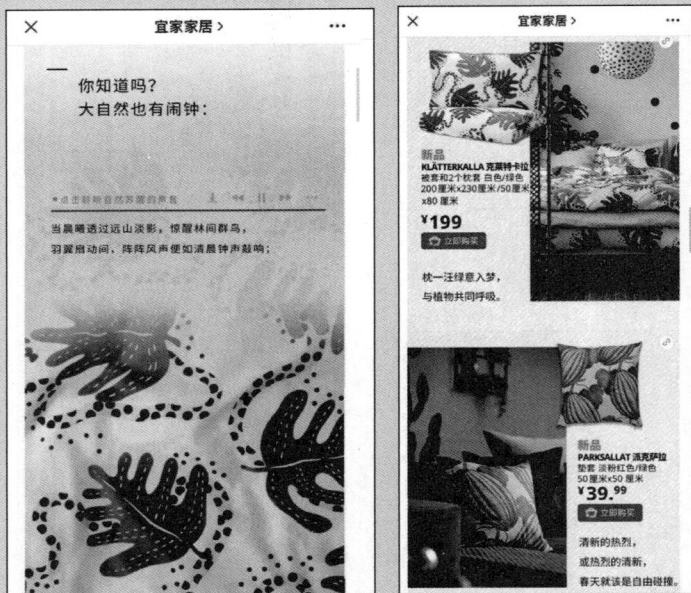

图 4-5　《春日氛围好物，唤醒一室春意》

（3）高级版——自制系列节目，"梦中情家"帮你造

宜家围绕自身产品，针对不同的目标群体，推出了相应的改造节目，其中有主打全屋定制的《他们的家》《宜家去你家》，如图 4-6 所示，设计师走进真实家庭探访测量，为其出谋划策，有种简化版《梦想改造家》的味道。这类节目主要选取有一定经济实力的人群，也会与 KOL、KOC（Key Opinion Consumer，关键意见消费者）合作，借助他们的影响力做推广。

图4-6 《宜家去你家》节目

2. 标题亮眼：字不要多，感召力一定得有

家具行业一些品牌公众号的标题与宜家公众号的标题相比，相差甚远，如表4-1所示。具体来说，其他品牌公众号的内容主要包括产品案例、用户故事、品牌故事等，标题也比较常见，难以吸引用户点击阅读。宜家公众号的标题和内容设计则采用了场景化标题（标题1）、痛点标题（标题2）、行动力标题（标题3）等，更容易吸引用户点击。

表4-1 公众号标题对比

其他公众号标题	宜家公众号标题
要不要做书房？看完她家的经验，立马不纠结了！（附清单）	$1m^2$ 阅读角这样布置，沉浸式享受放松时刻
儿童房不会搭？于是我给娃造了一个儿童客厅……	有娃之家≠凌乱，来他们家取取经！
凭空打造两大休闲区，她家阳台太"卷"了！（附清单）	看完他们的改造，我决定对自家阳台下手了
神仙操作，精致小两口盘活空间教科书！（附详细清单）	年末，不到2000元"换"个大房子！
一扫初春阴霾！当季正流行的9件提气好物	添一抹绿，把春天迎进门
9块9能买啥？这波限时秒杀让你有效省钱！	更低价格，更多值得

3. 排版：讲一个氛围感，花里胡哨没毛病

"不超过3种颜色"的原则在各个领域都适用，但在宜家好像失效了。宜家公众号内容的排版形式丰富，而且在色相、明度、纯度的体现上显得格外大胆，基本上一篇文案都有五六种颜色，小标题、底色花纹、分隔符，甚至一个项目符号都得占用一种颜色。但其氛围感很到位，例如图4-7所示的这篇文案，让人一打开就感受到春天出游的兴奋、愉悦。

该篇文案中，底色几乎没有纯白的，高级灰，以及低饱和度的红、黄、蓝经常出现。较窄的页面把文字、图片框在一个范围内，让人很有逛样板间的感觉，一个色系对应一个场景式样，与图内产品相得益彰，如图4-8所示。

图 4-7　春游相关文案排版

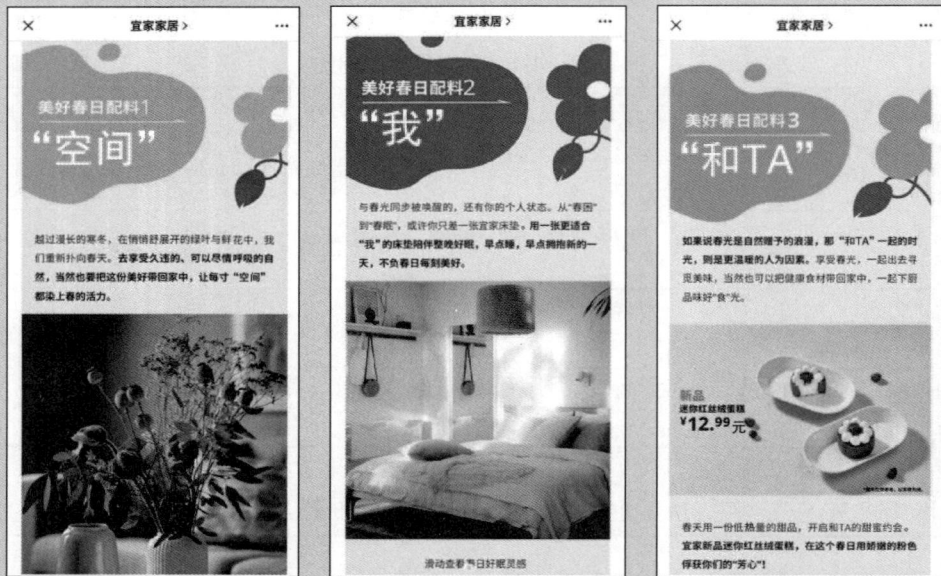

图 4-8　场景样式

产品的标签也是沿用线下卖场的视觉体系，常规价格用黑色展示，促销价格用黄色展示，一目了然。

宜家的公众号之所以吸引人，一方面得益于宜家的产品本身色彩多样，给了文案创作与排版更多发挥空间；另一方面，其内容也和品牌调性很契合。相比于现在其他很多公众号版面流行的极简风，宜家的公众号呈现的是一种彩色的凌乱美，像品牌色透露出的性格一样，积极活泼、富有活力。

任务4.1　新媒体图片处理与制作

伴随着互联网的快速发展及新媒体的火速崛起，企业需要紧握时代脉搏，把握营销新风向，开启短视频+直播+图文等立体化营销矩阵，持续进行精品内容输出，实现高流量品牌曝光，深入触达多层群体。例如，在公众号平台，企业需要持续输出优质内容，通过原创图文与视频来展示产品特性和设计理念，并结合活动促销推广、行业资讯等内容提高品牌曝光率，达成企业的营销目标。

企业运营各类新媒体平台的封面图犹如杂志的封面，如图4-9所示。粉丝看到封面图的时候，能感受到企业的专业度。除此之外，视觉化的重要性不仅体现在封面图上，还体现在图文信息的每一个环节。

本任务将从搜集图片、制作图片入手，以图片的各种使用场景为教学基础，详细介绍新媒体图片的处理与制作。

图4-9　各新媒体平台的封面图

4.1.1　封面图制作

用户在各大新媒体平台浏览图文内容时，封面图是进入用户视线的第一张图。精心设计的封面图有助于提升图文内容的打开率。封面图主要有以下两种形式：一种是不带标题的封面图，如图4-10所示；另一种则是带标题的封面图，如图4-11所示。无论采用哪种形式，学会有效的图片搜索都是制作封面图的前提，新媒体运营人员必须掌握搜索可免费商用的高清图片的技能。

图 4-10　不带标题的封面图

图 4-11　带标题的封面图

1．图片搜索

（1）精准搜索图片

新媒体运营人员可以通过搜索引擎和关键词寻找合适的图片，常见的搜索引擎有百度、搜狗、360 搜索、必应等。

在搜索引擎中，使用不同关键词检索相同内容，检索结果略有不同，新媒体运营人员可以尝试输入不同关键词进行检索。

新媒体运营人员若想快速搜索与某张图片风格类似的其他图片，可以采用"以图识图"的搜索方法，以便更精准地搜索所需图片。目前，百度、360 搜索、搜狗等均支持将图片上传至搜索框，进而搜索出与上传图片类似的图片，如图 4-12 所示。使用上述技巧，能够提高搜索图片的效率。

图 4-12　百度搜索类似图片

（2）搜索无须授权的图片

在使用搜索引擎搜索图片时，新媒体运营人员必须确认其版权归属及使用条件。

若需使用的图片为需要授权的图片，新媒体运营人员可以联系图片的版权持有方并获得图片的使用授权。通常情况下，新媒体运营人员需要向版权持有方支付一定的费用才能使用图片。

在日常的图文内容运营过程中，新媒体运营人员更多使用的是无须授权的图片。目前，有许多提供高清、无须授权的图片的网站和平台，如 Pixabay、Pexels、Unsplash、摄图网、花瓣网、高图网等。除此之外，部分图文编辑网站或软件，如设计导航、稿定设计、创客贴、壹伴、135 编辑器、秀米等，也为新媒体运营人员提供了多种类型的免费图片。图 4-13 所示为创客贴网站的"模板中心"界面，该网站为新媒体运营人员提供了大量可免费使用的图片素材。

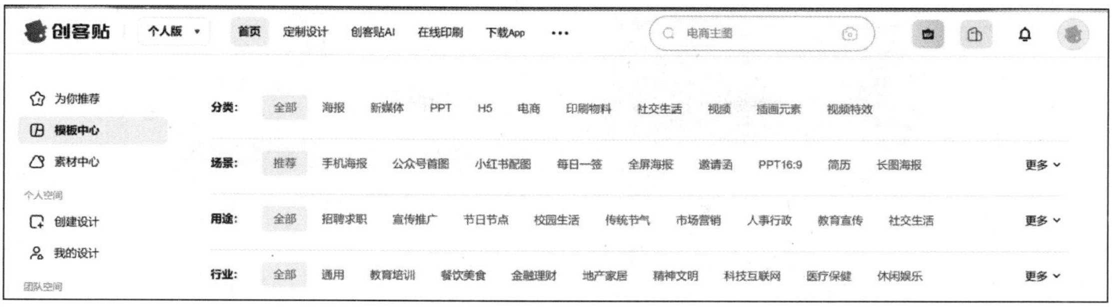

图 4-13 创客贴网站的"模板中心"界面

2．封面图制作

优质的封面图有利于提升用户的阅读体验及其对品牌的好感度。不同的平台对封面图的尺寸及格式有不同的要求。因此，在制作封面图的过程中需要注意以下事项。

（1）封面图的规格要求

新媒体运营人员需要熟练掌握常见平台的封面图制作及上传要求，以便更高效地完成新媒体运营工作。下面对常见平台的封面图的规格要求进行简单介绍。

微博的头条文章封面图的宽高比例为 16∶9，图片尺寸不小于 1000px×562px（px 是分辨率的计量单位）。当新媒体运营人员上传的图片宽高比例不是 16∶9 时，系统将自动对图片进行裁剪。系统支持上传的图片格式为 JPG、PNG、GIF，且图片大小不超过 20MB。

公众号平台的封面图分为一级图片和二级图片，一级图片的尺寸为 900px×383px，二级图片的尺寸为 200px×200px。系统支持上传的图片格式为 JPG、PNG，且图片大小不超过 10MB。

今日头条的头条号封面图的宽高比例为 16∶9，图片尺寸不小于 660px×370px。系统支持上传的图片格式为 JPG、PNG，且图片大小不超过 10MB。

（2）封面图的制作技巧

通过网络搜索到的图片通常符合各平台对封面图的格式要求，但高清图片往往会遇到文件过大及尺寸不合适的问题，这就需要新媒体运营人员对图片进行裁剪或压缩。对一张大尺寸图片进行裁剪后得到的图片会变小，因此在制作封面图时，先做图片裁剪再做图片压缩是较为合理的制图步骤。常用的裁剪和压缩图片的工具有很多，如 Photoshop、美图秀秀等。

（3）传递品牌信息

封面图中的品牌信息可以增强用户对品牌的认知和印象。品牌信息多以水印的形式添加于封面图的固定位置。

在新媒体文章的内容推送页面，品牌标志能使推送内容的封面图显得美观、统一且辨识度高，有助于形成新媒体账号的特色。新媒体运营人员在封面图中添加品牌标志时，应注意使图片风格，品牌标志的位置、配色及字体等保持一致。如公众号"十点读书"所发布文章的封面图均带有其品牌标志且排版风格一致，如图 4-14 所示。

（4）封面图制作实操

常用的图片编辑工具包括创客贴、稿定设计、Photoshop、美图秀秀等，本任务将以创客贴制作公众号封面首图为例，详细介绍封面图的制作步骤。注意：下面的制作流程如无特殊说明，均在 PC 端进行。

图 4-14　封面图的品牌信息传递

创客贴是一款在线平面设计工具，新媒体运营人员无须下载任何客户端，只需联网即可通过浏览器进入其官方网站，完成注册、登录并使用。创客贴为新媒体运营人员提供了丰富、可自定义且免费的图片、图标、字体、线条、形状、颜色等素材，有效提升了新媒体运营人员制作封面图的效率。

第一步：选择模板

新媒体运营人员进入创客贴官方网站，注册并登录，进入创客贴网站首页。

单击创客贴网站首页左侧功能栏中的"模板中心"选项，页面右侧随即出现多种模板。模板按"分类""场景""用途""行业""热门推荐""颜色""风格"等类型划分，且每种类型选项下设有更多二级选项。

单击"模板中心"—"场景"—"公众号首图"选项，从弹出的模板素材中选择合适的图片模板。此处以"世界读书日"主题图片模板为例。

第二步：编辑文字元素

单击选中的"世界读书日"主题图片模板，进入图片编辑页面，页面左侧为"功能导航区"，页面中间为"编辑预览区"，如图 4-15 所示。功能导航区包含上传、模板、素材、文字、图片、背景、组件及 AI 工具等功能选项，新媒体运营人员逐一单击功能选项，即可将弹出的对应元素的模板添加至编辑预览区。

图 4-15　创客贴图片编辑页面

双击编辑预览区图片中的"世界读书日"字样，即可对此文字内容进行编辑和修改。双击文字内容时，页面上方同步出现文字编辑功能栏，功能栏包含字体、字号、颜色、加粗等功能选项，如图 4-16 所示。

图 4-16　创客贴文字编辑功能栏

将图片模板中的主标题"世界读书日"改为"儿童节"，将副标题"100 本经典必读儿童课外书"改为"你想要一个乐园，我想给你全世界"，调整文字的字体、字号，对主标题文字进行加粗设置，如图 4-17 所示。

图 4-17　创客贴文字编辑效果展示

第三步：编辑图片元素

图片中被框选的内容都可以进行删除、添加及调整新元素等操作，如图 4-18 所示。

图 4-18　创客贴图片元素

　　直接选中要删除的元素，按"Delete"键，即可快速删除元素；添加新元素时，单击图片编辑页面左侧功能导航区的"素材"选项，在搜索栏输入"摩天轮"后按"Enter"键，单击"素材"样式中的摩天轮元素，即可将其添加至编辑预览区；调整新元素时，可以单击编辑预览区中的摩天轮元素，按住鼠标左键将其拖曳至文本框的右侧，将元素调整至合适尺寸，如图 4-19 所示。

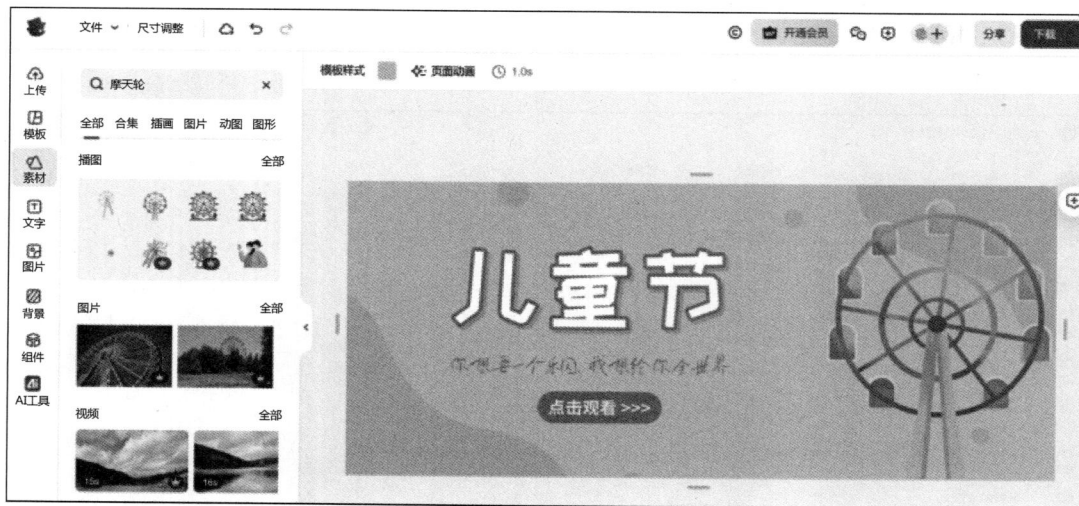

图 4-19　创客贴图片元素编辑效果展示

　　第四步：保存封面图

　　保存封面图有两种方式。第一种是完成图片模板中相应元素的编辑后，单击图片编辑页面右上角的"保存至公众号"选项，完成公众号授权，即可将封面图添加至新媒体运营人员所运营的公众号后台；第二种是单击图片编辑页面右上角的"下载"按钮，即可将封面图下载至计算机的本地文件夹中。

❈ 4.1.2　海报制作

海报是一种常见的新媒体宣发物料。在发起线上活动时，无论是企业还是个人，都需要制作相关的宣传海报并广泛传播。如果活动的规模与影响力较大，新媒体运营人员往往需要制作多张海报，以便在不同的活动阶段、不同的平台进行发布。

1．海报的主要内容

在日常的新媒体运营项目中，新媒体运营人员在制作预热海报之前，应先明确制作海报的目的，再据此有针对性地设计海报。

为了吸引新用户、激活老用户、实现产品和服务的销售转化，新媒体运营人员往往需要策划各类线上和线下活动，如直播活动、行业峰会等，比类活动的宣传预热海报应重点突出活动的时间、地点（平台）、主题、目标用户、价值及预约方式。除此之外，如果参与活动的嘉宾的知名度较高，新媒体运营人员应考虑将嘉宾的个人形象照放进海报中，以凸显活动的影响力之大。

2．海报制作实操

使用专业设计软件制作出的海报通常更精良，但专业软件使用门槛也较高，因此新媒体运营人员可以选择使用稿定设计等在线设计工具进行海报制作。在线设计工具的优势在于简易方便、操作难度低，毫无设计基础的新媒体运营人员也能快速上手。

接下来将以稿定设计制作直播宣传海报为例，详细介绍海报的制作步骤。

常见的直播宣传海报通常为竖屏海报，海报的宽高比例为 1∶2，图片分辨率最好不低于 1920px×1080px。为了符合直播软件的设置要求，直播宣传海报的中心位置通常为主播个人形象照，四周配有直播主题、直播时间、主播简介、二维码等图文信息。

第一步：进入稿定设计的官方网站，注册并登录。导航区在网站左侧，其首页默认显示"为你推荐"板块，如图 4-20 所示。

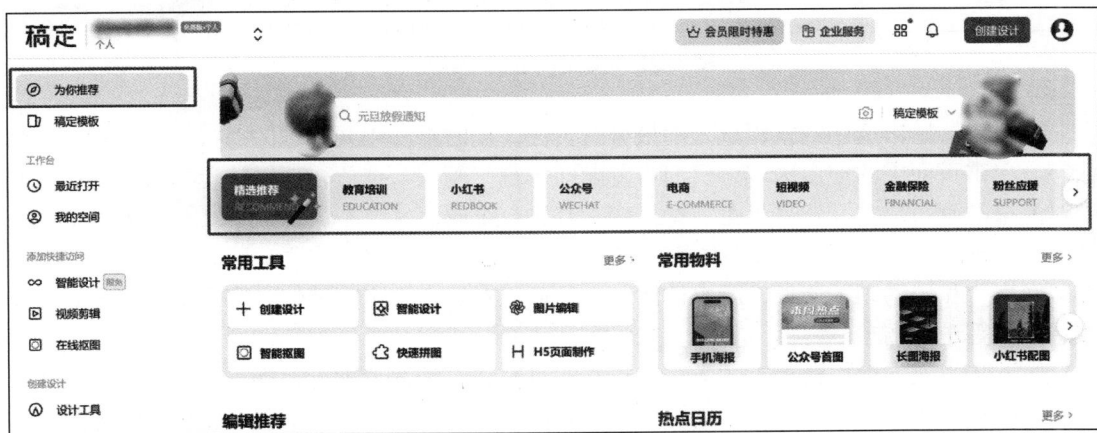

图 4-20　稿定设计的官方网站

第二步：可以通过以下途径进行模板选择。第一种，依次单击"为你推荐"—"常见物料"—"手机海报"—"宣传推广"选项；第二种，依次单击"稿定模板"—"图片模板"—"海报设计"—"手机海报"—"宣传推广"选项，如图 4-21 所示。也可以在搜索栏中直接检索"直播预告"，如图 4-22 所示。

图 4-21　稿定设计的"稿定模板"选择

图 4-22　稿定设计的搜索功能

第三步：单击选中的模板进入海报编辑页面，此时页面中间区域的海报模板处于可编辑状态。单击页面中的空白区域，页面右侧随即出现"画板"选项，新媒体运营人员可以在其中对海报的画布尺寸、背景颜色、背景图片等进行更改。

第四步：双击海报模板中的文字，即可直接对选中文字进行编辑。同时，页面右侧会出现"文字"和"动画"选项，新媒体运营人员可以对选中文字的字体、字号、对齐方式、特效、颜色等进行调整。

第五步：双击海报模板中的人物图片，即可对选中的图片进行替换。同时，页面右侧会出现"图片"和"动画"选项，新媒体运营人员可以对选中图片的蒙版、特效、清晰度等进行调整，如图 4-23 所示。

第六步：双击海报模板底部的二维码，页面右侧随即出现"二维码"选项，新媒体运营人员可以对二维码的样式、颜色、内容、标志等进行调整，如图 4-24 所示。

第七步：单击页面右上角的"下载"按钮，即可将制作完成的海报下载至计算机中的指定文件夹。

图 4-23　稿定设计的海报图片修改

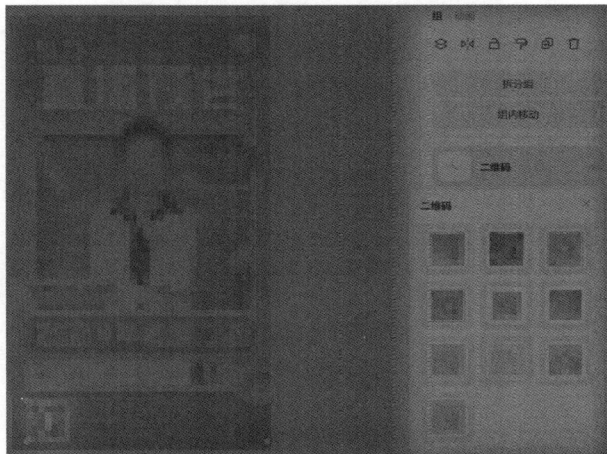

图 4-24　稿定设计的二维码修改

❋ 4.1.3　信息长图制作

信息长图是一种将文字信息与数据信息融入设计元素，内容丰富且美观的图片形式，可以为用户提供轻量化阅读体验。随着移动端用户的增加，普通信息图已经不能适应用户上下滑动手机屏幕阅读的习惯，信息长图的应用因此日渐普遍。图 4-25 所示为企业的"纵横四海·一路向前"活动的信息长图。信息长图的制作可以参考封面图及海报的制作流程。

1．信息长图的制作技巧

（1）明确主题及大纲，厘清叙述线索

新媒体运营人员需要明确信息长图的主题，进而根据主题设计信息长图的大纲。通过对大纲的梳理与重要信息的罗列，新媒体运营人员可以逐渐完善信息长图的基本结构和叙述线索。

（2）收集数据信息，完善内容呈现

数据信息是信息长图的基础。新媒体运营人员可以使用百度指数、微信指数、艾瑞数据等公开或付费的数据平台进行数据信息收集。在筛选具体的数据信息时，新媒体运营人员要专注于设定的目标，让数据信息为传播目标服务。

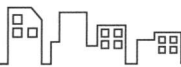

图 4-25　信息长图范例

（3）确定设计风格，完成信息美化

不同主题及数据信息内容会对信息长图的设计风格产生不同影响，如果尚未确定理想的设计方案，新媒体运营人员可以浏览一些优秀的信息长图案例，以此激发更多的设计灵感。

（4）确定设计结构

信息长图一般采用"总—分—总"的结构形式，即先讲述核心内容，再分步详细分析，最后做归纳总结。在图层顺序上，信息长图可以分为背景层、逻辑元素层和文字层。信息长图的背景层建议使用纯色背景或较简单的背景，这样便于拼接长图，用户也不容易发现拼接痕迹。

2．信息长图的主要内容

信息长图并非简单地将普通的图片进行拉长处理，而是借助长图模式表现更为系统和完整的内容。信息长图按照结构分为封面、内容、封底3个部分。

（1）封面

封面统领全图。封面包含主标题、副标题、文字说明等元素。封面设计应从视觉元素及标题文案技巧入手，着重突出信息长图内容的要义。

（2）内容

内容是信息长图的核心。信息长图通过内容的纵向引导，以及线条、序号、色块等视觉逻辑标志的使用，提示用户注意关键信息和内容间的逻辑关系，并引导用户的视线逐渐向下移动，通过视觉化的行程线路和整齐划一的图片元素来代替冗杂的文字描述。在图 4-25 所示的信息长图中，内容部分包括行程路线和嘉宾阵容。

（3）封底

封底部分多是对内容的总结。新媒体运营人员可以在封底处提炼并呈现内容的核心观点，或放置活动主办方的联系方式、二维码等。

❈ 4.1.4　GIF 动图制作

GIF 是一种公用的图像文件格式标准。GIF 分为静态 GIF 和 GIF 动图两种形式，GIF 动图支持一个文件存储多个图像，实现了动画功能，如同一个小的视频片段。同时，GIF 是压缩格式的文件，具有"体型"小的优势，其在网络上传递花费的时间也更短。这些特性为 GIF 动图的广泛应用奠定了基础。

1．GIF 动图应用场景

目前，GIF 动图被广泛应用于网络动态表情包及图文内容的动态图片素材的制作场景中。新媒体运营人员可以在 GIPHY、SOOGIF、花瓣网等网站下载精美的 GIF 动图，也可以自行制作需要的 GIF 动图。

2．GIF 动图制作实操

PC 端和移动端均有制作 GIF 动图的工具，此处以 PC 端的 SOOGIF 网站为例。SOOGIF 网站提供在线录屏、多图合成 GIF、视频转 GIF、GIF 拼图等多种功能，制作方便快捷。下面以多图合成 GIF 为例，其他制作动图流程基本类似。注意：下面的制作流程如无特殊说明，均在 PC 端进行。

第一步：通过浏览器搜索关键词"SOOGIF"，进入其官方网站，注册并登录网站首页。

第二步：在 PC 端选择"多图合成 GIF"选项，可以选择"添加网络图片"按钮，也可以选择"上传图片"按钮，如图 4-26 所示。

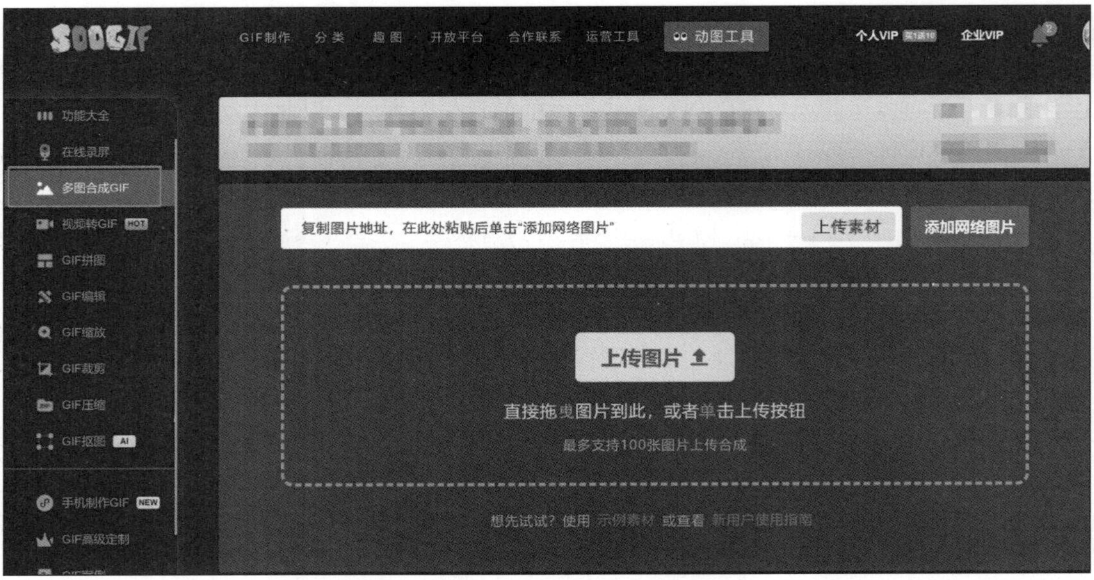

图 4-26　多图合成 GIF 图片上传

第三步：上传图片后，可以对动图的图片、形状背景、文字动效、贴纸水印等进行设置，也可以对画质、尺寸等进行调整。

第四步：设置完成后，单击"生成 GIF 或视频"按钮。

❋ 4.1.5　二维码生成及美化

二维码又称二维条码，是用某种特定的几何图形按一定规律在平面（二维方向）上分布的黑白相间的记录数据符号信息的图形。二维码具有储存量大、保密性强、追踪性强、抗损性强、备援性大、成本低等特性，所以二维码在移动端得到了较为广泛的应用，越来越多的新媒体平台以二维码作为连接用户与平台的重要渠道。

1．二维码的应用场景

无论是线上还是线下渠道，用户都可以扫描企业或个人的二维码，以获取联系方式、加入社群、参与活动。无论是微信、知乎、抖音、快手，还是其他的新媒体平台，几乎都支持用户使用二维码进行身份验证及内容获取、传播和分享。

2．二维码的生成与美化

传统单一的黑白方块二维码美观性不足，部分平台生成的二维码也缺乏个性。基于此，新媒体运营人员可以通过一些平台对二维码进行生成与美化。常见的二维码生成与美化平台有草料二维码和第九工场。草料二维码网站中，无论是链接、文字、图片还是各类文件，均可生成二维码。注意：下面制作流程如无特殊说明，均在 PC 端进行。

下面以草料二维码为例，介绍二维码的生成与美化步骤，具体如下。

第一步：通过浏览器搜索关键词"草料二维码"，进入其官方网站首页，注册账号并登录。

第二步：依次单击首页中的"网址"—"网址跳转活码"选项，在文本框中输入相应网址，如图 4-27 所示。

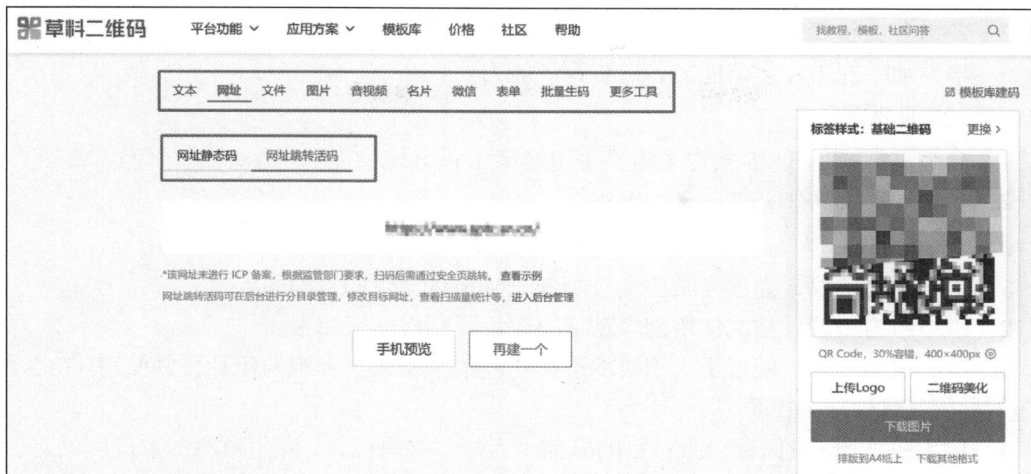

图 4-27　网址生成二维码

第三步：网址输入完成后，单击文本框下方的"生成跳转活码"选项，即可在页面右侧生成一张二维码图片，单击二维码下方的"二维码美化"选项，即进入二维码样式编辑器，可以对"Logo""码点码眼""更多"等进行设置，也可以单击"选择其他样式"选项进行设置，如图 4-28 所示。

图 4-28　二维码样式编辑器

第四步：完成设置后，单击二维码下方的"下载图片"按钮，即可将已完成美化的动态二维码保存至指定文件夹中。

任务实训

一、实训目的

1. 了解新媒体图片类型。

2. 熟悉各类新媒体图片制作工具。

3. 培养动手能力、审美能力、内容策划能力。

二、实训要求

1. 分组进行：每 3～5 人为 1 组，每组选出 1 名组长。

2. 实训形式：制作 PPT，各小组讲解。

三、实训内容

1. 以小组为单位，尝试为某公众号制作一张头条文章的封面图。

2. 以小组为单位，尝试使用创客贴或稿定设计制作一张海报。

3. 以小组为单位，使用手机相机的连拍功能拍一组人物奔跑的照片，并使用 GIF 动图制作工具将其制作成 GIF 动图。

4. 小组内每个成员保存一张自己的微信个人号二维码图片，使用草料二维码网站对二维码进行美化。

四、总结分析

完成汇报后，小组互评，教师点评。

任务4.2　新媒体图文排版

新媒体图文内容的呈现效果是否良好，直接影响用户的阅读体验。新媒体运营人员需要熟练掌握图文排版技能，善于突出关键信息，并把握图文内容的整体呈现效果。本任务主要介绍新媒体图文排版的要素、技巧及排版编辑器的应用等内容。

❋ 4.2.1　图文排版的要素和技巧

作为新媒体内容表现形式的重要组成部分，以文字为中心的图文排版已经成为一项专业技能。图文排版看似简单，实则复杂。一个完善的图文排版方案需要新媒体运营人员综合考虑文字数量、文字内容、应用场景、产品定位、品牌风格，以及正文与图片之间的联系、标题与正文之间的关系、用户的阅读偏好等多种因素。

1．基础排版

基础排版主要指文字排版。新媒体运营人员在公众号、微博、今日头条、小红书等新媒体平台发布文字内容时，需要综合考虑多种因素，尽可能设计出最优的排版方案。这里以公众号文章为例，详细介绍新媒体内容的基础排版构成要素及排版技巧。

除了公众号自带的编辑功能，135 编辑器、i 排版、新榜、秀米等第三方编辑器也为公众号文章的基础排版提供了诸多功能和服务。

基础排版主要涉及字体、字号、字体颜色、字体背景色、字间距、行间距、段间距、页边距及对齐方式等选项的设置。

2．图文排版

为了调整用户的阅读节奏，增强文章的可读性，一般的新媒体文章多在文字段落之间穿插图片，以免出现信息密度过大的情况。图文的合理组合可以使文章内容更加有趣与生动，也有利于提升文章的吸引力，但图文不能随意组合，图文排版应遵循一定的排版技巧与美学常识。

（1）单图配文

单图配文是最常见的图文排版方式之一，单图拥有更好的主视觉传达效果，内容整体显得更为简洁、明晰。常见的单图配文方式有上图下文、上文下图、左图右文或右图左文，如图4-29所示。

新媒体运营人员在使用单图配文时，应考虑图片的比例。一般而言，上图下文的方式更符合用户的阅读习惯。但是，对于高度大于宽度的竖版图片，则不适宜使用上图下文的排版方式，而应将竖版图片放置于文字的左侧或右侧，以使页面的格局更为自然。此外，采取左图右文或右图左文的方式，可以让用户快速了解图片与文字的对应关系。

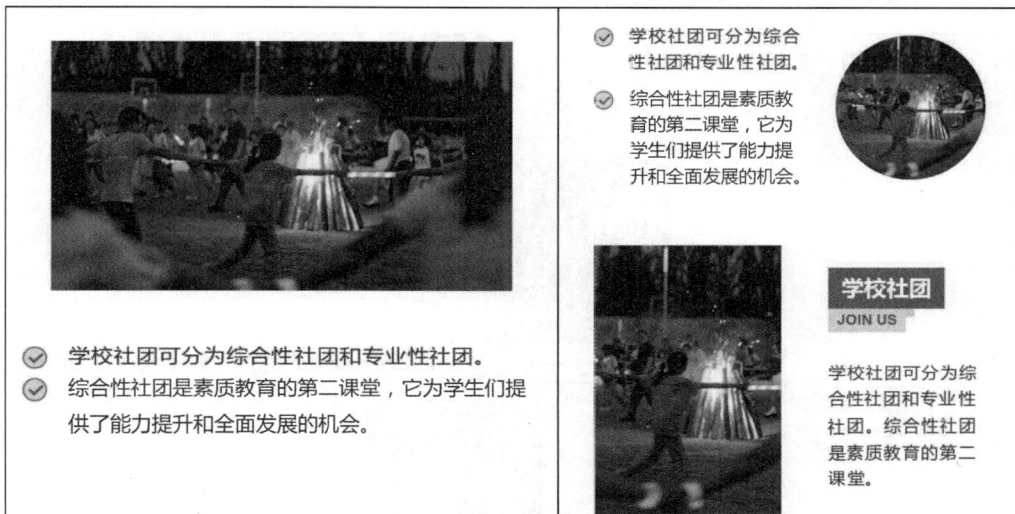

图4-29 单图配文范例

（2）多图配文

相较于单图配文，多图配文的排版更加复杂。如果运用不当，多图配文的方式反而容易使内容显得杂乱无章、毫无美感；如果运用得当，多图配文的方式则可以营造更高级的并列、递进、错落等美感。

新媒体运营人员可以尝试使用以下几种多图排列方式为多图配文内容增加美感。

① 多图整齐排列

多图整齐排列能使图片具有秩序感，是最普通且最容易营造良好视觉效果的多图排列方式。使用这种方式，新媒体运营人员只需注意使图片大小和图文排版风格保持一致，如图4-30所示。

② 多图对比排列

新媒体运营人员可以选用多张大小不一的图片，在留白处插入文字内容，以营造一种对比突出和错落有致的视觉效果。多图对比排列需要考虑版面的整体重心，不宜使用较大的图片，也不宜将图片与文字集中放置于页面的同一侧，否则会导致页面失衡、丧失美感。多图对比排列如图4-31所示。

③ 多图错位排列

多图错位排列是将同类型图片的位置刻意错开，或者将图片与文字的位置互换，体现突破格局的创意与动感。为了避免对用户的阅读造成负面影响，多图错位排列需要遵循统一的视觉规律，以保证用户正常阅读。多图错位排列如图4-32所示。

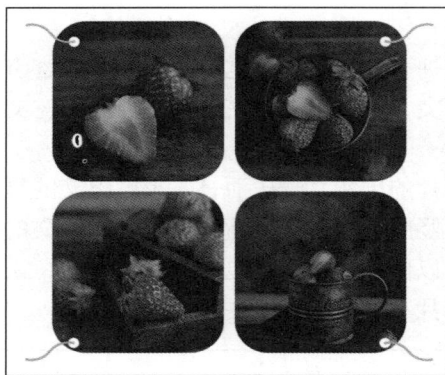

图 4-30　多图整齐排列范例

图 4-31　多图对比排列范例

图 4-32　多图错位排列范例

3．排版技巧

在掌握以上图文排版方式的基础上，新媒体运营人员需要掌握排版技巧，对版面进行适当优化，以达到最佳的呈现效果。优化版面主要有以下两个目的。

第一，突出品牌形象。富有创意和特色的版面能给用户留下深刻的第一印象，进而让用户快速熟悉品牌风格，并对品牌形成好感。

第二，促进转化。好的排版设计有利于突出内容重点，帮助用户更好地接收和理解图文内容传递的信息和理念。对于含广告信息的推广文案而言，优化版面可以有效引导用户做出相应的动作，如关注、转发、点赞、购买等，从而有效提升优化文案的数据表现。

（1）排版原则

① 对齐原则

大段的文字如果使用多种对齐方式，会使页面显得凌乱，没有规律可循。排版时要保持文字、图片等内容对齐。常见的对齐方式包括左对齐、右对齐和居中对齐。

大多数人阅读时习惯从左侧开始，不少的图文内容设计都采用了左对齐的方式，这样即使文字大小、数量不同，也可以呈现出一种整齐的美感，如图 4-33 所示。在一些较为庄重的内容中，如邀请函等，居中对齐的方式往往更加有仪式感，如图 4-34 所示。

图 4-33　左对齐范例　　　　　　图 4-34　居中对齐范例

新媒体运营新人最好只使用一种对齐方式。如果对不同对齐方式的使用较为熟悉，则可以考虑将多种对齐方式组合使用，如评论内容及用户昵称采用左对齐，产品名称等采用居中对齐，手机图案与评论内容采用右对齐。而对于只有一行的文字信息，排版可以灵活一些，寻找一个参考坐标进行对齐。

② 对比原则

新媒体运营人员可以借助改变字号、放大/缩小、改变样式、加粗/改色等方式，营造对比效果，吸引用户去看一个页面。例如，在图 4-35 中，左图缺乏快速吸引用户注意力的元素，即内容没有明显的主次之分，而右图将不同内容以不同的字体进行区分，达到了对比效果。在新媒体封面图、海报等设计中，对比原则的使用也较为广泛，如图 4-36 所示。

图 4-35　对比原则使用前后比较

图 4-36　对比原则使用范例

③ 重复原则

新媒体图文排版中的重复绝不仅仅是指对元素的复制粘贴，这里指的是追求不同的图文页面的一致性，利用某些元素的重复来使作品达到统一的效果，这些元素可以是字体、形状、颜色等，如图 4-37 所示。重复最重要的作用就在于统一，并增强作品的视觉效果。同时，为了避免同一种元素重复过多，不妨使其产生适当的变化，在引起用户兴趣的同时又不让人厌倦。

图 4-37　重复原则使用范例

④ 亲密性原则

在新媒体图文排版中，元素之间是有关系的，并应该在视觉上存在联系。在排版的时候，应该让它们彼此靠近。亲密性原则是指将相关的部分组织在一起，将有关系的部分看作一个组，而不是零散的个体，这样排版可以给用户明确的提示，使其快速掌握页面的内容分布，如图 4-38 所示。在对多组并列内容进行排版时，重复原则与亲密性原则的组合使用可以使页面充满条理，如图 4-39 所示。

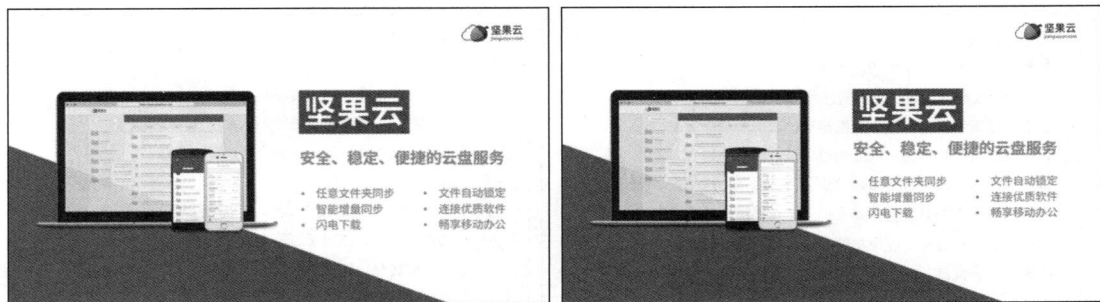

图 4-38　亲密性原则使用前后比较

图 4-39　重复原则与亲密性原则的组合使用范例

（2）文字排版优化

常见的文字排版优化内容包括顶部关注、底部签名区、内容强调等。

① 顶部关注

以公众号为例，通过图文顶部的蓝色公众号名可以直接关注公众号，这也是目前新用户关注公众号的一个重要途径。在顶部引导关注，一方面可以丰富图文排版的视觉效果，另一方面可以起到暗示用户关注公众号的作用。

因此，新媒体运营人员可以在文章标题之后、正文之前增加引导关注的图片或文字，使用轻松友好的语气，提醒用户先关注账号再继续阅读正文，如图 4-40 所示。

图 4-40　顶部关注范例

② 底部签名区

一个公众号每次推送的图文中，底部签名区的内容通常会保持不变。底部签名区指的是图文末尾放置引导关注内容和二维码的区域，可以起到补充文章内容和引导用户关注账号的作用，所以大多数公众号会精心设计专属的底部签名区。常见的底部签名区类型包括普通宫格、自定义角标宫格、动态背景宫格、普通列表、重点突出式列表（见图 4-41）和滚动式列表（见图 4-42）。

图 4-41　重点突出式列表范例

图 4-42　滚动式列表范例

③ 内容强调

如果用户打开新媒体文章后，无法快速找到自己感兴趣的内容或文章的重点，就很可能关闭页面、放弃阅读。因此，新媒体运营人员必须对文章中的重要内容进行强调，以便用户快速关注和阅读。常用的内容强调方法包括加粗、变色、加文本框、加下划线、更改样式等。对重要内容进行加粗和变色处理的公众号文章如图 4-43 所示。

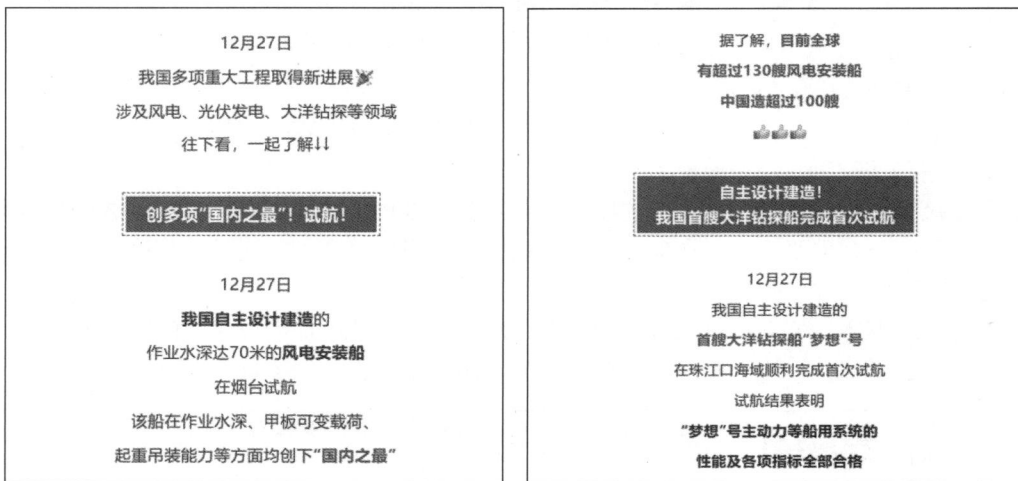

图 4-43　内容强调范例

（3）图文排版优化

常见的图文排版优化方式有以下几种。

① 图文结合美化小标题

文章中的小标题可以起到突出文章结构的重要作用，善用小标题可以强化文章的结构层次。好的小标题语言简洁、有力、抓人眼球，可以使文章内容环环相扣、条理分明，有助于提高文章完读率。

小标题既可以通过纯文字的形式呈现，也可以通过图文结合的形式呈现。图文结合的小标题可以与标题下方的正文形成对比，减少纯文本阅读带来的枯燥感，如图 4-44 所示。新媒体运营人员可以自主设计小标题模板，也可直接使用公众号文章第三方编辑器自带的小标题模板。

.01

包装里的情绪："心动"

在润米团队，有一位同事，经常在朋友圈晒猫咪。

晒着晒着，公司内居然开始"攀比"了起来，谁也不服谁，都认为我家猫咪最好看。

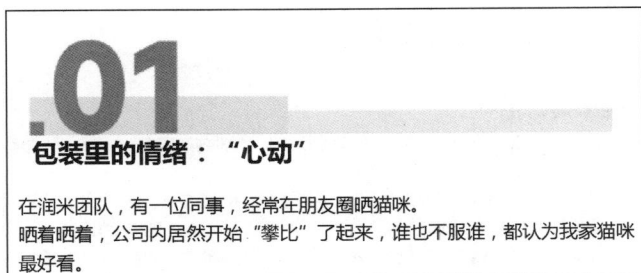

图 4-44　图文结合美化小标题范例

② 图文结合美化正文

正文可以采用图文结合的方式进行美化，使文章的整体呈现效果更加生动、饱满。正文中的图片有两种常用的美化方式。第一种方式是使图片变形或加入装饰性的边框。例如，在图文内容中，将原图片中多余的部分去除，只留下圆形部分，如图 4-45 所示。一方面，圆形图片可以与常规矩形图片区别开，更显别致；另一方面，与矩形相比，圆形产生的留白更多，可以呈现更清爽、更简洁的排版效果。第二种方式是添加装饰性的矢量图标、创意图案等点缀元素，如图 4-46 所示。

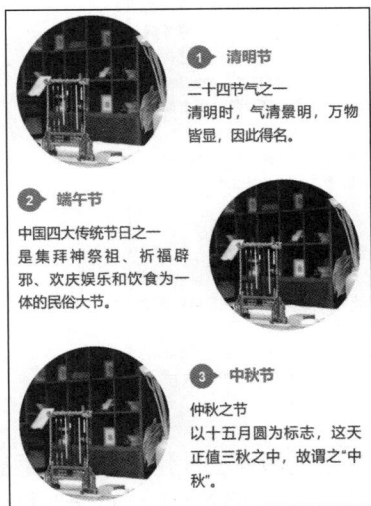

图 4-45　图文结合美化正文范例　　　　图 4-46　雪花图案点缀美化图文范例

③ 保持图文的对应性

在图文排版过程中，各内容之间的间隔会影响其对应性。如果文章的标题、正文与图片之间的间隔不明显，当同时出现多张图片、多段文字时，用户识别各板块对应性的难度将大幅提升。所以，新媒体运营人员在排版时需要缩小同组标题与正文的间隔，扩大两组图文内容的间隔。除了调整不同图文内容的间隔，新媒体运营人员还可以通过给同组图文内容增加边框或添加相同背景颜色的方式，增强图文的对应性，如图 4-47 所示。

④ 适度留白

留白并非随意地留出空白。新媒体运营人员在设计图文内容的留白时，应注意元素之间的连续性。适度留白可以使内容更具"呼吸感"，使用户的阅读体验更好。同时，适度留白也能使内容张弛有度，更具美感。

推荐方案2

《汽车行业赛道机会洞察报告》

方案核心亮点内容：

- 品类趋势洞察：传统燃油车目前仍是市场主流，短期内不可替代；随着补贴政策退场，新能源汽车加速市场化竞争。
- 消费者洞察：传统燃油车主力用户比新能源主力用户更年长、更男性化，更青睐豪华与合资车；新能源汽车用户年轻化、中产化，女性群体是新生力量。
- 小抖音、小红书、B站三平台营销玩法：抖音适合车企传递信息，小红书适合人车生活讨论，B站适合联名"破圈""引爆"。
- 区分场景的车企整合营销玩法：新车上市、名人代言、日常"种草"、引流线下。

推荐理由：从汽车行业的发展现状展开，聚焦汽车市场的消费趋势、营销趋势，区分传统燃油车和新能源汽车在品类发展、消费者洞察两方面的品类机会点，以抖音、小红书和B站三大主流内容平台为核心渠道，提出适配汽车的营销玩法。

06

"理想的生活"，对贾平凹来说是：

寄情山水

院再小也要栽柳，柳必垂。晓起推窗如见仙人曳裙侍立，月升中天，又是仙人临镜梳发；蓬屋常伴仙人，不以门前未留小车辙印而憾。能明灭萤火，能观风行。**三月生绒花**，数朵过墙头，好静收过路女儿争捉之笑。

吃酒只备小盅，小盅浅醉，能推开人事、生计、狗咬、索账之恼。**能行乐**，吟东坡"**吾上可陪玉皇大帝，下可以陪卑田院乞儿**"，以残墙补远山，以水盆盛太阳，敲之熟铜声。

出游踏无名山水，省却门票，不看人亦不被人看。脚往哪儿，路往哪儿，喜瞧嵝岩钩心斗角，倾听风前鸟叫声吟。云在山头登上山头云却更远了。遂吸清新空气，意尽而归。

就像我们不止一次说过的，你的很多烦恼，大自然的花花草草山川河流之间，都寻得到解药。单只说一种，**令人生可以像枝丫一样，不拧巴地舒展开来，已是一件足够治愈的事情**。

图 4-47　图文对应性排版范例

留白通常分为两种。一种是左右侧的留白。过于拥挤的版面会使用户产生不适感，因此在版面左右两侧需要留出适当的空间。版面左右两侧的留白可以通过设置页边距进行调整。另一种是段落间的留白，如图 4-48 所示。段落间的留白既可以避免因内容拥挤而影响版面的美感，又便于提示用户本段内容到此结束，从而有效调整用户的阅读节奏。段落间的留白可以通过设置段间距进行调整。

我们的第一辆车，小米SU7，**定位为"C级高性能，生态科技轿车"**。有人问我，小米汽车为谁而做？我想说，他们是这个时代的"时代精英"，喜欢最先进的科技、热爱生活、对好设计和好体验都有很高的要求、爱家人、也爱自己。为他们打造的小米汽车，**我希望能做到"科技跨越，人车合一"，这是智能电动汽车的终极境界**。

只有最先进的科技和最完整的生态，才能够做到"人车合一"，这也是科技跨越到全新阶段，才拥有的能力：**懂你所想，如你所愿**。无论是驾控还是乘坐，你的小米汽车都随心而动，这就是真正的人车合一。

图 4-48　图文段落间留白范例

✳ 4.2.2　排版编辑器的应用

许多企业均开发了服务于某些新媒体内容平台的第三方排版编辑器，并为新媒体运营人员提供了多种排版功能与服务。这些排版功能与服务可以大幅提升新媒体运营人员的图文排版效率。新媒体运营人员可以先使用第三方排版编辑器完成图文排版，再将图文内容同步至新媒体内容平台的图文编辑后台。

相较于其他新媒体平台，公众号的用户基数更大，公众号图文排版的需求更大。而其他新媒体平台，如今日头条、微博等，其图文排版的操作空间较小。因此，市面上的第三方排版编辑器大多将公众号作为重点服务对象。

排版插件能够通过浏览器对公众号后台功能进行增强，可以帮助新媒体运营人员直接在公众号后台进行图文编辑。

下面将介绍常用的第三方排版编辑器——秀米编辑器的常用功能与应用。

1．版面构成及风格

作为新媒体运营人员，必须明确常见公众号文章版面的构成。常见的公众号文章的版面包括文字、图片及特殊元素三大部分。其中文字包括引导、前言、标题、正文及注释，图片包括首图、配图、分割线、二维码，特殊元素包括视频、音乐、超链接、名片、小程序及 SVG（Scalable Vector Graphics，可缩放矢量图）等。

新媒体运营人员还需要熟悉常见的公众号文章的版面风格。常见的公众号文章的版面风格包括花哨型版面、固定型版面、纯图型版面和互动型版面。花哨型版面的每一篇的风格都不一样，学校号及机构号等常采用这种风格，如图 4-49 所示；固定型版面的每一篇的风格都一样，情感号、知识号及新闻号等常采用这种风格，如图 4-50 所示；纯图型版面中全是图片，漫画号及品牌号等常采用这种风格，如图 4-51 所示；互动型版面是包含 SVG 动画的版面，品牌号等常采用这种风格，如图 4-52 所示。

图 4-49　花哨型版面　　图 4-50　固定型版面　　图 4-51　纯图型版面　　图 4-52　互动型版面

2．素材添加

（1）文字添加

秀米编辑器中添加文字的途径主要分为以下 4 种。第一种是快速输入，可以在编辑区快速输入栏输入文字内容。第二种是导入 Word/Excel 输入，单击导航栏上"更多操作"按钮，选择"导入 Word/Excel"按钮，导入文件内容。第三种是插空行输入，选中某一组件，选择"向前/后插入空行"按钮，在空行内输入文字内容。第四种是导入图文，单击导航栏上"更多操作"按钮，选择"导入公众号图文"按钮，以此导入相关图文内容。

（2）图片添加

秀米编辑器中添加图片的途径主要分为以下 4 种。第一种是直接添加，在"我的图库"分类中选择"上传图片"按钮，直接上传本地图片。第二种是拖曳添加，在本地选择图片并拖曳到秀米"我的图库"分类，以此上传。第三种是导入图片，在"我的图库"分类中选择"上传图片"右侧的下拉按钮，单击"导入网络图片"按钮，复制一个公众号文章链接并粘贴到对话框中，导入该文章中所有的图片。第四种是收集图片，单击导航栏上"更多操作"按钮，选择"收集图片"按钮，以此收集页面中所有自己将用到的图片。

（3）视频添加

视频添加目前主要分为腾讯视频添加和公众号后台视频添加两种。

① 腾讯视频添加

腾讯视频添加分为 4 步。第一步，添加组件，在图文模板中选择"组件"选项，然后选择"视频"选项，单击/拖曳组件，将其添加到编辑区。第二步，复制代码，登录腾讯视频网页版，找到需要添加的视频，单击"分享"按钮，再单击"嵌入代码"按钮。第三步，粘贴代码，回到秀米编辑器编辑页面，选中编辑区已添加的视频组件，将复制的腾讯视频嵌入代码粘贴到视频工具条的输入框中。第四步，调整比例，单击视频工具条上"宽高比"按钮，调整视频的比例。

② 公众号后台视频添加

公众号后台视频添加分为 4 步。第一步，添加组件，在图文模板中选择"组件"选项，在组件分类下的公众号组件中，下拉找到"公众号视频组件"，单击/拖曳组件，将其添加到编辑区。第二步，添加视频，在公众号后台新建图文，添加需要的视频，保存并发送预览图文给自己。第三步，复制链接，打开预览图文并复制该预览图文的链接。第四步，粘贴链接，回到秀米编辑器，单击视频工具条，选择"导入视频"，将复制的链接粘贴到对话框中，单击"确认"按钮。

（4）音频添加

添加音频分为 4 步。第一步，添加组件，在图文模板中选择"组件"选项，在组件分类下的公众号组件中，下拉找到"音频/音乐组件"，单击/拖曳组件，将其添加到编辑区。第二步，添加音乐，在公众号后台新建图文，添加需要的音乐/音频，保存并发送预览图文给自己。第三步，复制链接，打开预览图文并复制该预览图文的链接。第四步，粘贴链接，回到秀米编辑器，单击音乐工具条，选择"导入音乐"，将复制的链接粘贴到对话框中，单击"确认"按钮，并添加音乐封面。

（5）超链接添加

添加超链接分为 3 步。第一步，选中需要添加超链接的图片/文字/布局等组件。第二步，单击组件工具条上的手指按钮。第三步，将链接粘贴到输入框中并按"Enter"键。

3．排版美化

（1）确定基础格式

新媒体运营人员对字号、字色、字间距、行间距、左右间距、图片样式等进行设置都属于基础格式设置。文章正文的字号建议使用 14px、15px。如果字号过大，文章给人的感觉会不够精致。字间距建议设置为 1px 或 1.5px，最大也不要超过 2px，适当的字间距会使文章有呼吸感。行距建议设置为 1.5px、1.75px 或者 2px，段落间距可根据实际情况进行调整。两端缩进就是文章两边的留白，建议两端缩进尺寸为 1.0px，也可以根据自己的喜好或者习惯进行适当更改。根据文章的语句风格，可调整文章的文字为居中对齐或者两端对齐：如果文章以短句为主，可设置为居中对齐；如果文章以字居多，并且段落偏长，可设置为两端对齐。整篇文章的字体颜色尽量不要超过 3 种：一般是黑色（常用于正文，可选择#4c4c4c 或者#3e3e3e）+灰色（常用于标注，可选择#888888）+品牌色。

（2）添加模板

秀米编辑器中有大量的模板供新媒体运营人员使用，常见的添加方式包括单击添加和拖曳添加两种。单击添加是在图文模板中挑选合适的模板，直接单击就可以将模板添加到编辑区最后一行。拖曳添加是将鼠标悬停在合适的模板上，长按左键的同时将其拖曳到编辑区合适的位置。

（3）移动组件

在排版过程中，需要对组件进行移动。要先选择组件，再移动组件。选择组件时，可以用鼠标框选单个或多个组件，也可以使用 Shift/Ctrl 键+鼠标左键进行多选，或者使用 Ctrl+A 键进行全选。在移动组件时，将鼠标悬停在选中的组件上，长按左键的同时拖曳组件到任意一行；文本移动时，需要同时按住 Ctrl 键和鼠标左键。

（4）替换素材

需要替换文字时，可以单击并选中文字，直接进行修改、替换或删除。需要替换图片时，可以单击选中需要替换的图片，然后单击"我的图库"中已上传的图片，这样即可替换成功。

（5）复制收藏

公众号图文排版中的固定模板可以复制收藏，以便在后续排版中直接添加。复制收藏时，首先要复制组件，具体操作为：选中组件后，单击组件工具条上的"复制"按钮，这样被复制的组件就会出现在"剪贴板"中。其次要收藏组件，具体操作为：选中组件后，单击组件工具条上的"收藏"按钮，这样被收藏的组件就会出现在"图文收藏"中。

（6）秒刷模板

秒刷模板可以快速使用模板。首先选中需要套用模板的单一文字段落；其次到左侧图文模板中挑选一个单一文字段落的模板，直接单击该模板即可完成秒刷模板的操作。

（7）变换组件

在排版时，如果对选择的模板不满意，可以通过变换组件的方式来更换模板。具体操作为：框选需要变换样式的组件，单击组件工具条上的"变换组作"按钮，在图文模板中挑选结构相同的模板，直接单击该模板即可完成变换。

（8）文本颜色

使用文本颜色功能可以对文字、文字底色和文字阴影进行换色。

文字换色需要选中即将换色的文字，单击"颜色"按钮，在调色板中直接单击需要的颜色，即可完成给文字换色的操作。

文字底色更换需要选中即将换色的文字，单击"颜色"右侧倒三角下拉按钮，选择"文字底色"选项，在调色板中选择一个颜色即可。

文字阴影换色需要选中即将换色的文字，单击"颜色"右侧倒三角下拉按钮，选择"文字阴影"选项，在弹出的面板中调整阴影的偏移 xy、模糊和颜色；也可按照需求添加多层阴影，单击空白处即可完成阴影的添加。

（9）文字格式刷

文字格式刷可以快速统一格式。首先提取格式，具体操作为：将光标放在设置好格式的文字中，或选中单独的文字，单击文字工具条上的"提取格式"按钮；其次应用格式，具体操作为：将光标放在准备应用格式的文字中，单击"格式剪贴板"中已提取的格式，即可完成统一格式的操作。

任务实训

一、实训目的

1. 了解图文排版的要素和技巧。
2. 掌握排版编辑器的使用。
3. 培养团队合作精神与视觉传达能力。

二、实训要求

1. 分组进行：每 3～5 人为 1 组，每组选出 1 名组长。
2. 实训形式：制作 PPT，各小组讲解。

三、实训内容

以小组为单位，完成秀米编辑器的注册，然后完成一篇包含图文、视频、音乐等元素的公众号文章排版。要求符合版面构成规律，具有一定风格，应用排版技巧，完成素材添加和排版美化。

四、总结分析

完成汇报后，小组互评，教师点评。

任务4.3 新媒体图文发布与推广

新媒体图文发布与推广需要考虑发布的平台、平台的特性及平台内外的推广方法和策略。

4.3.1 新媒体图文发布

目前最常见的图文内容以长图文和短图文为主。

1．长图文

（1）长图文定义

长图文是新媒体运营中较为常见的类型，一般也是最为传统的内容表达形式。

长图文在微博、今日头条、公众号、微信朋友圈等多个平台均可以发布推广，其中微博长图文和今日头条长图文是较为常见的长图文。如图 4-53 所示，《小米旗舰新品发布会》微博长图文中介绍了小米 14 系列、小米 WatchS3、小米腕部心电血压记录仪、小米电视 S Pro 85 Mini LED、米家冰箱十字 521L、米家洗衣机等多个产品。

（2）图文发布实操

下面以今日头条为例讲解长图文的发布推广流程。

① 登录今日头条后台

进入"今日头条"的官方网站，注册并登录网站后台，如图 4-54 所示。

图 4-53　微博长图文

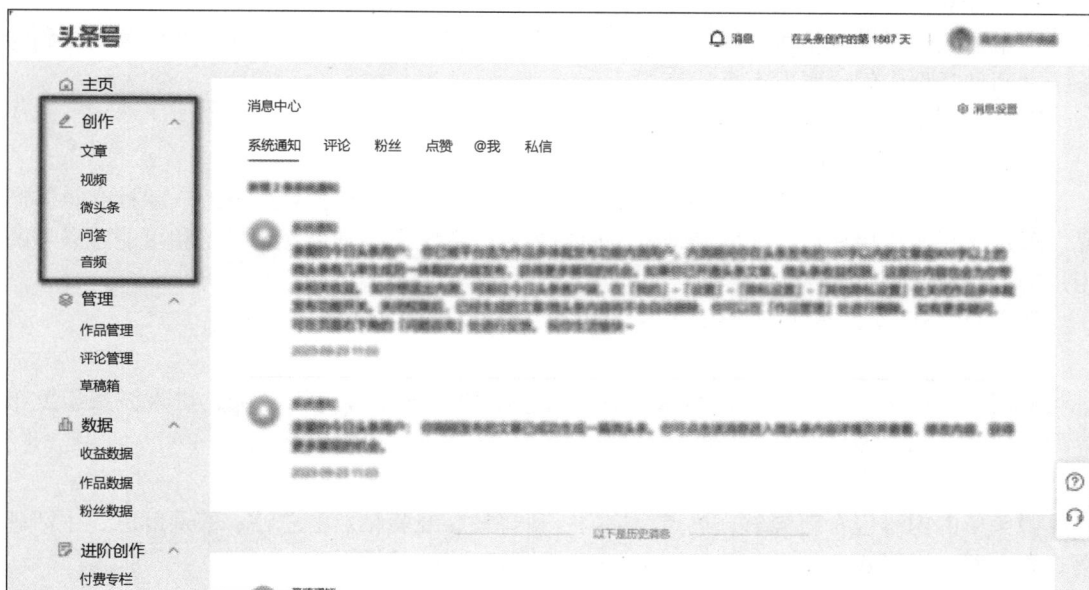

图 4-54　今日头条后台界面

② 进入文章编辑页面

单击左侧导航条"创作"中的"文章"选项，进入文章编辑界面，如图 4-55 所示。在文章编辑界面完成标题、正文、展示封面、添加位置、原创首发、合集等设置。

③ 发布

在今日头条中，可以选择直接发送或定时发送。

在文章发布时，为了达到更好的推广效果，要选择好的标题和封面，这是吸引点击的第一要素；标题字数要在 30 字以内，正文需要图文结合，并通过在手机端预览、调整来保证最佳的视觉效果。

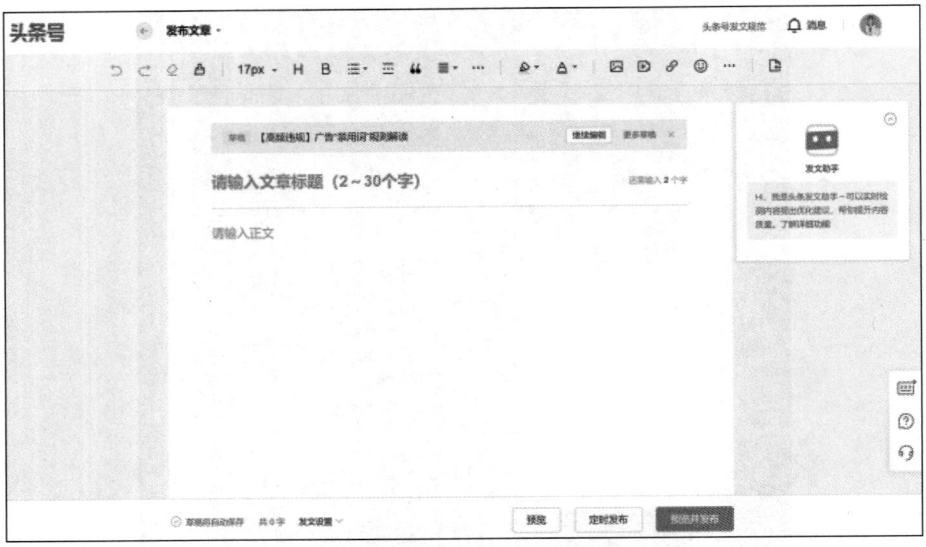

图 4-55　文章编辑界面

2．短图文

最常见的短图文包括微博图文、微头条图文、问答图文等类型。下面以微头条图文和问答图文两种类型为例讲解发布推广流程。

（1）微头条图文

① 微头条定义

微头条是今日头条 App 内一种基于社交的内容形态，是基于粉丝分发的一款社交媒体产品。通过微头条，用户可以随时随地发布简短内容，系统会将其推荐给粉丝和可能感兴趣的用户群体。

② 微头条图文发布实操

第一步：登录今日头条，选择"微头条"选项

使用计算机登录今日头条网页版或者通过移动端登录今日头条 App，进入微头条发布界面。

第二步：内容发布

微头条的内容包含新鲜事、热点、热门、科普帖、经验帖、汇总帖、答疑解惑、生活感悟等多方面，所以具备实时互动、短小精悍、表达己见等特点。

进入今日头条 App，在首页右下角点击"我的"选项，进入"创作中心"，再点击右上角"发布"选项，默认进入"微头条"发布界面，撰写文字、插入图片和表情等，然后点击"#"选项添加话题，即可发布。

（2）问答图文

① 问答平台定义

问答类平台的内容通常以搜索、知识、社区 3 种类型为主。目前问答平台包括百度问答、360 问答、搜狗问答、知乎问答、悟空问答等。下面以悟空问答为例进行讲解。

② 问答图文发布

使用计算机登录今日头条网页版，可以选择"发布问答"选项，回答网友发布的问题，也可以自己提问，如图 4-56 所示。

图 4-56 "发布问答"后台

在创作中坚持真实客观、表达明确、文字规范、有价值、有趣味性、有实用性、有体验性等的回答才属于优质的回答，才会有好的数据表现，从而达到更好的推广效果。所以新媒体运营人员要掌握坚持原创、结合实例、建议中肯、排版清晰、重点突出、图文结合和选题及时的创作技巧。

🟡 4.3.2 新媒体图文推广

1. 站内推广

（1）了解平台算法，增加内容曝光

目前主流平台都是根据用户的阅读习惯进行挨送的，所以新媒体运营人员需要熟悉各大主流平台的算法，增加内容曝光，这样才能达到推广效果。常见的方法包括在标题中充分展现有效信息、注意正文中字词的频率和性质、持续创作优质内容。在标题中充分展现有效信息可以吸引用户点击和阅读。注意正文中字词的频率和性质一方面便于算法判断文章的内容，从而给内容打上标签并将其匹配给目标用户；另一方面能在用户通过关键词搜索时增加曝光。持续创作优质内容可以提高账号的权重和文章的各项指标，并最终实现增加曝光和"涨粉"的目的。

（2）利用平台推广工具，获取平台流量支持

新媒体运营人员需要利用平台推广工具，获取平台流量支持。平台的推广工具分为免费推广工具和付费推广工具。新媒体运营人员熟悉并善用各个平台的推广工具，能有效地获得平台巨大的公域流量支持，让图文内容在短时间内充分曝光。例如，公众号的底部签名区可以固定附上公众号二维码，引导用户在二次分享传播中关注账号；还可以开启转载授权，允许他人转载自己的原创文章，从而使文章在他人的私域流量中获得展现。付费推广工具因为各平台的不同而差别较大，如微博的付费推广工具叫"粉丝头条"及"超级粉丝通"。除了平台本身的付费推广工具，还可以借助 KOL 及平台账号互推等资源合作的方式进行推广，达到曝光的效果。

2. 站外推广

（1）多平台分发，实现矩阵式推广

不管个人还是企业，在进行新媒体营销时，都需要在多个平台建立账号，以其中某一平台作为主要阵营，在其他平台打造相同的 IP，这些平台包括公众号、今日头条、百家号、企鹅号、微博、抖音、快手、知乎、B 站等。通过在多平台布局账号，同步分发内容或互相引流，可以让用户在多个平台、多个渠道看到和搜索到相关信息。

（2）寻求商业合作，开展 KOL 营销推广

现如今，广告主和营销人员越来越关注 KOL，希望借助他们的流量和粉丝基础，为品牌导入新用户，提升销量。常见的 KOL 营销推广方式包括 KOL 转发账号内容（微博常见）、KOL 进行创作发文（常见合作模式）、KOL 成为营销内容的主角。

任务实训

一、实训目的

1. 了解长图文和短图文。
2. 掌握长图文和短图文的发布推广流程技巧。
3. 培养团队合作精神与图文制作能力。

二、实训要求

1. 分组进行：每 3～5 人为 1 组，每组选出 1 名组长。
2. 实训形式：制作 PPT，各小组讲解。

三、实训内容

1. 以小组为单位，完成今日头条、微博等平台的注册。
2. 以小组为单位，完成一篇长图文的设计和制作，并通过今日头条及微博进行发布推广。
3. 以小组为单位，完成一篇微头条图文的设计与发布推广。
4. 以小组为单位，在百度问答、360 问答、搜狗问答、知乎问答、悟空问答平台中任选一个完成注册，至少选择一个问题回答，并总结在该平台问答的技巧和方法。
5. 以小组为单位，在上面提到的平台中选择一个，了解其站内和站外推广流程，制定一份新媒体"爆文"站内、站外推广方案。

四、总结分析

完成汇报后，小组互评，教师点评。

知识考核

一、单选题

1. 以下关于版权图片说法正确的是（　　）。
   A. 版权图片通常指经过图片的著作权持有人（创作图片的作者或机构）授权，可用于商业、出版、展览等用途的图片作品
   B. 要使用版权图片，可以联系图片的版权持有人并获得使用授权。使用这类图片不需要支付给版权持有人一定的授权费用
   C. 公众号所使用的图片必须来源于授权的无版权图片
   D. 使用搜索引擎搜索的一些免费的图片不能在公众号上使用

2. 以下关于文字的视觉传达不正确的是（　　）。
   A. 文字是新媒体视觉内容的重要组成部分
   B. 以文字为中心的文字排版已经成为一门艺术

   C. 一个完善的文字排版方案需要综合考量字体、字号，以及标题与正文之间的关系、读者与文字之间的距离等

   D. 文字排版虽是一项综合性的艺术技能，但不必太过于重视，因为内容大于形式

3. 以下关于优化排版说法不正确的是（　　　）。

   A. 优化排版主要有两个目的：一是突出品牌形象，二是促进转化

   B. 阅读者打开公众号文章直接看到大量的文字，容易产生阅读压力，这样的阅读体验较差

   C. 与顶部关注类似，如果文章结束后直接收尾，会让公众号文章太突兀，因此需要在底部进行动作引导

   D. 常用的文字强调方法不包括加粗、变色、加文字框、加下划线、变样式等

二、多选题

1. 以下关于封面图说法不正确的是（　　　）。

   A. 微信服务号对封面图的要求尺寸比例为 2.35：1

   B. 微信服务号对封面图的要求尺寸为 900px×383px

   C. 订阅号的星标、常读用户看到的封面图尺寸比例是 3：1

   D. 头条号对封面图尺寸的要求是 1080px×383px

2. 开展 KOL 营销推广常见的合作方式有（　　　）。

   A. KOL 转发账号内容　　　　　　　　B. KOL 进行创作发文

   C. KOL 脱离平台带货　　　　　　　　D. KOL 成为营销内容的主角

3. 以下互动活动能够达到图文推广的目的的是（　　　）。

   A. 微博抽奖　　　　　　　　　　　　B. 公众号领取免费资料

   C. @艺人或达人　　　　　　　　　　D. 提供 H5 小游戏

4. 新媒体图文排版原则包括（　　　）。

   A. 对齐原则　　　　B. 对比原则　　　　C. 重复原则　　　　D. 亲密性原则

三、判断题

1. 优秀的压缩算法可以在一定程度上保证图像质量，同时将其体积变得很小，这属于 GIF 的优点。（　　　）

2. 在进行图文营销推广时，可以寻求与合适的 KOL 开展合作，为品牌、产品和内容带来声量。（　　　）

3. 一般来说，合作互推的账号比自己账号的粉丝少一些较为合理。（　　　）

4. 推荐系统要做到把图文内容推荐给对它感兴趣的用户，不仅要识别内容的特征，而且要对用户有全方位、动态化的认知。（　　　）

5. 常见的文字排版优化内容包括顶部关注、底部引导、文字强调，动态背景等。（　　　）

四、案例分析题

华帝公司借势世界杯

"小蛮蛮小"作为一位美妆类 KOL，从早期的博客、豆瓣开始，就在各个线上平台分享自己的生活及美妆、护肤心得，至今已有 10 余载。在传统媒体和新媒体平台更替、发展日新月异的今天，从微博、微信公众号、社群分享类平台，到现在的短视频平台，她依然活跃在新媒体最前沿。

试从"小蛮蛮小"在各个新媒体平台推送的文章进行分析，为何在平台更迭的时代，这样一个从事固定品类营销的账号能一直经久不衰，并保持如此高的活跃度。

项目实训

一、实训项目：乡村振兴

二、实训目标

1. 掌握新媒体图文的创作方法。
2. 掌握新媒体图文的配图方法和排版技巧。
3. 掌握新媒体图文的站内和站外推广方法。
4. 培养关注时事热点、民生问题、国家政策的良好习惯。
5. 培养吃苦耐劳、精益求精的工作态度。

三、实训内容与要求

1. 由教师介绍实训目的、方式、要求、调动学生实训的积极性。
2. 由教师布置实训题目，题目如下。

当下，我国发展进入战略机遇和风险挑战并存、不确定难预料因素增多的时期，全面推进乡村振兴、加快农业农村现代化是重要战略。而将农产品、地方文旅等搬上手机屏幕，能让更多网民更加直观地了解我国各地好物、秀美山河及人文历史。

（1）学生利用网络搜集学校当地的好物、秀美山河及人文故事，通过访谈等形式深入了解学校当地的人文历史及风土人情。

（2）学生整理文字与图片素材，结合时事热点，为当地好物/文旅创作并发布一篇新媒体图文。

（3）学生使用站内和站外推广方法，对该篇图文进行全网推广，并记录相关数据。

3. 学生完成上述任务后提交图文发布链接及推广效果分析报告。

4. 采用组内自评+组间互评+教师点评的方式，对学生作品进行点评，最终教师总结并提出优化思路和方向，学生继续优化方案并持续推广。

新媒体短视频营销

🛒 **知识目标**

- 了解不同短视频推广渠道和推广方法；
- 熟悉短视频内容定位的方法；
- 熟悉短视频制作要点；
- 熟悉短视频制作团队的组建方式；
- 掌握创意短视频的打造技巧。

🛒 **能力目标**

- 能够完成新媒体营销短视频内容的定位与策划；
- 能够组建一支优秀的短视频制作团队；
- 能够根据客户需求拍摄并制作创意短视频；
- 能够通过不同的短视频渠道进行推广；
- 能够使用不同的短视频推广方法。

🛒 **素养目标**

- 通过短视频弘扬社会主义核心价值观，信守公序良俗，坚守道德底线；
- 增强遵纪守法、规范经营的法治意识；
- 理性对待短视频，明辨是非黑白，培养高雅格调；
- 通过短视频传播真善美，讲好"中国故事"，传播中华优秀传统文化。

揭秘大唐不夜城火出圈的原因

互联网发展进入移动化时代，全方位改变了人们的生活，也给旅游业带来了巨大的影响与变革。随着抖音、快手等短视频平台的迅速崛起，更加场景化、个性化的短视频成为带火景区的流量密码。2019年，一位摇曳多姿的"不倒翁小姐姐"红遍整个网络。她身披盛唐服装，伴随着《美丽的神话》，时而向前扑倒，时而又轻盈地旋转起身，动作优美，一气呵成。"不倒翁小姐姐"的翩翩起舞，彻底带火了火树银花的西安大唐不夜城，也让人们再一次看到了盛唐夜景背后的十三朝古都西安。

在抖音上，"大唐不夜城""不倒翁小姐姐""石头人""敦煌飞天"等话题相关的视频，实现了100亿次以上播放量，居全国景区播放量第一名。当年爆火时，大唐不夜城海内外游客量超3亿人次，同比增长56.42%，位列全国5A级景区游客量第一，日均游客量80万人。

2020年，文化产业指数实验室发布各城市最具人气的夜游产品TOP 10榜单，其中西安大唐不夜城位居第一。以"不倒翁小姐姐"作为重要转折，大唐不夜城实打实地成了真正的景区"顶流"。分析大唐不夜城"出圈"的原因，除了大唐不夜城本身所处的十三朝古都西安的文化加持，互动场景设置、组合套路联动、营销借势发力、个性时尚融合等都是重要原因，而在这一系列"出圈"原因背后是抖音的病毒式传播带来的流量效应。

盛唐文化是大唐不夜城的灵魂，景区"不倒翁小姐姐""悬浮兵马俑""石头人""唐代仕女武士巡逻队"等品牌形象是传播文化的载体。场景化、符号化的景区IP，通过抖音等平台的病毒式传播，吸引了无数前来"打卡"的年轻人，最终成就了大唐不夜城的"爆红"。

毫无疑问，网络的能量是巨大的，除了大唐不夜城，重庆洪崖洞、青海茶卡盐湖、西安城墙下的摔碗酒……抖音等网络平台正在创造一个又一个"网红景点"神话。视频分享能促进消费，而消费又引发更多的视频分享，这就是媒体时代的财富密码。大唐不夜城正是抓住了这个机会，让无数游客拍照"打卡"，免费的宣传效果不仅推动着该景点的繁荣，还催生了整个西安的旅游业。实际上，自媒体才是造就这些网红景点的核心。

任务5.1　短视频内容策划

短视频内容策划是指对短视频内容进行策划和规划的过程，它涉及确定短视频的主题、目标受众、内容创意、拍摄方式、剪辑手法、发布平台等方面。短视频内容策划需要综合考虑多个因素，包括主题、目标受众、创意、内容结构、拍摄剪辑、标题标签、发布推广等方面。只有在这些方面都做得好，才能创作出优质的短视频，吸引更多的观众。

5.1.1　短视频内容定位

短视频时代，行业竞争激烈，确定短视频的内容创作领域非常重要。一般而言，短视频内容的创作领域有很多，如美妆护肤、影视、娱乐、音乐、搞笑、美食等，而要想准确定位短视频内容，需要掌握以下几点。

1．内容主题突出个性和趣味性

在快消品时代，产品的种类和数量都极其丰富，琳琅满目的产品以及层出不穷的新概念、新口味让消费者目不暇接，与此同步增长的还有消费者日益多样化的需求，于是，个性化和定制化便成为消费者的追求。

此外，在这个泛娱乐时代，大多数产品离不开趣味这一要素。短视频和直播的出现又为内容创作降低了门槛，用户也越来越渴望看到原创的、带有个性和趣味性的优质内容。

例如，抖音账号"无穷小亮的科普日常"主要发布一些科普知识类短视频，如图 5-1 所示。博主通过讲解博物学知识带孩子认识各种各样的动植物，如常见的蜻蜓，用手走路的鱼，让孩子们学到很多生物知识，因而深受家长和孩子的喜欢。抖音账号"温斯顿和瑞贝卡"的短视频内容是一个中国小伙子和美国姑娘从恋爱到结婚的日常生活的分享，如图 5-2 所示。博主弘扬正能量，让人们感受到家庭生活的温馨、和谐、幸福。

图 5-1　"无穷小亮的科普日常"抖音账号

图 5-2　"温斯顿和瑞贝卡"抖音账号

2．明确内容边界

媒体行业经过了长时间的发展，新媒体尤其是短视频大大地扩展了其内容边界。

根据目前短视频行业的发展现状，主流的短视频内容包括但不限于以下几种类型。

（1）"颜值"、生活类。美好的事物是人见人爱的，人们对好看的事物、优美的风景总是无法抗拒。可以说，视频画面的"颜值"高低在很大程度上决定了播放量的多少。而对于生活这个话题，可以拓展的方向就更加广泛了：大到出国旅行，小到城市公园的推荐；大到职业规划的制订，小到简历的排版技巧；大到人生思考，小到学生生活等。关注周边的人和事，了解他们最关心的、最感兴趣的，这些都可以是短视频内容创作的灵感来源。越是贴近生活的内容，越是跟生活息息相关的事情，越有可能得到人们的关注。

（2）搞笑类。搞笑类短视频满足了用户观看短视频的核心诉求——消遣娱乐，这类内容受众群体广泛且年龄跨度大。制作精良、内容出其不意的搞笑类短视频不仅可以收获非常高的播放量和点赞数，还能吸引大量用户参与评论和转发。因为此类短视频对合作广告主所在行业的限制比较小，所以营销效果比较显著。

（3）"萌娃""萌宠"类。通过拍摄短视频的方式记录宝宝成长的过程受到越来越多年轻家长的青睐。而将有趣的片段上传至短视频平台与好友分享，逐渐成为"宝爸""宝妈"的社交新选择。作为短视频的主角，小"萌娃"往往集才华与"萌值"于一体，各有各的才艺，各有各的吸引力。例如，"小麦"（见图 5-3）、"小糖糖女士"等在抖音平台拥有千万粉丝。除了孩子，短视频也为每一个养宠物的人提供了展示的平台。用户无须拥有过于突出的个人特色或能力，只需要擅长捕捉宠物可爱、有趣的瞬间并拍摄记录下来，就能获得流量。例如，作为抖音平台的实力担当，宠物类账号"会说话的刘二豆"一直稳居抖音红人榜单前列，如图 5-4 所示，吸引了大批宠物类 KOL 模仿和学习。

（4）美食、手工类。作为日常生活必不可少的一部分，无论是国内还是国外，不同地区、不同种类的美食总能带来话题，快速吸引人们的注意力。因此，美食自然而然成为内容创作的好题材，这类题材的短视频也是层出不穷，深受用户的喜爱。

介绍地区特色食物、推荐不同类型的营养搭配、探索新奇古怪的异域美食、介绍日常餐厅等话题，都可以纳入美食类内容的题材选择范围。例如，美食类账号"夏叔厨房"发布的美食制作视频，通过在家常菜中添加一点小创意，使短视频更具趣味性，粉丝互动积极性高、忠诚度高，短视频评赞比高，如图 5-5 所示。

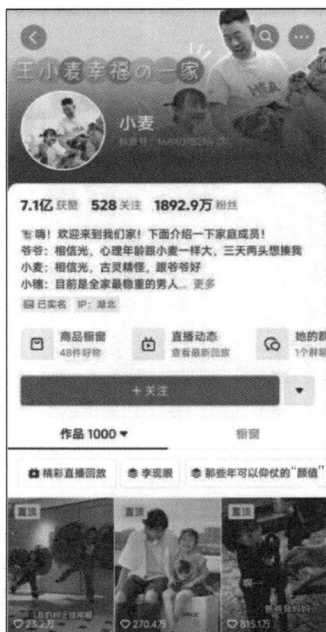

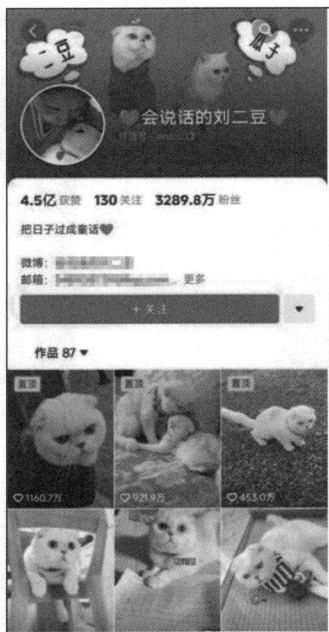

图 5-3 "小麦"抖音账号　　图 5-4 "会说话的刘二豆"抖音账号　　图 5-5 "夏叔厨房"抖音账号

（5）知识、干货类。短视频兴起，在拓展知识边界的同时，也让"知识普惠"的愿景逐渐成为现实。特别是短视频平台让知识回归本源，重新以"口语"的形式进行生产和传

播，降低了知识生产的门槛，激发了大众的知识传播热情，令普通人也能够参与到知识传播中来。短视频在内容与形式两个方面降低了知识接收的门槛，拉近了知识传播者和受众之间的距离。普通群众能够通过短视频以新奇、有趣的形式接触到一些原本相对高深的专业知识。

3．打造独特的风格化标签

标签化是如今生活中十分常见的现象，年代、地域、爱好等都可以成为一个人的标签。随着短视频行业的不断发展，各大平台上的短视频作品层出不穷，要想被用户快速记住，就要为短视频打造一个独特的风格化标签，这样也就增加了记忆点，便于给用户留下深刻的印象。

如何给短视频打造风格化标签是需要创作者深思熟虑的，标签必须与内容主旨相关联，这样才能令用户将该标签与内容本身联系起来。同时，为了形成更高的辨识度，短视频的标签必须有独特性。短视频账号的运营就是一个人性化、个性化的过程。一旦标签被用户接受，后续产生的经济效益就会围绕这个标签展开。短视频内容风格标签类型如表 5-1 所示。

表 5-1　短视频内容风格标签类型

风格标签	具体内容
搞笑	逗趣、幽默、使人发笑的内容
纪实	用纪实的手法拍摄的内容
创意	采用新技术或新的拍摄手法制作的新奇内容
反转	剧情前后有强烈冲突和反转，结局在意料之外
潮流	展现流行趋势的内容
实用	具有实际用途的知识、技能分享和指导
情感	体现爱情、亲情、友情等情感，或反映助人为乐、关怀励志等积极内容
其他	其他无法归类的小众风格

✷ 5.1.2　创意短视频的打造技巧

现在有很多人都看到了短视频营销的威力，也有越来越多的企业或者个人开始尝试短视频营销。但是短视频营销不是简单的拍摄与发布，完整的短视频营销应该包括 3 个要素——创意、制作、传播，其中创意是短视频营销成功的基石。

如何才能打造极具创意的短视频，成为许多短视频创作者最为关心的问题，下面就介绍 3 种打造创意短视频的技巧。

1．紧追热点，挖掘新意

创意可以巧妙地借用热点话题来呈现，紧追热点可以帮助短视频快速升温。热点话题要根据目标用户的定位进行选取，运用这部分用户感兴趣的热点话题形成比较完美的创意，可以起到更好的效果。而寻找和选取热点话题就是短视频创作者要面对的挑战。热点话题的发掘途径包括但不限于以下 3 条。

（1）百度热搜。百度热搜是百度搜索引擎基于其海量用户的搜索数据和网络热点等因素而推出的一个热门话题排行榜及展示页面等相关内容的集合。它实时动态地展示了当前用户搜索频率高、关注度高的词汇、事件、人物、影视娱乐作品、社会热点新闻、科技动态、生活资讯等。其涵盖领域广泛，包括但不限于政治、经济（如某地区经济数据变动、重大投资动态）、国际局势（如国际冲突）、娱乐事件（如明星动态）、体育赛事（如欧洲杯夺冠）、文化、教育（如高考大数据）、科技（如百度相关技术问题修复）等。

（2）微博热搜。微博是由社交需要催生的开放式媒体平台，非常重要的就是其自媒体属性，很多用户对于一些实时热点话题愿意通过微博发表自己的见解。互联网的热门事件几乎都是从微博开始爆发的，并且不断掀起讨论高潮。所以微博热搜话题榜的数据对于创意短视频的创作者而言十分具有参考价值。微博热搜是对实时热点话题的统计，短视频创作者可以根据这个榜单来选取相应的热点话题进行创作。

（3）新榜榜单。新榜榜单是基于新媒体传播效果和数据分析的综合性榜单，涵盖了公众号、抖音、快手、视频号、小红书、微博、B 站等主流新媒体领域数据。

新榜榜单类型多样化，不仅覆盖主流新媒体领域的数据，还包含各类垂直领域榜单数据。其针对阅读量、点赞数、评论数、转发数等指标，运用科学的计算方法得出排名结果，数据更加客观和准确。此外，其数据准确，实时更新，榜单统计周期是每日 0:00—24:00，并在次日 12:00 更新，可及时反映账号的传播效果、粉丝互动情况等。除此之外，新榜榜单还提供了自定义公众号排行榜，短视频创作者可添加该领域中的多个账号，通过发布频率、总阅读数、头条数、阅读平均数、最高阅读数等维度，来分析账号的运营情况和优劣势。

新榜榜单为用户提供了全方位的新媒体数据分析和榜单排名服务，有助于用户了解新媒体的传播效果和趋势，为内容创作和运营提供参考。

除了百度搜索、微博和新榜提供的热点榜单，其他新媒体平台也有各自的话题榜单、热点排行等，如微信"搜一搜"里的今日热点、知乎首页的热榜等。只有利用有价值、有传播度的热点话题，才能挖掘出引起用户广泛关注的创意要点，从而达到预期的推广效果，也才能做出最具创意的原创作品。

2．融入情感，打动人心

笑中带泪和拍案叫绝是创意短视频观众的最佳反应。短视频的内容往往反映出创作者的价值观念，而这种观念是否与用户趋于一致是争取用户认同的重要影响因素。如果想要让短视频的内容更好地打动用户，使其产生共鸣，可以在短视频中融入价值、情感，使内容本身富有深意，从而引发用户的思考。

（1）情节安排合理。短视频的情节必须符合逻辑。有些短视频创作者将自己的价值观融入短视频，强行推动剧情发展，为创意而创作，故事中人物的许多行为都不符合用户的常识性认知，这样就会使用户感到虚假，从而无法将情感投射到其中。想要通过短视频表达情感并且让用户产生共鸣，内容的真实性是非常重要的，只有符合逻辑地表现出贴近用户真实生活的情节，才能够使用户真正感到触动，从而深入思考创作者究竟想要表达什么。

（2）形式生动有趣。创意的表现形式多种多样，只有通过生动有趣的方法进行表达，才能更好地被用户接受。短视频的创意内容可以通过故事的走向来表现，生动形象地传达给用户。这样可以使用户体会到创作者的真实用意，使整个过程更加自然。值得注意的是，创意不一定都体现为内容上的新意，还可以体现为创新的表达方式，重要的还是看其深层次的含义是否能够引起用户的共鸣。

（3）注重打造细节。很多短视频与同类作品相比并不具有竞争力，就是因为其内容太过普通，即使融入了价值情感，用户也是看过即忘，不会引发广泛的传播。这样的短视频很难在用户的心中留下深刻的印象。为了避免这一结果，短视频制作者应注重内容细节，从细微之处入手，令用户在看过后觉得有新意，避免因千篇一律而产生审美疲劳。细节决定成败，无论是人物的穿着与动作、背景的安排、布光的设置，还是字幕的样式，都可能成为体现内容和情感的途径。打造细节，对于短视频内容深度的表现也能起到增强作用。

3．制造悬念，满足好奇心

用户的需求是方方面面的，但是打造创意短视频却要求创作者更多地关注用户的好奇心。一旦满足了用户的好奇心，就很容易打造"爆款"创意短视频，进而在用户的社交圈中形成裂变式传播。这样的创意短视频包括但不限于各种反转类短视频、悬疑类短视频、产品或技能展示类短视频等，创作的核心思路是在一开始就通过音乐、画面和文案吸引用户的眼球，引发用户的好奇心，让他们看到最后的结局，获得超出预期的体验。

> **案例**
>
> **"乌梅子酱"短视频"出圈"**
>
> 2023年2月，李荣浩的《乌梅子酱》引得全网翻唱，这首小甜歌凭借情人节的甜蜜氛围烘托和朗朗上口的歌词，带火了同款商品乌梅子酱，词条#乌梅子酱搜索量暴涨200倍#登上热搜，截至2023年11月7日，该词条阅读量达到了3亿。
>
> 2023年10月，腾格尔翻唱《乌梅子酱》，令抖音#乌梅子酱#播放量达到了48亿。
>
> 音乐因短视频而火，乃至于带动农产品的销售，这种音乐助农的模式值得关注。目前，"三农"短视频的创作与研究都呈增长态势，涉及乡村原生态短视频、改装与创作类短视频、产业引导类短视频、电商引流类短视频4个类型。

任务实训

一、实训目的
1．能够完成新媒体短视频营销内容的定位与策划。
2．培养创新能力和团队合作精神。

二、实训要求
1．分组进行：每3~5人为1组，每组选出1名组长。
2．实训形式：小组分工协作，撰写短视频策划方案。

三、实训内容
正值新学年所在专业招生宣传工作开展之际，为体现专业的办学特色、师资力量、学生风貌等，请小组同学集思广益，从不同视角，以独特的灵感点亮创意的火花，可以采用访谈、音乐剧、微电影、出镜介绍等创意形式为专业招生宣传短视频（时长3分钟）撰写策划方案和脚本。

策划原则：
1．具有丰富的视觉表现力和较强的感染力，能够吸引有意报考本专业的考生和家长；
2．必须是未公开发表的个人原创内容，不得抄袭他人作品；
3．主题鲜明，表意明确，内容新颖，积极向上，符合当代社会主流价值观和新时代青年审美趣味，富有思想内涵和人文情怀。

四、总结分析

递交的作品分为策划方案和创意脚本两部分，创意脚本可以是创意思路、故事大纲、分镜头脚本等。各小组上台分享本组的策划方案，小组之间互评，教师点评。

任务5.2 短视频制作

短视频是一种以视频呈现的内容形式，通常时长在几十秒到几分钟不等。它是一种能够快速传递信息、情感和观点的表达方式，通过视觉和听觉的双重刺激，给用户带来丰富和生动的体验。短视频的意义在于它能够以最短的时间和最直观的方式传递信息，同时满足现代人快节奏生活和碎片化阅读的需求，因而成为一种广受欢迎的内容形式。

✳ 5.2.1 短视频制作的前期准备

1．场景准备

要想把短视频制作出好的效果，让用户产生代入感，场景的搭建与还原是非常关键的。通常而言，场景的搭建要与视频内容及目标用户属性相关。由于短视频与直播等素材绝大部分来源于生活，因此，场景搭建不需要太过专业的设备，尝试挖掘生活中的事物或环境，稍加润色即可，具体可以从以下3个方面进行准备。

（1）拍摄固定物体的场景准备。在拍摄固定物体时，应准备一张水平的桌面并适当搭配小饰品。桌子可以用来摆放产品，面积不需要太大，颜色不宜太花太杂，可以准备一些桌布，以便根据产品风格进行替换。一般白色桌面是最好的选择，这样拍摄出来的画面会显得简洁明快。有条件的个人或企业可以准备较为专业的静物台，在其表面覆盖用于扩散光线的大型半透明塑料板，以便布光照明，消除被摄对象的投影。

（2）拍摄人物或外景的场景准备。在拍摄人物或外景时，应更多选择和细节有关的场景。拍摄地的场景要与人物身份、衣着等互相协调，能够起到较好的衬托作用。拍摄建筑时，可以关注内部结构、房屋特色、特定的设施等，如果能结合当地风景特色和文化民俗进行拍摄，会带来更强的视觉冲击。

（3）背景的布置。对于短视频的背景，最简单易行的办法就是以干净整洁的白墙为依托，也可以选择复古或简约风格的壁纸。如果预算较充裕，可以考虑白纱帘或背景布，将其与灯光匹配，这样可以模拟自然光效果，而且布置起来简单方便。对于一些特定的拍摄主题，背景布置需要符合短视频的主题。例如，亲情类短视频需要温馨而舒适的背景，搞笑类短视频则可以将背景布置得轻松随意。

2．素材准备

短视频内容后期制作时需要的素材主要包括现场音频与背景音乐、脚本、字幕文字等。

3．器材准备

（1）手机或摄像机。随着技术发展，绝大部分智能手机都能胜任短视频拍摄任务。一般来说，配备 F2.0 左右大小光圈的镜头，1/3～1/2.5 英寸（1 英寸=2.54 厘米）大小的 CMOS 感光元件，可以输出 4K 分辨率视频的手机就足够使用了。

当然，预算更充裕的可以准备专业级摄像机。通常情况下，配备等效 28～600 mm 的变焦镜头，光圈值最大达 F1.7 左右，3 片 1/2.3 英寸的 CMOS 感光元件，具备光圈调整、快门、白平衡、变焦等普通短视频拍摄常用快捷功能的摄像机是比较理想的选择。

此外，单反相机的摄像功能也是比较强大的，再配备 24～105 mm 焦距区段和 70～200 mm 焦距区段的两种常规镜头，基本能够满足所有场景的拍摄需求。

在拍摄中，一般至少应该准备两个机位进行配合，条件允许的情况下，最好准备 3 个机位。三机位拍摄，不仅更有利于画面的呈现，也便于后期进行视频剪辑。如果仅布置一个机位进行拍摄，后期剪辑时可能会没有过渡镜头或可切换角度，而使画面显得单调。

（2）稳定拍摄的工具。拍摄短视频时画面要平稳，这是短视频脱颖而出的一个关键。如果短视频画面抖动太厉害，会影响用户的观看体验。如果是双手端着机器拍摄，最好依靠桌子或墙壁等物体让身体保持稳定。首选还是准备三脚架或手机支架等稳定拍摄的设备，这样无论是拍摄静止镜头还是移动镜头，稳定效果都不错。对于直播等需要通过走动完成的拍摄，建议选择手持云台等相关设备，这样即便摄影师在走动的时候拍摄，也可以防抖，让后期画面的稳定性得到很好的保证。

（3）灯光道具。灯光道具包括主光、辅光、背光、侧光、反光板及相关实用光源等。基础布光采用三点布光：主光打亮产品主体和周围区域；辅光用于填充阴影区域和主光没有打亮的地方，其一般比主光稍弱，这样可以形成景深和层次感；背光打向背景方向，借助背景反射的光线塑造产品轮廓。

在有条件的摄影现场，一般主光由柔光箱发出。这样的光源易于控制且均匀，能够凸显对象或人物的轮廓，尤其对反光物件可以起到很好的漫射作用，使拍摄光线显得更柔美，色彩更鲜艳。但需要注意的是，应尽量避免让摄像机靠近三光源。

辅光一般放置在与主光相反的一面，主要对主光未覆盖的阴影进行补充照明，从而使阴影变浅、变淡。包括手机、台灯在内的设备都可以带来很好的辅光。

大多数情况下，被拍摄者都会与背景拉开一段距离，背景应比被拍摄者距离光源更远，这样背景会暗很多，以突出被拍摄者。如果没有背光，容易造成被拍摄者与黑暗的背景融为一体。如果有背光，则可以很好地勾勒出主体，使画面立体感更强。使用背光时可以运用一些技巧，以实现不同的拍摄目的。

侧光是来自与被拍摄者平行的两侧的光源，它可以让被拍摄者产生明显的明暗对比，让被拍摄者的受光面变得清晰，背光面产生明显的阴影效果，所以侧光更适合营造戏剧般的场景，赋予观众更强的代入感。

反光板是照明的辅助工具，通常可由锡箔纸或白布等材料制成。反光板常用于改善光线，使画面变得饱满和立体。

在一些特定的场景中，台灯、电视、蜡烛等灯具或光源可以成为很好的实用光源，起到突出主题、渲染气氛的作用。

（4）计算机硬件。做视频剪辑，主要依靠计算机的多线程数据处理能力。足够大的内存也很重要，否则很容易出现因内存不够而导致程序闪退的状况。因此，应选择配置较高且内存较大的计算机来处理短视频。

4. 软件准备

短视频内容拍摄和编辑都离不开软件支持。目前，综合影响力较大且视频种类较多的平台包括腾讯、优酷和爱奇艺等，可直接拍摄并经系统优化后发布的短视频平台主要包括西瓜、抖音、快手、B 站等。

如果需要对视频内容进行编辑，除借助上述平台软件自带的编辑功能外，还可以通过剪映、爱剪辑、拍大师等入门级软件进行编辑，亦可借助 iMovie、会声会影、Adobe Premiere、Camtasia Studio 等较为专业的视频工具完成视频编辑工作。下面以剪映专业版为例，进行简单的视频剪辑操作介绍。

剪映是由抖音官方推出的一款视频编辑工具。用剪映进行视频剪辑，可通过以下步骤完成。

第一步：注册登录。打开剪映，进行注册登录，也可用已有的抖音账号直接登录，如图 5-6 所示。

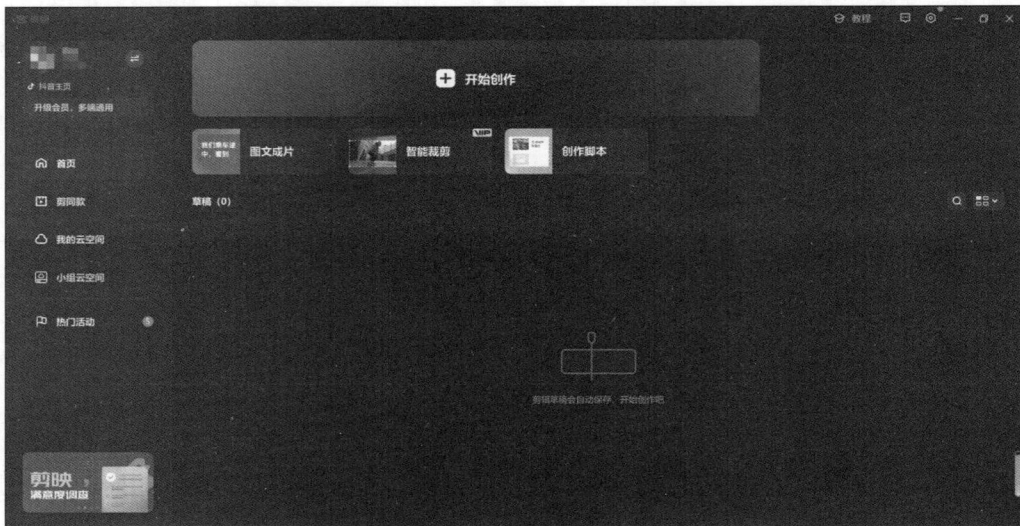

图 5-6　剪映工作界面

第二步：导入素材。可以选择从本地文件夹中导入要编辑的视频、音频或者图片，并在右侧播放器中预览导入的素材效果，也可从云素材或者素材库找到想要编辑的素材直接进行导入编辑，如图 5-7 所示。

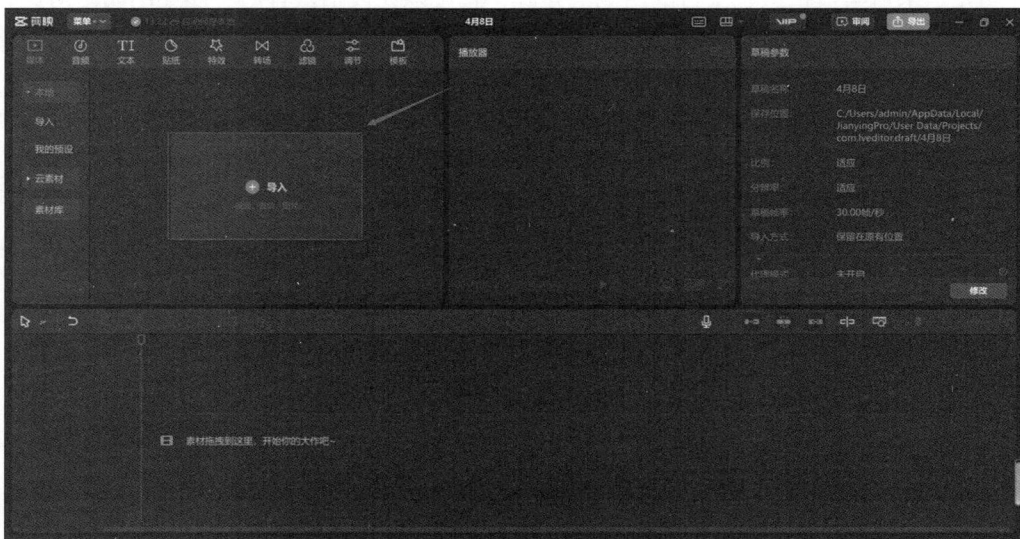

图 5-7　导入素材界面

第三步：对导入的素材进行编辑。选择区域 1 的素材，将其拖曳至区域 2，即可对其进行编辑，如图 5-8 所示。利用剪映，可以对视频或者音频进行切割、变速、倒放、添加画布、转场等设置，同时可以通过设置滤镜、效果等提升画面效果，也可添加贴纸、字幕、声音等元素。

图 5-8 剪映中的视频编辑界面

除了上述一些专业的视频剪辑软件，随着人工智能技术的发展，AIGC（Artificial Intelligence Generated Content，人工智能生成内容）技术也在短视频制作领域得到广泛应用。AIGC 技术可以通过自然语言处理和图像识别等技术，对视频中的文本、音频和图像等元素进行分析，并提取出其关键信息。其应用场景包括对电影剧情进行分析，自动提取电影中的角色、情节、场景等要素。同时，它能够识别和跟踪视频中的特定目标，如车辆、行人等。此外，在视频版权保护方面，AIGC 技术可应用于数字媒体管理，实现数字水印的嵌入和检测，有效防止未经授权的盗版和复制行为，从而保护数字媒体的版权和利益。

AIGC 技术在辅助视频内容生成方面具有以下优势。

① 提高效率：快速生成大量视频，节省时间和人力成本。

② 丰富创意：提供多样的创意灵感，拓展视频创作的可能性。

③ 个性化定制：根据用户需求和偏好，生成个性化的视频。

④ 提升质量：优化视频的画面、音频等。

⑤ 大规模制作：能够应对大规模的视频生成需求。

⑥ 实时响应：实时生成内容，满足即时需求。

例如，当下短视频创作人员使用比较多的 Midjourney 就是使用了 AIGC 技术的一款智能 AI 绘画软件，它采用了先进的 AI 算法和深度学习技术，可以根据用户的输入进行自动创作和绘制。用户只需用鼠标单击，Midjourney 就可以自动生成优美的画作，涵盖抽象艺术、传统风景、人物肖像、手绘漫画等多种绘画风格，可谓是创造出了无限可能的美学，如图 5-9 所示。Midjourney 因操作便捷和使用简单，已成为短视频创作人员得力的创作工具。

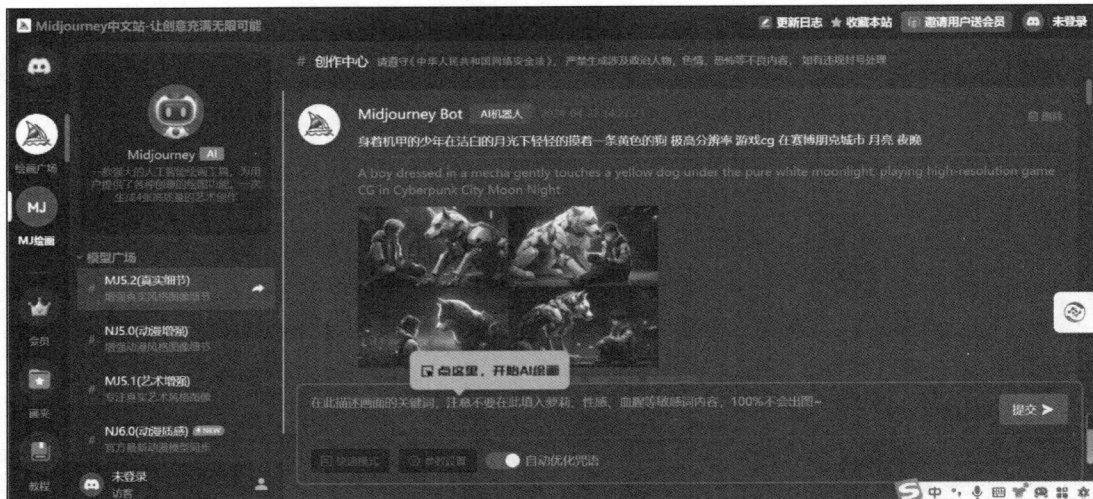

图 5-9　Midjourney 工作界面

📖**案例 1**

AIGC 技术，让内容创作走向新时代

在如今的数字时代，视频内容制作变得前所未有地重要和普遍。短视频创作中比较麻烦的是剪辑，不熟悉剪辑技术的人可能要花 2 个小时才能剪出 1 分钟的视频。随着 AI 技术的不断发展，短视频制作也变得更加容易了。利用 AI 技术，根据需要的选题和内容，软件便可自动生成视频，这些软件大大降低了创作门槛，让普通用户也能够制作出高水平短视频，为短视频的迭代带来更多的可能性。

AIGC 技术已经逐步应用于专业视频和影视作品的创作中。例如，2023 年 1 月，奈飞发布了一部试验性的动画短片《犬与少年》（见图 5-10），这部动画短片的部分内容并非由真人创作，而是用 AIGC 技术完成的。

图 5-10　《犬与少年》画面

总之，AIGC 是一种利用人工智能技术生成内容的新技术，具有广泛的应用前景，它将为短视频营销带来更多的便利和创新，也会进一步促进人类社会的发展和进步。

❋ 5.2.2　短视频制作要点

众所周知，短视频制作中要有完善的策划、独特的创意，以及专业的拍摄和完美的后期剪辑，几方面综合起来，才能制作出一条好的短视频。因此，短视频的制作要抓住以下 4 个要点。

1．有周密的策划和独特的创意

创意是一条短视频的灵魂，所以短视频要独具创意，别出心裁。一条短视频不可能面面俱到，需要有一个侧重点，通过恰当的拍摄手法，从各方面反映主题。因此，创作者在创作短视频之前需要做大量的采访、资料搜集工作，准备好足够的素材，并对市场充分调研，只有这样才能完成策划大纲的撰写。

2．撰写解说词、提炼主题

为了向客户传递有效信息，一条短视频的主题要反复提炼，力求做到精简、精确。另外，解说词是短视频的灵魂，占整条短视频分量的 60% 左右，因此解说词要精练，要有激情，让人听后或沉溺其中，或激情澎湃、不能自拔。

3．拍摄中分镜头的把握

要做好短视频拍摄，分镜头的把握很重要。这就要求短视频拍摄人员在解说词台本上对每段文字所表现的场景做好标注，充分做好拍摄的前期镜头准备，甚至还要考虑到后期制作中的表现手法。拍摄时注意镜头要尽可能稳，尽可能全部使用三脚架或手机支架，少用推、拉、摇、移、跟等动态镜头，注意多拍摄特写镜头，利于转场和表现细节。大场面镜头构图要干净，注意俯拍、仰拍一些镜头。移动镜头最好设计一些升降、移动等高难度的镜头，有条件的，可以带上广角镜。只有有了好的分镜头，短视频才能在一开始就占据优势，后期剪辑制作过程中才能如虎添翼。

4．后期剪辑

在短视频制作过程中，后期剪辑是非常重要的一个环节，在剪辑过程中要充分调用各种元素，如镜头特效、转场特效、配音、配乐等，为做好短视频服务。严肃性的专题镜头应少用特效。配音人员的挑选要注意，应根据主题采用合适的人声。

📖**案例 2**

短视频行业洞察

近几年，短视频呈现快速发展态势，市场规模不断扩大，社会影响力持续提升，已经成为互联网时代最重要的表达方式和传播方式之一。

《2023 年短视频行业研究报告》显示，短视频在网络视听行业市场规模中占比 40.3%，达 2928.3 亿；用户规模达 10.12 亿，占整体网民规模的 94.8%。2024 年 3 月发布的《短视频直播平台促进青年就业报告》显示，在工作年限方面，78.5% 的受访新职业青年接触短视频行业的时间在 3 年内，其中，34.9% 低于 1 年，43.6% 为 1~3 年，5.1% 在 5 年以上；在日均工作时长方面，68.6% 的受访新职业青年集中在 1~6 个小时，其中 3~6 个小时的占比最高，为 41.6%，1~3 个小时的占 27.0%，30.6% 的受访新职业青年工作时长超过 6 个小时。

短视频行业正吸纳大量就业，形成专业化、职业化的新职业生态。中国职业技术教育学会副会长、人社部中国就业培训技术指导中心原党委书记陈李翔表示："随着短视频直播生态与产业深入融合，更多新业态和新职业不断成长。""短视频和直播平台与实体经济相融合，赋能传统经济的数字化转型，可以实现数字时代创业的就业倍增效应。"

❋ 5.2.3　短视频制作团队的组建

1．工作流程

很多短视频创作者想要保持每日更新，确保每日与粉丝互动，那么就应长期稳定地制作短视频。一条一分钟左右的短视频，整个制作周期可能比较长。所以最好的方法就是把短视频制作的工作流程拆分出来，分小组并行推动。

一般来说，短视频制作的工作流程可以分为前期准备、内容策划、拍摄、剪辑、发布、变现与粉丝转化 6 个步骤，如图 5-11 所示。

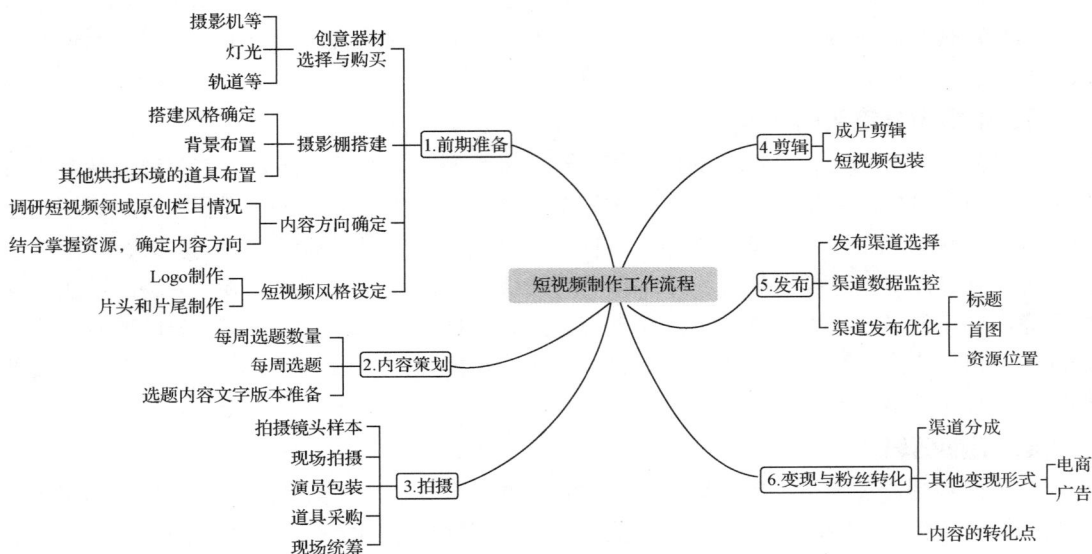

图 5-11　短视频制作工作流程

2．团队组建

通过前面的短视频制作工作流程介绍不难看出，一个优秀的短视频制作团队需要会策划、会拍摄、会表演、会剪辑、会包装以及会运营的人才。如果每周至少要制作 2～3 条时长在 5 分钟左右的短视频，至少应配备四五个制作人员才能确保项目顺利进行，具体人员配置为项目统筹协调 1 人，团队成员 4～5 人，分别负责摄影、剪辑与运营，其中剪辑与运营人员可依据项目实际任务量适当增加。

3．团队分工说明

（1）总策划与协调人：相当于团队的核心人物，全面负责场景搭建，短视频的主要风格、内容和脚本的策划与设计，以及后期拍摄与剪辑的指导工作。

（2）摄影师：主要负责拍摄成片，在搭建或选择场景及明确拍摄风格等方面应发挥主要作用。

（3）剪辑师：参与整个策划过程，重点在后期对内容进行剪辑包装，整合必要素材，包括背景、音乐、字幕等，完善短视频的整体内容。

（4）运营人员：负责在短视频制作完毕后将其发布到相应的平台，保证获得尽可能高的曝光率，并不断做好宣传、评论、回复等工作。

任务实训

一、实训目的

1. 用所学知识解决实际问题，提高短视频剪辑能力。
2. 提高团队协作能力。
3. 培养创新意识和创新能力。

二、实训要求

1. 分组进行：每 3～5 人为 1 组，每组选出 1 名组长。
2. 实训形式：分组学习并讨论，提出思路和方法，并尽力做出文案及短视频。

三、实训内容

拍摄一条记录校园生活的短视频，要求各小组独立撰写脚本，用手机拍摄短视频素材，利用剪映完成视频剪辑。短视频时长在 3 分钟以内，画面清晰，音质清楚，并根据需要加配中文字幕。内容要积极向上，符合国家法律法规和政策要求。

四、总结分析

各组播放本组制作的短视频，任课教师最后进行总结点评。

任务5.3　短视频推广

在当今数字化的时代，短视频推广已成为不可或缺的营销手段。它具有诸多优势，成为各大品牌和个人推广的首选。首先，短视频能够快速吸引观众的注意力。在快节奏的生活中，人们更倾向于观看简短、有趣、内容丰富的视频。其次，短视频具有广泛的传播性。通过社交媒体平台，短视频可以迅速传播，触及更广泛的群体。再次，它能够生动地展示产品或服务的特点和优势。相比文字和图片，短视频更能引起观众的情感共鸣，从而增强他们的购买欲望。最后，短视频推广成本相对较低，尤其对小型企业和个人来说，是一种高性价比的推广方式。此外，短视频便于与观众进行互动，增强观众黏性。因此，短视频推广是一种高效、有力的营销工具，能够帮助用户在激烈的市场竞争中脱颖而出，实现品牌推广和业务增长的目标。

5.3.1　短视频推广渠道

短视频作为品牌争相抢占的热门推广渠道如今已不新鲜，尤其是抖音运营、抖音 KOC 达人传播等推广方式特别受欢迎。短视频推广渠道就是短视频的内容展现平台，按照平台特点可以细分成以下 5 类。

1. 资讯客户端渠道

资讯客户端渠道大多通过平台的推荐算法来获得流量。今日头条、天天快报、一点资讯、网易新闻客户端、UC 浏览器等都是用推荐算法将短视频打上多个标签并推荐给相应的用户，目前这种推荐机制被应用在很多平台，如网易云音乐智能推荐歌曲、淘宝智能推荐产品，这也被认为是当下乃至未来大数据的应用趋势。

2．垂直类平台渠道

短视频的未来趋势和行业走向会越来越垂直化。所谓垂直，就是指视频内容和选择的渠道是一致的，并且一个账号一直输出的应该是同一类型的内容，也就是说短视频创作团队垂直地去生产内容，也能更加凸显自己的特点，让内容有辨识度，让用户更容易记住自己。这些渠道需要由企业根据自身内容决定是否要进行铺设，包括淘宝、京东等。电商平台通过短视频可以帮助用户更全面地了解产品，从而促进购买。

3．社交平台渠道

社交平台有微信、微博、QQ 这三大类，社交平台是人们社交的工具，方便人们结识更多有相同兴趣的人。社交渠道的重要性不仅仅在于传播，它更是一个堡垒、一个基地，是用户在互联网上建立联系的重要平台，也是博主连接粉丝、广告主连接商务合作的重要通道。

4．在线视频渠道

在线视频渠道的视频的播放量主要通过搜索和平台推荐来获得。比如在搜狐视频、优酷视频、爱奇艺、腾讯视频、B 站等平台，人为等主观因素对视频播放量的影响非常大。如果获得了一个很好的推荐位置，那么视频的播放量也会有显著的提升。

5．各类短视频渠道

在移动互联网时代，短视频已经是人与人沟通、品牌与用户沟通的重要渠道之一。常见的短视频渠道有抖音、快手、微信视频号、B 站、微博视频号、微视等，属于短视频分发的一线阵地。

❋ 5.3.2　短视频推广方法

短视频推广要从内容策划、产品植入、多渠道引流和封面展示等方面入手。

1．内容策划

内容是服务于用户的，要注意结合产品和用户诉求。大家一般喜欢有创意和内涵的内容，所以内容既要有实用价值，又要有创意。内容形式可以是严肃认真的，也可以是活泼搞笑的，甚至可以是"吐槽"的，不过都要结合产品的特性和价值去策划。

2．产品植入

产品植入要巧妙。一般情况下，植入了产品信息的短视频，很容易因引起用户反感而失去推广的价值。这就需要我们在创作短视频时多多发挥创意，尽量将产品植入得有趣味性，或是增加短视频的价值，例如给用户提供一些福利。当短视频内容的吸引力超过广告带来的反感时，才会有更多的用户观看和互动。

3．多渠道引流

既然是引流，就要利用好一切可以引入流量的渠道。常见的渠道有评论区、直播间、官方平台等。例如，可以去同行业账号的评论区发表评论，吸引有相关兴趣的用户来看自己的短视频。官方平台也有很多引流渠道，如投放付费广告、参与官方活动等。

4．封面展示

封面是短视频在展示时，最先被用户看到的部分，要抓住用户的心，往往靠的就是这部分。选封面的时候，要注意揣摩用户想看的是什么，将其呈现出来，从而吸引用户的眼球。这里有很多方法，如突出数字、突出对比等，大家可以多参考做得好的账号。

下面以抖音为例，介绍如何进行短视频推广。

第一，找准定位。

在抖音做推广，首先要找准自己的定位。这个定位既是账号的定位，也是内容方向的定位，即账号是企业的还是个人的，账号所属的领域是什么，如科技、新闻、娱乐等。账号的内容方向要与账号定位一致，例如，科技类账号就应该发布科技相关的内容，可以采用有趣的形式，但不能去介绍娱乐新闻。内容的表现形式也要提前定下来，至少一段时间内的内容形式应大致相同，例如美食探店类账号的内容就要以探店为主，不能总在家里自己烹饪。

第二，善于互动。

互动是短视频推广的点睛之笔。积极的、善意的互动会赢得广泛的关注和支持。例如，提前准备一些有趣的评论，可以"引爆"评论区，让大家有得聊、乐意聊。还可以多去相同类型的账号学习，一来可以观察大家都在关注和发布什么内容，二来可以参与到行业的互动中。如果能与行业内粉丝量比较多的博主产生一些交集或者互动，如合作制作一期短视频，不仅能够得到较大的曝光，还能实实在在收获大批粉丝。有条件的账号多开直播，这样也可以增加与用户的互动。

第三，利用平台。

既然是推广，就要善于借助平台的工具，抖音提供了诸多推广方式，常规的有开屏广告、搜索广告，这些方式都可以使短视频获得大量曝光。除此之外，抖音还有个特别的推广工具，叫作 DOU+。它是短视频加热工具，能够将短视频推广给更多感兴趣的用户，从而获得更多的流量。DOU+不仅可以增加播放量，还能增加点赞量和评论量，这些对短视频上热门都是有好处的。

✳ 5.3.3　短视频平台解析

短视频创作者在选择要入驻的短视频平台的时候，要综合考虑自身内容生产能力、平台属性、平台支持力度、平台变现路径等因素，选择一至两个主力短视频平台深耕，将其他短视频平台作为分发平台来操作。另外，如果创作能力比较全面、时间比较宽裕，可以针对不同短视频平台的属性、活动、用户来创作不同的内容。下面主要介绍五大主流短视频平台。

1．小红书

小红书是一个集内容创作、社交互动和购物于一体的平台。其内容丰富多样，涉及美妆、时尚、旅游、美食、健康、科技、家居等众多领域，以图片和视频为主要形式吸引用户的注意力。在小红书上，用户可以分享自己的经验、见解和生活中的点滴，也可以通过标签、推荐等方式方便地找到心仪的商品并进行购买。用户之间可以通过点赞、评论、关注等方式进行互动。

2．抖音

抖音作为一款风靡全球的短视频社交平台，以其独特的魅力吸引着数以亿计的用户。它是一个充满创意与活力的世界，让人们能够在短时间内展现自己的才华和生活点滴。

抖音拥有海量短视频，内容丰富多样，涵盖各种类型，包括从搞笑娱乐到知识科普，从美食分享到才艺展示。抖音中不断涌现的热门话题，可激发用户的创作灵感，增加参与度，让用户通过独特的剪辑和特效，制作出令人惊叹的短视频。抖音可以根据用户的兴趣和偏好，精准推送相关的视频，让用户更容易找到自己喜欢的内容。用户可以在抖音中点赞、评论、分享，与其他用户进行互动，建立社交关系。抖音的视频制作与发布门槛较低，人人都可以成为创作者，展示自己的风采。

3．快手

快手作为一款广受欢迎的短视频社交平台，具有独特的魅力和特点。在快手上，用户可以用照片和短视频记录自己的生活点滴，也可以通过直播与粉丝实时互动。快手的内容覆盖生活的方方面面，用户遍布全国各地。把所有的快手用户抽象地当成一个人来看，他相当于一个"社会平均人"。而中国人口中只有极少数在大城市，绝大部分人生活在中小城市和农村地区，所以这个"社会平均人"就落在了中小城市和农村地区。

4．B站

B站是一个以年轻人为主要用户群体的多元化在线视频平台，内容涉及动漫、游戏、科技、音乐、舞蹈、知识科普等领域。B站拥有众多优秀的"UP主"（Uploader，上传者），他们创作的内容具有较高的质量。用户可以通过弹幕实时互动，增加观看的趣味性和参与感。用户之间可以形成紧密的社区，具有高度的认同感和归属感。B站与众多动漫版权方合作，为用户提供正版动漫。B站不仅是一个视频平台，更是一个充满活力和创造力的社区，为用户提供了丰富的娱乐和学习体验。

5．微博

微博是一个具有广泛影响力的社交媒体平台，已成为人们获取信息、交流互动和展示自我的重要平台，能迅速传递各种资讯。众多名人入驻，使微博进一步吸引用户关注。在微博上，用户可参与热门话题讨论。微博内容形式多样，包含文字、图片、视频等，吸引了不同年龄、来自不同地域和拥有不同兴趣的人。

> 📖**案例**
>
> **品牌案例：秋天的小红书玩起了"中式户外"**
>
> 　　2023年秋天，小红书推出了"中式户外"活动。一张张老照片的出现，让用户突然发现原来"户外"不是舶来品，是每个中国人都体会过的生活方式。
>
> 　　小红书洞察到，中国人本就有着自己的户外情结与历史。小时候和家人到公园，带上不锈钢饭盒，装着家里做的卤鸡翅，配上滋滋冒泡的可乐，简单的报纸坐垫，一口一口的西瓜，是中国人在大自然"撒野"的独特记忆。
>
> 　　从定位"中式户外"的概念，到"中国人的户外经"延伸打开方式，再到记录"90后"成长视角的短片《小宇》触发情感共鸣，最后利用国货品牌跨界，落点"和爱的人，再去一次户外"的用户驱动，小红书可谓打了一套成功的组合拳。而小红书的这次活动恰逢中秋节，更是契合了中国人对团圆、相聚的情感需求。

🍵任务实训

一、实训目的

1. 能够利用不同的短视频渠道进行推广。

2. 能够使用不同的短视频推广方法进行推广。

3. 培养创意能力、团队合作精神。

二、实训要求

1. 分组进行：每 3～5 人为 1 组，每组选出 1 名组长。

2. 实训形式：对记录校园生活的短视频进行推广。

三、实训内容

各小组根据自身需要选取一个或多个短视频平台，将在任务 5.2 中制作好的短视频进行发布推广。

四、总结分析

根据短视频播放量、涨粉量等指标评估推广效果。

知识考核

一、单选题

1. 短视频的前半部分平淡无奇，但是用背景音乐和文案尽可能做好悬念铺垫，极大地吸引观众的注意力和好奇心，短视频后半部分或者结尾大大出乎观众的意料。这类短视频的风格属于（　　　）。

　　A. 搞笑　　　　　　　B. 纪实　　　　　　　C. 实用　　　　　　　D. 反转

2. 拍摄固定物品场景时，需要准备的物品不包括（　　　）。

　　A. 桌子　　　　　　　B. 塑料板　　　　　　C. 小饰品　　　　　　D. 凳子

3. 以下不属于打造创意短视频的技巧的是（　　　）。

　　A. 紧追热点，挖掘新意　　　　　　　B. 融入情感，打动人心

　　C. 制造悬念，满足好奇心　　　　　　D. 分镜头拍摄，多场景转换

4. 在短视频拍摄过程中，手持云台的核心作用是（　　　）。

　　A. 美颜　　　　　　　B. 防抖　　　　　　　C. 增亮　　　　　　　D. 存储

二、多选题

1. 打造短视频内容时，标签能够实现的目的包括（　　　）。

　　A. 打造独特性　　　B. 实现个性化　　　C. 增加记忆点

　　D. 形成关联　　　　E. 实现分类化

2. 短视频推广需要从（　　　）等方面着手。

　　A. 内容策划　　　　B. 产品植入　　　　C. 选择平台

　　D. 多渠道引流　　　E. 封面展示

3. 短视频制作团队的成员包括（　　　）。

　　A. 总策划与协调人　　B. 摄影师　　　　　C. 剪辑师　　　　　　D. 运营者

三、判断题

1. 微博热搜可以帮助短视频创作者了解目标用户每天在关注什么话题，以便选取合适的主题。（　　　）

2．短视频节奏越快越好，因为节奏太慢无法吸引观众。（　　　）

3．短视频创作者一定要遵守相关的规范，短视频内容不得违反我国相关的法律法规。
（　　　）

4．复杂的策划方案才有意义，否则就是纸上谈兵，没有任何实际的用途。（　　　）

5．短视频制作团队中，运营者主要负责内容策划、场景搭建与后期剪辑指导等工作。
（　　　）

四、案例分析题

《逃出大英博物馆》火热出圈，短视频塑造下的中华文化传播

"从哪儿来？回哪儿去？"

"你要带我回中国吗？"

2023年8月30日，短剧《逃出大英博物馆》一经上线，当日播放量便突破300万，正片上线几天，单单《逃出大英博物馆》同名话题的短视频播放量就超过10亿次，央视网、新华日报等官媒也纷纷点赞。

《逃出大英博物馆》以拟人化的手法，讲述了工艺品小玉壶"中华缠枝纹薄胎玉壶"，在大英博物馆内化为人形后出逃，并在中国记者张永安的帮助下重回祖国的故事。小玉壶的一句"家人！我在外面流浪了好久，我迷路了"触动到不少网友的泪点。

其独特的立意、用心的制作和深厚的文化情怀引发了观众的共鸣。不少观众表示看后心情久久不能平静，并表示"没有一个中国人能笑着从大英博物馆里走出来"。

请同学们观看短视频《逃出大英博物馆》，并分析其"爆火"的原因。

项目实训

实训项目：农产品短视频营销

一、实训目标

1．能够针对不同的农产品进行短视频内容策划。

2．能够根据短视频拍摄的主题进行脚本撰写。

3．能够根据产品情况拍摄并制作创意短视频。

4．培养创意能力、团队合作精神。

二、实训要求

1．分组进行：每3～5人为1组，每组选出1名组长。

2．实训形式：短视频内容策划、拍摄制作。

三、实训内容

移动互联网时代，直播和短视频正在重塑大众的生活逻辑，从乡村到城市，每个人都能成为内容的生产者。近年来，获得越来越多网友关注和喜爱的"村播"在展现新农村、新风貌的同时，也凸显了乡村视频创作者的价值，更带来一定的经济效益，提振乡村产业。

如今，以抖音为代表的短视频+直播平台上的各种乡村短视频还原了天然真实的山水风

景、风土人情，凸显着中国乡村旺盛的生命力。这种"造血式"的生长正为乡村振兴事业源源不断地注入新动能，推动乡村产业朝着更高质量发展。

请各小组选取自己家乡的代表性农产品或旅游资源，策划并拍摄制作一条短视频，要求时长在 5 分钟以内，画面清晰，音质清楚，并根据需要加配中文字幕。

四、总结分析

提交短视频并选择一个短视频平台发布，小组互评，教师点评。

新媒体直播营销

知识目标

- 了解直播运营人员的基本职能；
- 掌握直播带货选品的原则和方法；
- 掌握整场直播活动脚本与单款直播商品脚本的撰写方法；
- 熟练掌握直播活动执行过程中的各项工作；
- 掌握直播引流的技巧。

能力目标

- 能够搭建专业、高效的直播团队；
- 能够根据直播策划方案执行直播计划；
- 能够在直播中灵活运用直播话术，应对突发事件。

素养目标

- 坚持原创，善于运用创新性思维创作高质量的原创性直播内容；
- 树立"诚信为本"的商业理念，直播不发布虚假信息，不欺骗消费者；
- 共建文明、健康的直播环境，构建绿色直播文化；
- 培养社会责任感，传播正能量。

东方甄选：直播带货的新模式

在数字化时代的浪潮下，直播带货已成为一种新兴的商业模式，东方甄选直播间凭借其独特的"知识带货"方式，在众多直播达人和商家中脱颖而出，成为行业内的佼佼者。东方甄选直播间的成功，不仅在于主播精湛的带货技巧，更在于其将知识与商品紧密结合的创新理念。在直播过程中，主播们不仅介绍产品的性能、特点和使用方法，还通过分享相关的专业知识、生活经验和文化背景，使消费者在购物的同时获得有价值的知识和信息。这种知识带货的模式，不仅改善了消费者的购物体验，也为企业打造了独特的品牌形象，实现了品牌价值的最大化。

1. 东方甄选直播间介绍

东方甄选直播间依托其母公司——新东方教育科技集团的强大教育资源，以"知识带货"为核心理念，致力于为消费者提供高品质的商品，并使其获得良好的购物体验。这一背景使得东方甄选在直播带货领域具有得天独厚的优势，能够将教育与电商完美结合，为消费者带来全新的购物和学习体验。东方甄选直播间注重知识分享与商品推广的结合。主播们不仅具备丰富的专业知识，还擅长运用生动的语言和真实的体验，将商品的特点娓娓道来。

2. 知识带货模式在直播中的应用

东方甄选直播间的成功，在很大程度上归功于其对知识带货模式的深度挖掘和应用。在直播中，知识不仅是商品销售的辅助工具，更是直播内容的核心，是吸引消费者、令消费者建立信任、激发消费者购买欲望的关键。

知识带货模式具体体现为对商品的专业解读。主播们不仅是商品的销售者，更是商品知识的传播者。他们通过深入浅出的方式向消费者普及有关商品的专业知识，如商品的制造过程、功能特点、使用方法等，使消费者在了解商品的同时，也感受到主播的专业性和可靠性。

有关东方甄选的知识带货，最有代表性的是一场关于中国古代文学经典的直播。主播在直播中详细介绍了《红楼梦》这部文学巨著，不仅讲解了书中的人物关系、情节发展，还深入解读了其中的部分诗词歌赋和文化内涵。通过这场直播，消费者不仅了解了《红楼梦》的文学价值，还对该书产生了浓厚的兴趣，纷纷下单购买。

这场直播效果显著，许多对文学感兴趣的网友纷纷涌入直播间，与主播互动。图书的销量也显著增长，甚至一度出现断货的情况。最重要的是，这场直播引发了消费者对中国古代文学经典的热议和关注，进一步推动了文学经典的传播和普及。

通过这个具体的案例，我们可以看到东方甄选直播间在知识传播和商品销售之间的巧妙结合。这种结合不仅提高了商品的附加值，也增强了消费者对商品的认同感和购买欲望。同时，这种知识带货的方式也有助于提升消费者的文化素养和审美水平，实现了商业利益和文化价值的双赢。

东方甄选直播模式的出现，不仅丰富了直播电商的内容生态，还提升了消费者的购物体验，进一步推动了直播电商行业的健康发展。

任务6.1 直播营销策划与执行

直播运营是一项十分复杂的活动，如果没有一份清晰的直播运营方案作为指导，直播活动很可能无法达到预期目标，甚至无法顺利进行。因此，在进行直播运营之前，直播运营团队应当先理顺直播运营的思路，制定合理的直播策划方案，做好前期的准备工作，然后依据直播策划方案有目的、有针对性地执行直播运营的各项工作。

6.1.1 直播运营人员的基本职能

想要顺利开展一项直播活动，首先要明确直播运营人员的基本职能。一个完整的直播运营团队由 7~8 个岗位组成，不同岗位的工作人员的基本职能各不相同。下面分别进行介绍。

1．主播

主播负责向用户介绍商品信息、引导用户购买，以及在直播期间调动用户的情绪，确保直播间的热度。

直播启动前，主播需要熟悉直播流程表和带货商品，排练直播讲解节奏，力求全面掌握商品特性、直播间利益点等关键信息，以确保直播开始后能够流畅介绍商品，有效提升购买转化率。

直播过程中，主播需要注重活跃气氛，全面展示、介绍商品，及时回应用户的提问，与用户热情互动，引导用户关注直播间并促进交易达成，同时要时刻留意自己在镜头前的表现。

直播结束后，主播仍需努力提升个人曝光度，利用店铺主图、首页海报、店铺群等多种推广渠道打造独特的个人 IP，以不断增强用户黏性。

2．副播

在直播活动中，副播扮演着至关重要的辅助角色。副播的工作内容主要包括以下几个方面。

直播启动前，副播要深入了解合作商家的商品详情、品牌背景等信息，与直播运营团队成员共同确定优惠券的发放策略及具体发放时间，进行直播测试，确保技术设备无误，并确认直播所需的商品、道具等均已准备齐全。

直播过程中，副播需要注意力高度集中，紧跟主播节奏，适时发放优惠券，及时更新商品链接；副播需要配合主播体验或试用商品，以便更准确地解答用户的问题；同时，副播还要补充主播可能遗漏的关键信息，确保直播内容完整且丰富。

直播结束后，副播需要协助主播处理订单事宜，确保用户购买流程顺畅；还需积极参与下一场直播的准备工作，为持续提升直播质量贡献力量。

3．策划人员

策划人员负责撰写直播策划方案，确定直播主题，根据直播主题确定直播商品、开播时间、直播时长，并针对不同的商品制定不同的福利方案。此外，策划人员还要负责协调直播节奏和解决突发问题，以及与公司其他部门配合和沟通。例如，策划人员在选择商品时要与管理层、采购部门沟通，确定商品的策划内容和库存情况，然后与主播、副播沟通直播脚本和直播活动，并在直播前策划好直播预告活动，与副播对接并进行分发。直播结束后，策划人员还要与场控人员沟通整理直播内容，以进行二次分发或直播复盘。

4．场控人员

直播启动前，场控人员要进行软硬件的全面调试，确保直播顺利进行。直播过程中，场控人员首先要管理中控台，协调商品上下架，及时发送优惠信息及红包、公告，组织抽奖送礼活动，活跃直播间氛围。其次，场控人员要根据直播间需求，灵活调整商品价格，并有效控制直播节奏，保证直播效果。例如，有时主播会滔滔不绝地讲述或偏离话题太久，这时场控人员就要暗示主播，把节奏调整回来。最后，场控人员要维护评论区秩序，使直播间保持良好的气氛，以使主播有更好的心态与用户进行互动。

5．运营人员

直播运营人员分为活动运营人员和商品运营人员。

（1）活动运营人员

活动运营人员的主要职责有三方面。一是规划直播内容，确定直播主题是日常直播还是官方活动直播，根据主题来匹配商品和利益点，规划好直播的时间段、流量来源、直播活动等。二是做好团队协调，其中既包括外部协调，如封面图拍摄、设计制图、商品抽样、奖品发放、仓库部门协调等，也包括内部协调，如协调直播人员的关系和情绪、直播时间等。三是复盘，直播结束后，活动运营人员应根据相关人员的配合情况和用户反馈，针对前期制定的方案和目标进行总结并给出合理的改进建议。

（2）商品运营人员

商品运营人员也称为招商人员，在直播电商中扮演着关键角色。特别是"达人"主播，往往需要商品运营人员的紧密配合，共同寻找并筛选合适的商品，与商家进行价格谈判。商品运营人员的具体职责涵盖产品招商、佣金管理、店铺对接及商品信息的整理与优化，旨在确保直播间的商品品质优良及价格优势的确立，提升用户购买体验。

6．数据分析人员

数据分析人员要进行数据的收集和分析，并针对发现的问题提出一些优化建议。优秀的数据分析人员不仅能看到直播间流量不高时可能需要增加投放预算这样的问题，还能从一个节点联系到整体，对整个直播策划提出优化建议。

7．设备管控人员和跟播人员

成功的直播离不开稳定的设备支持，因此，设备管控人员与跟播人员是直播团队中必不可少的。在直播过程中，难免会遇到各种突发状况，如屏幕突然黑屏、声音无法传输、推流失败等。此时，设备管控人员与跟播人员需凭借丰富的经验和专业的技能，迅速定位问题并采取有效措施，确保直播能够顺利进行。

8．客服人员

在电商直播中，客服人员起着承接作用，其岗位职责有以下 4 点。一是了解商品信息，洞悉用户需求，掌握一定的沟通策略，能够向用户准确地解释并形象地描述商品的卖点与优势。二是热情、耐心、高效、准确地答复用户提出的各类有关商品的问题，不能向用户抱怨，也不能拒绝回答问题。三是记录带有恶意且无法有效交流的用户的信息，需要时可以及时向同事或平台求助。四是及时准确地进行商品备注，确认好后第一时间向打单人员反馈，以防出现发错货或漏发货的情况。

✳ 6.1.2　打造主播人设

人设，即人物设定，最初专指为动漫角色设计造型、性格、世界观等特征的工作。后来，这一概念扩展到公众人物，指他们对外展现的面具化形象。打造人设的主要目的是塑造积极向上的正面形象，以吸引更多人的关注。

在直播运营中，打造主播人设是至关重要的一环。它能使主播的定位更加鲜明、立体，有助于主播清晰地传达自身的价值观，向用户明确展示"为何要看我的直播"和"为何选择在我的直播间购物"。主播通过持续输出专业且富有个人特色的内容，逐渐打造出独特的个性化标签。久而久之，这种个性化标签会演化成主播的个人 IP，增强用户对主播的信任感，使其更愿意购买主播所推荐的商品。

1．主播人设的类型

主播人设主要有导购类、"达人"类、专家类和领导店长类 4 种类型。

（1）导购类

导购类主播主要为用户提供专业的消费意见，其往往能击中用户的真实痛点，快速、准确甚至超预期地匹配用户需求。导购类主播人设的价值在于可以帮助用户缩短消费决策时间，在建立信任关系后，让用户可以快速跟随主播的推荐做出购买决定，从而形成强大的带货能力。

打造这类人设的关键是主播要准确了解商品卖点和用户需求，可以从价格、品牌、竞品等多个角度说明商品卖点，同时从用户的消费场景、心理需求等角度为其匹配合适的商品。这类人设的局限在于，主播推荐的商品必须是极具性价比和专业度的，一旦推荐出错，就会破坏人设，降低用户的信任度。

（2）"达人"类

用户在消费时不仅希望能满足物质需求，还希望能满足精神需求，消费行为代表着人们对美好生活的期待和向往。而"达人"类主播就是用户的代表，他们与商品相关联，让商品成为用户理想的载体。这种人设的价值在于其能使用户与主播产生情感共鸣，从而降低用户对价格、品质及其他商品属性的敏感度。

打造这类人设的关键在于"达人"既要能表现内容，又要有趣；既要有专业知识，又要能讲述精彩的故事；既要能熟练介绍商品的特点和卖点，又要能表达出自己独特的消费主张。这类人设的局限性在于不可控，无法标准化复制，且具有强烈个性色彩的"达人"有极大的流失风险。

（3）专家类

随着商品种类日益丰富，很多具有强意见领袖驱动属性的商品需要由专家类角色帮助用户完成消费决策，如美容产品、健身课、职业技能课程等。专家类人设的价值在于其可以消除用户的疑虑，尤其是针对高客单价商品、专业类商品，专家类主播具有很强的引领性。

打造这类人设的关键在于主播自身要有专业技能，具备真正的实力。直播运营团队一方面可以直接聘请具备相关资质的专家，另一方面可以通过持续的专业知识分享来打造专家的形象。不过，打造这类人设需要投入的成本比较高，而且专家类角色往往局限于某一领域，跨界难度较高。

（4）领导店长类

现在人们越来越倾向于和品牌直接对话，向品牌表达自己的感受。而领导和企业家是品牌人格化的最好载体，他们作为主播，让用户可以直接与领导或企业家对话，可以营造一种平等感，让用户有一种被尊重的感觉。还有一些店铺的店长亲自上阵直播，营造了一种信任感，用户可以直接找到他们，以最快的速度满足自身需求，解决实际问题。

打造领导店长类人设的关键在于主播在直播间要有足够的话语权，如可以决定提供免单、降价等优惠福利，这样才能直接解决用户的问题。这类人设的局限性在于要么领导亲自上阵，要么领导给主播充分授权，同时主播的亲近感和权威感要做好权衡，否则不仅难以立起人设，还会对品牌造成伤害。

2．打造主播人设的步骤

打造主播人设可以让用户在脑海中迅速形成一个有关主播的既定的印象或标签，进而关注主播，成为主播的粉丝。具体来说，打造主播人设可以按照以下 3 个步骤进行。

（1）确定直播的细分领域

主播要进入合适的细分领域，找到适合自己的发展方向，可以从以下 3 个方面来确定适合自己的领域是什么。

① 才华天赋。才华天赋决定了主播擅长什么领域，主播只有找到能够尽情施展自身才华的领域，才能更快获得成功。

② 经验积累。主播只有在其所处领域积累了足够多的专业知识和经验，才能达到顶尖水平。主播在一个领域花费的时间和精力越多，其在该领域可以产生的影响力就越大。

③ 用户基数。选择一个用户基数比较大的领域，这样获得关注的机会更多。

（2）打造个性化标签

主播必须有自己的闪光点或特点，这样才能让用户记住自己。因此，主播要为自己打造一个个性化标签，形成较高的辨识度和鲜明的特点。在打造个性化标签时，主播可以从以下 4 个方面来展开。

① 起个好名字。在注意力稀缺的当下，主播的名字是其被用户记住的关键。一个易于记忆、发音顺畅且不含歧义的好名字，是主播吸引用户关注的有效手段。具体来说，名字应简洁明了，控制在 5 个字以内，并与主播所在领域紧密相关。

② 主播形象塑造。主播要内外兼修，既需打造良好的外在形象，也需注重言谈举止的文雅，同时要输出正确价值观与正能量，以塑造全面的个人形象。

③ 研究头部主播。主播要学习、借鉴所在领域头部主播的引流、运营及互动等策略与技巧，将其融为己用，进而形成独具特色的直播风格。

④ 深耕细分市场。主播要凭借自己在某一领域积累的经验，并通过对行业内竞争对手及直播间用户需求进行分析，找到适合自己的细分领域进行深耕，最大限度地展现自身优势，逐步扩大自己的影响力。

（3）强化自身的 IP 形象

在确定人设以后，主播不能随意改变人设，更不能随意跟风追热点，而应长久坚持，长期输出与人设一致的内容，不断强化用户对自身 IP 的印象，增强用户黏性。同时，主播要把过往经历、爱好、情感和观点穿插到直播中，体现个人魅力，让自己的人设形象更立体、更饱满。

另外，主播可以通过多个渠道全面渲染人设，如在公众号、微博、抖音、快手等平台发布文案、视频，积累一定数量的粉丝，以便快速完成直播启动工作。

📖案例

"旅行小达人"英子同学的 IP 打造之路

英子同学，一个普通的上班族，因为对旅行的热爱和独特的分享方式，成功在社交媒体上打造了自己的 IP——"旅行小达人"，其抖音账号首页如图 6-1 所示。她的故事是一个关于普通人如何通过持续的努力和独特的个人风格，在竞争激烈的互联网环境中脱颖而出的真实案例。

图 6-1　英子同学抖音账号主页

一、背景介绍

英子同学从小就对旅行充满向往，每到一个新的地方，她都喜欢深入探索当地的文化、美食和风景。工作之后，虽然忙碌，但她依然坚持每年安排几次旅行。在某次旅行中，她突发奇想，决定将自己的旅行经历通过社交媒体分享给更多人。

二、IP 打造过程

1. 精准定位

英子同学明白，要想在众多旅行主播中脱颖而出，她必须找到自己的独特定位。她决定将自己定位为"旅行小达人"，专注于分享那些鲜为人知的小众旅行地和独特的旅行体验。英子同学的作品如图 6-2 所示。

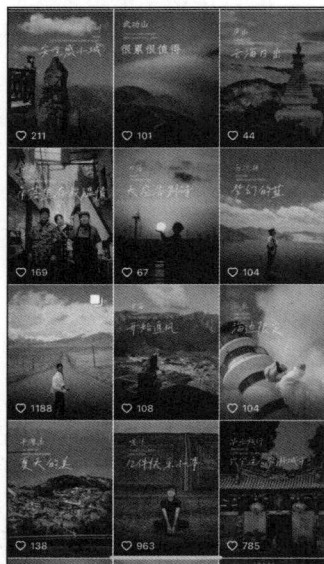

图 6-2　英子同学的作品

2. 内容创新

在内容创作上，英子同学注重创新和差异化。她不仅会分享美丽的风景照片，还会深入挖掘当地的文化故事，与当地居民交流，分享他们的生活方式和独特见解。她还尝试用Vlog 的形式记录旅行过程，让粉丝更加身临其境。

3. 互动与社群建设

英子同学非常注重与粉丝的互动。她经常在社交媒体上发起话题讨论，邀请粉丝分享自己的旅行经历，还建立了自己的粉丝社群，定期举办线上和线下的旅行分享会。这些举措极大地增强了粉丝的黏性和活跃度。

4. 合作与拓展

随着粉丝量的增长，英子同学开始与一些旅游品牌、酒店和航空公司进行合作，推出了一些独家的旅行优惠和体验活动。这不仅为她带来了额外的收入，也进一步提升了她的影响力和知名度。

三、成果展示

经过几年的努力，英子同学已经拥有了几十万忠实粉丝。她的社交媒体账号成为旅行领域的热门关注对象。她还受邀参加了一些旅游行业的论坛和活动，成为行业内的知名人士。

英子同学的 IP 打造之路充分证明，普通人也能通过精准定位、内容创新、互动与社群建设、合作与拓展等策略，在互联网上成功打造自己的个人 IP。

✲ 6.1.3　制定直播带货选品策略

直播带货并不是想卖什么就卖什么，选品工作至关重要。如果选品不到位，用户不喜欢，即使直播间流量再大也难有转化。

1. 直播带货选品的原则

（1）高关联性

选品要与账号定位和主播人设具备高度的关联性。例如，账号主攻美食领域，主播是一名小有名气的"吃播"博主，直播带货选品应尽量为食品类商品，这样一方面主播对商品的熟悉度高，另一方面商品也符合用户的预期和需求，更有助于提升商品的购买转化率。

（2）商品须亲自试用

一款商品，只有自己试用过，主播才能知道它到底好不好，是不是符合用户的消费需求，同时对商品的特性、使用方法和推荐方法也会有一定的了解，也就能在直播时根据自己的实际使用感受向用户推荐商品，从而增强说服力。

（3）热门品类优先

直播带货平台上会有相对热门的商品品类，如服饰类、美妆护肤类、食品饮料类等，主播可以在这些热门品类中选择与自己的人设和账号定位相关且自己比较擅长的品类，以此来增加产生"爆款"的可能性。

（4）高性价比

不管在哪个直播带货平台，高性价比、低客单价的商品普遍都更占优势。一般来说，价格为 10～100 元的商品成为"爆款"的可能性最大，这符合直播受众的消费特征，因为对于低客单价的商品，用户更容易在短时间内做出购买决策。

（5）高频次使用

商品的使用频次不仅会影响直播间的收益，还会影响直播间用户的活跃度。主播在选品时，最好选择复购率高的快消品，使用频次高，再加上超高的性价比，很容易刺激用户的购买欲望。

2．直播带货选品的方法

具体来说，直播带货选品的方法主要有以下9种。

（1）选择展示性强的商品

直播带货的过程是主播展示商品核心卖点，以此来吸引用户对商品产生兴趣并下单购买的过程。在这个过程中，核心卖点展示的直观性至关重要。商品如果不具备展示性，且无品牌背书和价格优势，就不建议选择。

展示性强的商品有利于主播在直播间进行演示，方便主播讲解商品的特征。例如，要想证明清洁剂的去污能力，主播可以现场演示，把清洁剂倒在脏污的物品上，快速去除污渍。与传统电商平台的图文演示方式相比，直播的动态演示方式更能体现出商品的亮点，所以更容易获得用户的信任，提高购买转化率。

（2）选择有品牌背书的商品

直播带货选品要优先选择有品牌知名度和大众认知度的商品。尤其是在直播账号成长初期，用户在直播间购物的意愿比较弱，如果商品的品牌认知度和大众认知度较高，可以降低用户下单的心理门槛，增强用户下单的意愿。

随着直播账号的不断发展，主播带货能力日益提升，用户在主播直播间购物的习惯逐渐被培养起来，这时主播可以和一些品牌联合做专场活动，通过品牌背书来提升自己的知名度，树立高调性的带货形象。

到了直播账号的成熟期，主播的带货能力达到巅峰，用户在直播间的购买心智已经成熟，对主播的信任度也比较高，这时主播要重点打造直播间商品的价格优势，而品牌主要起到辅助作用，但品牌商品的数量应始终保持在50%以上。

（3）选择需要清库存的商品

库存积压会给商家带来很大的运营压力，主播以特价的方式清库存，在回馈用户的同时，也可以帮助商家快速回笼资金，减轻商家的资金压力。

（4）选择有降价空间的商品

直播间的商品要有较大的降价空间。不同商品的降价空间不同，但起码要保证可以打8折。主播要优先选择利润率高、降价空间大的商品，这类商品的价格优惠更加明显，即使在同等优惠力度下，降价空间大的商品也会给人一种更优惠的感觉，对用户的下单刺激作用更大。

（5）在直播间进行新品首发

企业或品牌的每一次新品发布都可以看作对之前商品印象的更新，新亮点、新设计、新材质对品牌忠实用户来说具有强烈的吸引力。在直播间进行新品首发，可以充分吸引品牌的忠实用户，快速打开新品市场。

（6）组合选品

组合选品是指按照价格区间进行选品，在直播的不同时间段上线不同价位的商品。例如，在某次箱包类产品的直播中，主播首先选择了一款价格较高、时尚百搭的高档双肩背包作为主打产品，同时还搭配了一款价格较低、轻便的斜挎包。此外，主播还特别准备了一款旅行必备的折叠收纳袋作为赠品。

（7）设置商品配比

在确定直播带货的品类后，主播要重点优化直播间商品分布与各类商品的占比。例如，设置热销款（10%）+首发新品（10%）+特价清仓款（10%）+常规款（40%）+利润款（30%）。其中，热销款与首发新品可以帮助品牌增强竞争力，获取直播流量；特价清仓款可以帮助品牌快速清理库存，回笼资金；常规款与利润款则可以在丰富品类的基础上维持销量，提升利润。

（8）根据数据调整选品

有经验的主播或直播运营团队会根据直播过程中的实时数据变化来调整选品。直播间主要的参考数据有用户互动情况、实时在线人数、粉丝增长率、点击转化率及粉丝互动频率等。

例如，主播可以根据用户互动了解用户对哪几款商品或商品的哪些价值点更感兴趣。主播也可以从某一个时间段的粉丝增长率了解到主播在这个时段上新的商品是不是吸引用户。如果粉丝增长率下降，说明用户对该商品不太满意，主播及团队要尽快将其更换成用户更喜爱的商品。

（9）利用工具进行选品

有经验的直播运营团队必须掌握利用工具进行高效选品的技能，以实时调整选品策略，满足市场需求。常用的选品工具有快选品、抖查查、蝉妈妈等。下面以抖查查为例，说明在选品时如何寻找潜力"爆品"。

① 利用实时销量榜。通过实时销量榜（见图 6-3），直播运营团队可以及时了解到当前市场上哪些商品正在受到消费者的追捧，从而快速捕捉到潜力"爆品"的踪迹。实时销量榜既包含长期热销的"爆品"，也会同步近期甚至当天才出现的"爆品"。直播运营团队可以根据商品的销量曲线图，预估商品销量的走势。

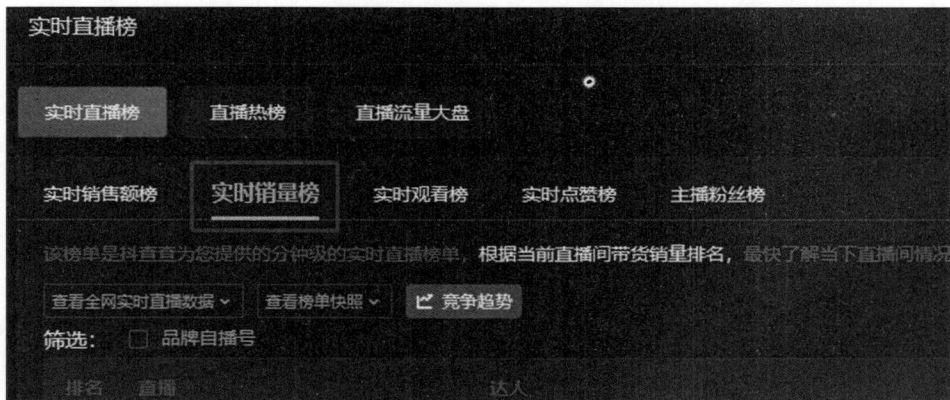

图 6-3　抖查查实时销量榜

② 利用实时直播榜。通过实时直播榜，直播运营团队可以挖掘到开播时间短、用户数少但直播间商品销量走势强劲的同类型账号，并分析其主打商品作为潜力"爆品"的参考。同时，直播运营团队需要重点关注商品近 7 天的螺旋增长趋势和近 30 天的历史数据走势，以确保选品的准确性。

✳ 6.1.4 搭建直播间

在一场直播中，影响直播效果的因素有直播设备、直播软件、直播场地和直播间布景，这些都值得直播运营团队提前做好准备。

1. 准备直播设备和测试直播软件

"工欲善其事，必先利其器。"对专业主播来说，一套专业的直播设备对取得理想的直播效果至关重要。因此在开始直播之前，直播运营团队要准备好直播设备并测试直播软件。

（1）选择合适的直播设备

① 计算机

直播间的计算机配置要尽量高一些，以确保直播顺畅进行，不会出现卡顿的情况。计算机分为台式计算机和笔记本电脑。台式计算机的价格相对较低，在相同配置下，性能要优于笔记本电脑。台式计算机拥有内置声卡，运行较为稳定。主播在选择台式计算机时，尽量选择 19～25 英寸（1 英寸=2.54 厘米）的护眼系列显示器，这样不容易产生视觉疲劳。

笔记本电脑的屏幕尺寸不能小于 15 英寸，否则会影响主播观看直播间的信息。宽屏配置可以涵盖更多功能，而且直播平台普遍支持宽屏直播。

② 摄像头

笔记本电脑通常自带摄像头，主播在直播时可以不用外接摄像头，但也可根据直播需求配置外接高清摄像头。

摄像头分为数字摄像头和模拟摄像头。数字摄像头可以将采集到的模拟视频信号转换为数字信号，在计算机中存储下来；可以直接捕捉影像，通过数据线将这些影像传输到计算机中。模拟摄像头捕捉到的视频信号要经过特定的视频捕捉卡转换成数字模式，并加以压缩后再转换到计算机上运用。

目前市面上的摄像头多为数字摄像头（见图 6-4），并且大多数字摄像头具有 USB 数据传输接口，所以建议主播选用数字摄像头。

图 6-4　数字摄像头

③ 声卡

声卡分为计算机声卡和手机声卡。一般来说，直播使用的摄像头和话筒是通用的，可以与所有计算机兼容，计算机声卡却可能因为计算机的不同而出现使用问题。

计算机声卡（见图 6-5）分为内置声卡和外置声卡。内置声卡只能用于有 PCI 插槽的台式计算机；外置声卡既可以用于笔记本电脑，也可以通过 USB 接口接入台式计算机。内置声卡的效果比外置声卡的效果好，但最终效果也与人工调试有关。有些计算机声卡综合性能较强，不仅可以外置、内置使用，还可以通过转换线连接手机使用，因此主播在购买声卡前应该详细咨询商家客服。

与计算机声卡相比，手机声卡（见图 6-6）使用方便，可以随身携带。

图 6-5　计算机声卡

图 6-6　手机声卡

④ 手机

由于手机的拍摄功能越来越强大，且手机直播性价比高、灵活性强、操作简单易上手，因而手机成为很多人进行直播的最佳选择。

通过手机进行移动直播时，手机电池的续航能力是需要重点考虑的问题。在进行正式直播前，主播可以先通过试播进行测试，衡量本场直播要耗费的电量。一般情况下，在手机电量剩余 50% 左右时，主播就要开始给手机充电，以确保直播不会因手机没电而中断。在室外直播时，充电宝是必备的。

⑤ 支架

支架包括固定机位直播支架和移动机位防抖直播支架两种。

固定机位直播支架分为单台手机和多台手机固定机位直播支架。利用单台手机直播时，主播可以使用三脚架、懒人手机支架；利用多台手机直播时，主播可以使用多平台直播支架，这种支架可以支持 5 台以上手机同时直播。

进行移动直播时，抖动会对观看效果造成影响，因此主播可以使用手持手机稳定器或手机防抖云台等移动机位防抖直播支架防抖。

⑥ 话筒

为了提升直播的音效，话筒是直播必不可少的。目前，话筒主要有动圈话筒（见图 6-7）和电容话筒（见图 6-8）两类。室内直播多选用灵敏度高的电容话筒，而室外直播多采用抗噪声能力强的动圈话筒。不同品牌、型号的话筒价格差异很大，主播可根据自身需求进行配置。此外，主播还要配备话筒支架，如桌面三脚支架、悬臂支架、落地支架等。

图 6-7　动圈话筒

图 6-8　电容话筒

⑦ 灯光

主播间的灯光有很多种。摄影灯可以使主播的脸部看起来更柔和，使用两个摄影灯箱，再加上两个灯泡，就能达到理想效果。

除摄影灯外，直播间还要装 LED 顶灯，并且主播要在直播前检查光源的亮度和色温。具体方法是，打开灯，主播站在灯下，把手掌伸到光源的侧面，观察手掌的颜色。如果手掌颜色红润，说明色温合适；如果手掌呈蓝色或紫色，说明色温过高。其他直播运营人员可通过摄像头观察主播，如果主播看起来非常亮，说明曝光过度，光源亮度太高；如果主播看起来很暗，说明曝光不足，光源亮度太低。

如果直播间的灯光效果不是很理想，主播可以使用补光灯进行补光。主播要使用支持冷光和暖光两种类型灯光的补光灯，在使用时同时打开冷光和暖光，以避免冷光造成皮肤过白，或者暖光造成皮肤过黄。

⑧ 耳机

耳机是常用的收音设备，其收音方式主要分为两种：一种是利用蓝牙耳机无线收音，随着越来越多的直播设备支持蓝牙功能，主播可以使用蓝牙耳机进行辅助收音；另一种是利用外接线缆收音，这种方式适合对多人进行采访时使用。

⑨ 网络

稳定的网络和较快的网络速度是直播质量和观看体验的保障。在室内直播时，主播可以使用有线网络或无线网络进行直播。使用无线网络时，主播要确保无线网络的速度和稳定性，在直播前要对直播所用手机、计算机等设备进行测试，确保直播时网络没有问题。

在室外直播时，主播可以直接使用手机卡的流量包或移动无线设备进行直播。据测试，一场持续 1 小时的直播约需要 500MB 流量。此外，5G 网络具有高速、稳定的特点，随着 5G 网络覆盖越来越完善，有条件的主播可以使用 5G 网络进行直播。

⑩ 提词工具

一场直播包含的内容十分庞杂，主播要记住和讲述的内容非常多，再加上直播的实时性，若没有提词工具的配合，主播难免会在直播中遗漏重要信息。提词工具包括主播手卡和白板。

主播手卡上主要记录直播中主播要说的信息，包括商品名称、成分、使用人群、优惠活动、抽奖规则、后续活动信息等，这些信息以关键词的形式呈现出来，帮助主播记忆。

白板是手写板，尺寸不宜过大。白板一般不会出现在直播中，当工作人员需要与主播进行场外沟通而又不方便出现在镜头中时，就可以把沟通内容通过白板传达给主播。

（2）测试直播软件

在开始直播之前，直播运营团队要对直播软件进行反复测试，确保直播时不发生操作失误。直播软件的测试主要由以下两部分组成。

① 主播视角的测试

主播要对主播视角涉及的相关操作进行反复测试，直到熟练为止。例如，主播要熟悉开启直播、镜头切换方法、声音调整方法等操作。

② 用户视角的测试

直播运营团队成员要以个人身份注册直播平台的账号，进入直播间观看，从普通用户的视角观察直播界面，如果发现问题应当及时优化。用户视角的测试比较简单，进入直播间后看画面、听声音、发弹幕，确认都没有问题后即可结束测试。

2．选择与规划直播场地

对头部主播来说，直播场地并不是很重要，因为头部主播已经成功塑造了自己的品牌形象，并获得了用户的信任，其直播效果和带货能力并不会因为场地的变化而有太大的改变。但对知名度较低的主播来说，直播场地的选择就很值得认真考量了。

（1）选择直播场地

直播场地的选择要符合以下要求。

① 与直播内容相关

直播间是展现主播形象的窗口，而直播场地在某种程度上定位了直播内容。如果直播场地与直播内容无关，就会让人觉得突兀。例如，主播售卖农产品，最好直接去农田或果园，让用户一目了然地看到农产品，同时感受到主播的接地气，这样用户就更容易对主播产生信任，继而产生购买的欲望。

② 能细致展现商品细节

那些能够展现商品细节、体现真实性的直播场地会在一定程度上提升用户对直播和商品的喜爱程度。例如，有的主播在售卖食品时喜欢把直播场地选在仓库，这固然不错，但如果主播能现场直播该食品的原材料取得、挑选、制作、打包和装箱的全过程，会更有说服力，更容易赢得用户的信任。

③ 时常变换场地

每个人都有审美疲劳的时候，而时常变换场地除了能防止用户产生审美疲劳，还能让用户从多个场景了解商品，增加对主播的信任。

④ 室内直播场地的要求

室内直播场地要有良好的隔音效果，能够有效避免噪声的干扰，同时要有较好的吸音效果，能够避免产生回音；光线效果要好，以有效提升主播和商品的美观度，避免商品产生色差，提升直播画面的视觉效果；空间要充足，面积一般为 10～40 平方米，如果需要展示一些体积较大的商品，如钢琴、冰箱、电视机等，还要注意空间的深度，确保能够完整地展示商品；若需要使用顶光灯，室内高度一般要控制在 2.3～2.5 米，给顶光灯留出足够的空间，避免顶光灯因位置过低而入镜，影响直播画面的美观度。

（2）规划直播场地

直播场地可大可小，可以是店铺的一个角落，可以是一个直播间，也可以是一个面积很大的空间，但不管面积大小，直播运营团队都要对直播场地做好规划。下面以行李箱直播为例，对直播场地规划要注意的事项进行具体分析。

行李箱的直播场地一般要划分为 7 个区域，分别为员工工作区、直播间、物流区、货源备品区、用户观摩区、货品准备区和商品拍摄区。

① 员工工作区

工作人员在这里进行商品的上架和下架，审核确认订单信息，安排协调发货时间，进行售后服务。

② 直播间

如果商家没有线下店铺，就要专门搭建直播间，以创造良好的直播环境，保证带货效果；如果商家有线下店铺，可以在店铺内划出一块区域用于直播，这样可以节省人力和资金成本，还可以通过直播为店铺导流。

③ 物流区

商品的发货速度快，售后服务有保障，可以提高用户对店铺的评价。因此，直播中有订单成交后，工作人员要尽快确认订单，把行李箱放在物流区，第一时间联系物流公司发货。

④ 货源备品区

为了避免在忙碌的直播过程中出现错误,直播运营团队要在开播前一周制订好排期计划,设立货源备品区,提前摆放好一周内要直播展示的行李箱样品。

⑤ 用户观摩区

用户观摩区可以拉近主播与用户之间的距离,让用户更深入地了解主播,从而创造更多互动机会,提高用户对主播的好感度和信任度。

⑥ 货品准备区

直播运营团队要设立货品准备区,把当天直播需要展示的行李箱有序地摆放在该区域,根据行李箱的尺寸和使用场景对其进行简单整理。

⑦ 商品拍摄区

对于行李箱这类商品来说,高品质的商品图片至关重要。因此,直播运营团队可以设立商品拍摄区,在该区域进行行李箱拍摄。拍摄时,要注意以下几点。

选择拍摄背景:尽量使用白色或浅灰色的背景,使用户的注意力放在商品上,同时要保证商品颜色的真实性。

选择拍摄设备:使用能够手动曝光、设置光圈的数码单反相机,或者拍摄功能强大的智能手机;为了防止相机或手机抖动,最好使用三脚架。

调整光线:光线要充足,如果自然光较弱,可以租用或购置一套照明设备,保证拍摄质量,提高拍摄效率。

商品展示:在拍摄行李箱时,要重点展示其尺寸、材质等。

3．直播间布景

直播间布景好看与否会直接影响用户的观看体验。在进行直播间布景时,直播运营团队需要注意以下两个方面。

（1）直播背景

直播背景要保持干净、整洁。如果直播背景是墙、窗帘、壁纸等,要选择合适的颜色。例如,如果直播背景是窗帘,就尽量选择纯色和浅色的,这样直播画面更精简,看起来比较舒服;相反,深色或纹路繁杂的窗帘会给用户带来视觉上的压迫感。

如果想节约直播间装修成本,或者直播间装修效果没有达到自身的心理预期,可以尝试使用背景布作为直播背景。优质的背景布配上合适的灯光,可以形成很好的立体效果。需要注意的是,主播要与背景布保持适当的距离。若距离太近,会让人感觉背景对主播有压迫感;若距离太远,又会让背景显得不真实。

如果直播间很大,为了避免直播间显得过于空旷,直播运营团队可以在直播间摆放一些小盆栽、玩偶等,适当丰富直播背景。这些别具一格的点缀不仅可以增加直播间的活力,还可以突出主播的品位和个性特征,让用户对主播有更多的了解。

如果直播背景不符合直播调性,可以放置一个置物架来调节,在置物架上放一些体现主播风格的图书、相框等物品。当直播背景与主播的妆容、服装风格及直播主题保持一致时,直播画面整体上就会看起来和谐、统一,给用户带来浑然一体的感觉。

（2）灯光布置

直播间灯光布置不合理,会导致直播视觉效果很差。直播运营团队在布置灯光时要注意以下几点。

① 尽量使用散光源

如果直播间的光线太强，就要用白布适当地遮挡，尽量避免光线直射。如果条件允许，尽量使用冷光源的 LED 灯。前置的补光灯和辅灯，要尽量选择可以调节光源的灯。主播自己调节光源强度，更能使灯光效果达到较好的状态。

② 正确打光

补光灯要照射到正对主播的墙上，同时使用反光板，反光板漫反射的暖光会让主播的气色看起来更好。

光线分为冷光和暖光两种，主播在布置灯光时要将两者相结合。主光为冷光，辅光为暖光，两组补光为暖光，整体效果为暖光，会让主播看上去更加自然，亲切感更强。主光为冷光，辅光为暖光，两组补光为冷暖结合偏冷光，整体效果为冷光，会让主播看上去更加白皙；若两组补光中再增加一些暖色，会让主播的皮肤在白皙的同时增加一点红晕。

✳ 6.1.5 撰写直播脚本

很多刚接触直播带货的人经常会出现以下问题：对着镜头无话可说，或者语无伦次、逻辑混乱；不知道如何活跃直播间氛围；不知道如何留住进入直播间的用户；不知道如何把商品推销出去，提高直播间的购买转化率。其实，一份合格、专业的直播脚本可以帮助主播解决以上 80% 的问题。事实上，直播的任何一个环节都要提前精心准备，而撰写一份清晰、详细、可执行的直播脚本是直播获得良好直播效果的有力保障。

1. 整场直播活动脚本的撰写

整场直播活动脚本应规范整场直播的节奏、流程和内容，要考虑到细微之处，让主播从上播到下播都有条不紊，让每个参与人员、道具都得到充分的调配。通常来说，整场直播活动脚本应该包括以下要点。

（1）直播主题

从用户需求出发，明确直播主题，确保直播不会偏离方向。若偏离直播主题，则会使直播显得内容零碎且无意义。

（2）直播目标

直播目标一般是数据上的具体目标，如观看量、点赞量、进店率、销售额等。整场直播活动脚本应以数据的形式明确直播目标。

（3）直播时间

直播时间分为直播开始时间和直播结束时间，主播要严格按照直播时间准时开播，帮助用户养成观看习惯，在下播时也不要拖拉，及时预告下次直播的时间和内容，让用户持续关注下一场直播，时刻对直播保持新鲜感。

（4）直播人员

直播运营团队的每个成员都要有明确的分工，并在职能上相互配合。例如，主播负责引导关注、介绍商品、解释活动规则，副播和场控人员负责互动、回复问题、发放优惠信息等，客服人员则负责与用户沟通转化订单等。

（5）直播流程

直播流程的细节要具体，详细说明开场预热、商品讲解、优惠信息、用户互动等各个环节的具体内容及操作细则，如讲解第一款商品的时间、讲解的时长、抽奖时间等。

图 6-9 所示为整场直播活动脚本的模板。表 6-1 所示为一份整场直播活动脚本具体直播流程示例。

×××店铺直播活动脚本		
直播时间		注意： ×××旗舰店，×××海外旗舰店，×××天猫旗舰店等店铺名称要写完整
直播地点		
商品数量		
直播主题		
主播		
场控人员		
运营人员		

注意：
时间：
××年××月××日（年月日）
××：××—××：××（具体时间）

时间	总流程	主播		主推商品/直播间互动玩法
备注：写预计分钟数	预热、开场	自我介绍 引入直播品牌 进行商品浏览 优惠机制透出	推送引流	
	讲解商品	讲解商品	优惠券弹窗、直播间公告透出	在直播流程中标黄
	互动玩法	透出直播间活动	把控直播时间	根据直播情况而定
	结束	回顾本场直播商品和优惠机制，引导关注		
注意事项	直播间商品讲解+粉丝互动占比			

直播流程			
预热	【自我介绍】 【引入直播品牌】 【进行商品浏览】 【优惠机制透出】	备注：根据商品品类添加	备注：是否有可以组合讲解的商品
话题引入			备注：商品痛点、商品使用场景引入

商品讲解	商品名称	商品图片	商品卖点	利益点	粉丝答疑	备注

备注：外形相近商品需添加图片

备注：该商品的日常价、活动到手价、赠品

粉丝互动	(1) 互动时间节点 (2) 互动模式 (3) 互动礼品（如果送奖品是否包邮，是否需要下单才送，邮寄是否随订单）
结束和预告	(1) 整场直播商品的回顾，催付 (2) 引导关注，预告下次直播时间、福利和商品活动

图 6-9 整场直播活动脚本模板

表 6-1 整场直播活动脚本具体直播流程示例

时间段	核心话题内容
开场	开场打招呼，热场，问候直播间用户，与用户进行轻互动，引导用户分享直播间链接
直播前 10 分钟	步骤 1：暖场之后的互动引导，讲故事，立人设 步骤 2：透露今日新款和主推款商品，紧接着快速过款 步骤 3：讲抽奖规则、福利、折扣、整数万赞福利等 步骤 4：发福袋、引导卡、粉丝灯牌等

时间段	核心话题内容
直播第 11～20 分钟	正式进入卖货节奏，重复介绍自己的人设，根据用户需求进行商品介绍，重点强调福利、抽奖机制、整点免单等
直播最后 1 小时	做呼声较高的商品的返场
直播最后 30 分钟	完整展示爆款商品购买路径
直播最后 10 分钟	透露下一场直播的新款商品
直播最后 1 分钟	强调关注主播，关注下一场直播开播时间及相关福利

2．单款直播商品脚本的撰写

主播一般会在一场直播中向用户推荐多款商品，这就要求主播对每一款商品的特征、卖点和优惠措施都有清晰的了解，以便刺激用户的购买欲。单款直播商品脚本的撰写正是为了帮助主播明确每一款商品的卖点，熟知每一款商品的优惠措施。

单款直播商品脚本主要包括品牌介绍、商品介绍、直播利益点和直播时的注意事项等要点。表 6-2 所示为单款直播商品脚本示例。

表 6-2　单款直播商品脚本示例

项目	商品宣传点	具体内容
品牌介绍	品牌理念	至简有道，理肤有方
商品介绍	商品名称	×××粉底液
	需求痛点	直播间里，干皮、油皮的姐妹有没有？干皮扣 1，油皮扣 2。主播是混油皮，到了冬天皮肤就会干燥起皮，就算化妆前做足了补水工作，还是会有卡粉情况。有时候有重要约会忙着出门，却怎么都化不出满意的妆，这时心态就很容易崩
	商品特点	（1）护肤养肤。这款粉底液有五大养肤精华成分，滋润度很好，咱们长时间带妆也不会闷痘。你看这个质地，上妆很容易推开。即使是新手，也能够轻松打造完美底妆，让你就像自带美颜出门一样。 （2）特色。采用了最新的成膜技术。24 小时持妆，妆感非常服帖，就像是"妈生"好皮肤。 "痘印亲妈"，这款粉底液能轻轻松松遮住脸上的瑕疵。咱们不需要再去单独买遮瑕膏了，你再也不是那个满脸痘印的女孩了，即使像我这样直面镜头也不怕！ （3）商品规格。商品名称、色号、净重、体积、质保时间等
	塑造价值	一瓶可以解决掉脱妆的问题，还能打造清爽自然的底妆，甚至可以省下一瓶遮瑕膏的费用。有没有很方便、很划算
直播间利益点	"6·18"年中特惠	今天在直播间购买此款粉底液享受"6·18"特价，下单备注"主播名称"即可
直播时的注意事项		在直播进行时，直播间界面显示"关注店铺"卡片；引导用户分享直播间、点赞等；引导用户加入粉丝群

✳ 6.1.6　执行直播活动方案

制定直播活动方案，并完成相关准备工作之后，主播就可以开始直播了。在直播过程中，主播要使用恰当的直播营销话术，并配合互动环节，激发用户的参与感，"炒热"直播间氛围，同时也要及时处理直播间出现的突发情况，维持直播间秩序。

1．运用直播营销话术

要想获得良好的直播效果，主播就要学会使用直播营销话术。这里说的营销话术，是对商品特点、功效、材质等各方面的口语化表达，是吸引用户停留和促进成交的关键。

直播营销话术与主播的表情、肢体语言、现场试用、道具使用等密切相关，主播在设计直播营销话术时要注意把握 4 个要点，如表 6-3 所示。

表 6-3　设计直播营销话术的要点

设计要点	说明
口语化，富有感染力	主播介绍商品时要尽量用口语化表达，并搭配丰富的肢体语言和面部表情，以增强整体的表现力和感染力，让用户迅速进入特定场景
语言灵活，表达适度	主播不要把话术固定一套模板或框架，而要活学活用，面对用户提出的问题，要慎重考虑后再回答。同时，主播要掌握好尺度，不能夸大其词，要避开有争议性的话题，以文明和礼貌为前提，让表达的信息直击用户内心
富于情感，真诚沟通	主播不要总想着如何讨好用户，而应该与用户交朋友，站在用户的角度，以真诚的态度与其进行沟通和互动。主播要以朋友的身份为用户提供最恰当的建议，而真诚的态度和语言容易激发用户产生情感共鸣，提高双方的亲密度，拉近双方的心理距离，进而增强用户黏性
语速适中	主播的语速要适中，确保用户能听清楚主播说的内容。主播可以根据不同的直播内容灵活掌握语速。一般来说，要想促成用户下单，语速可以稍快一些；要想体现专业性，语速可以稍慢一些；在讲述重要卖点时，可以放慢语速或刻意停顿，以提醒用户注意

按照直播流程和直播内容，直播营销话术主要有以下几类。

（1）开场话术

主播一般会在开始直播时热情地与用户互动，引导用户点赞、留言，增加直播间的人气。例如："欢迎来到直播间的朋友们，喜欢主播的可以在上方点个关注，点点小红心。"

为了快速吸引用户的注意，主播会在开场时预告福利，介绍直播商品的优惠力度，在一开始就刺激用户的购买欲望；或者通过话术制造稀缺感，增加用户购买商品的紧迫感。例如："今晚只要在直播间购买商品的都赠送洗衣液。咱们的 T 恤是商场同款正品，质量超级好，还便宜，真的超值，今天买到就是赚到了，所以大家下手要快，手慢就没了。"

主播还可以在开场时设置抽奖活动进行暖场，同时引导用户参与互动。例如："话不多说，正式开播前先来一轮抽奖。请输入口号'青春永驻'，我会随机截屏 5 次，每次截屏的第一位朋友可以获得 100 元现金红包。"

（2）引导关注话术

主播在引导用户关注直播间时，可以使用以下 3 种方法。

强调直播间的福利。例如："刚进直播间的朋友们，记得点一下左上角关注直播间，直播间会不定时赠送各种礼品，发放各种福利，一定不要错过呀！"

强调签到领福利。例如："喜欢咱们直播间的朋友们，一定要关注一下呀，在直播间连续签到 7 天就可以获得一张 20 元的优惠券。"

强调直播内容的价值。例如："想要了解服装搭配技巧的朋友们，关注一下主播的直播间，我会经常为大家介绍最新、最流行的服装搭配方式。"

（3）互动话术

要想促进转化，主播还应当让直播间的用户积极参与互动，多提问和聊天，而互动量也是平台评价直播间是否优质的关键指标之一。互动的方式有很多，包括赠送虚拟金币、评论、点赞、点击购物车或商品、加入粉丝团等。

在开播时，主播要尽量引导用户进行有效互动，方法有以下 3 种。

- 提问式。例如："这款粉底液你们用过吗？"
- 选择式。例如："想要 A 款的回复 1，想要 B 款的回复 2。"
- "刷屏"式。例如："想要这款商品的朋友请在评论区打上'想要'两个字。"

由于很多用户不懂得如何提问，为了提高效率，主播要引导用户提问。例如，有的用户问"这款粉底液适合学生使用吗"，但其提问不具体，没有涉及商品的具体适用条件，所以主播可以这样来引导："这位朋友，您可以说一下您的皮肤是油性的还是干性的，有没有长痘痘，主播会给您推荐合适的粉底液。"

在整场直播中，主播要经常性地提醒用户参与互动，大概每 5～10 分钟要提醒一次。

（4）留人话术

留人是指留住直播间的用户，提高直播间的用户留存率，这有利于增加直播间的推荐流量。留人话术主要有两个技巧，一个是用福利激励用户，另一个是及时回答用户的问题。

① 用福利激励用户

在整个直播过程中，主播可以每 5～10 分钟就用福利，如"买××送××""5 折促销""买三送一"等来吸引用户的注意。因为直播间会不停地有新用户进入，如果主播不重复表达，新用户就不会知道福利，继而很有可能会离开。

例如："直播间的朋友们，晚上 12 点整我们就开始抽免单名额了，还没有关注的朋友在上方点个关注，加入我们的粉丝团，晚上 12 点整就可以参与抽奖了，还可以找我们的客服人员领取 10 元的优惠券。"

② 及时回答用户的问题

在直播间提问的用户通常是非常精准的、有购买意向的用户。遇到用户提问，主播要扮演客服人员的角色，及时回复用户，解决用户的问题，同时用福利话术进行引导，从而促成交易。

例如，当用户问"主播，能把这条裙子和刚刚的西装配一下吗"时，主播应马上回复"××朋友，您好，您可以先关注主播，稍后马上为您试穿！"当有用户说"为什么不理我，一直不回答我的问题"时，主播要及时安抚，可以说："没有不理您，弹幕太多，信息'刷'得太快，我看到一定会回复的，请您不要生气！"

在回答用户的问题时，主播要细致耐心，只有这样才能留住用户。

（5）商品介绍话术

商品介绍话术是直播营销话术中最能影响购买转化率的话术，主要有以下几种。

① 提供证明

主播可提供商品的各项证明，如销量截图、消费者好评、"网红"推荐、官方资质、专家背书等，以证明商品的品质和口碑。主播可以这样说："这款粉底液在我们直播间的售价是119元包邮，到现在已经卖了15万瓶。我们网店评分是4.9分，好评率为99%，朋友们可以放心购买。"

② 多维度介绍商品

主播可以从商品的功效、成分、材质、价位、使用方法、使用效果、使用人群等多维度介绍商品，介绍时语言要专业，这就要求主播对商品有足够多的了解，同时准备好单款直播商品脚本。例如："我们这款速干衣是由专业版师制版，面料也是特制的，符合孩子的生长需求和体形，穿着非常舒适。而且我们的衣服没有任何荧光剂，不会对孩子的皮肤造成不良刺激，请放心购买。"

③ 营造场景感

营造场景感的常用方法是使用比喻句，或者编织一个想象中的画面。例如，美妆主播在推荐香水时可以这样说："喷上这款香水，那感觉就像是穿着白纱裙在海边漫步，享受着温柔海风的吹拂，空气中充满了夏日阳光的味道。"这种富有场景感的描述可以让用户想象到香水带给人的感觉，从而产生购买欲并做出购买行为。

（6）成交话术

成交话术的核心要点有3点。

① 打造信任感

主播要在介绍商品时打消用户对商品的疑虑，使用户对商品产生信任感。例如，主播可以在介绍商品时讲一些家人、工作人员使用该商品的经历；可以在直播间展示自己的购买订单，证明某款商品是"自用款"，且自己多次重复购买；还可以在直播间现场试用商品，分享使用体验与效果，验证商品的功能。

② 设置价格锚点

用户不会因为商品的成本如何而付费，但会因为商品的价值而付费。因此，主播要善于为商品设置价格锚点，用价格对比影响用户对商品最初价格的评估。例如，"天猫旗舰店的价格是79.9元1瓶，朋友们，今天晚上我给大家的价格是买两瓶直接减80元，相当于第一瓶79.9元，第二瓶不要钱，还多给大家减1毛，另外我再送大家1瓶雪花喷雾，这1瓶也要卖79.9元的"。这个例子中，天猫旗舰店的价格就是主播设置的价格锚点，通过价格对比，用户会对主播接下来提出的价格更不敏感，觉得商品很便宜，所以会加快购买速度。

③ 营造紧迫感

主播可以通过具体的话术来制造稀缺感和紧迫感。例如："这款商品今天数量有限，还剩最后100件，如果看中了就尽快下单，不然等一会儿就抢不到了。""只有今天购买商品的朋友才能享受买二送一的福利，明天活动结束，价格会恢复到以前的水平。喜欢的抓紧购买吧！"

（7）催单话术

很多用户在下单时会犹豫不决，这时主播要用催单话术来刺激用户购买。催单话术的关键是营造抢购的氛围，给用户发出行动指令，让他们认为现在不买就再也没有机会了。催单话术的核心要点有2个。

① 重复强调商品的效果和价格优势。例如，某主播在卖一款羽绒被时一直强调"不用想，直接拍，只有我们这里有这样的价格"。

② 不断提醒用户商品的稀缺性。主播要反复用倒计时的方式促使用户马上下单，营造出时间紧迫、不抢购就没了的感觉。例如："先付先得，最后 2 分钟，最后 2 分钟，活动马上就结束了，要下单的朋友们抓紧了！""没了，抢完了，（问工作人员）还可以加库存吗？"

（8）结束话术

在一场直播快结束时，主播要预告下一场直播的时间、商品和福利，甚至直接告知用户某款商品具体的上架时间段，方便那些不能一直守在直播间的用户购买。

直播结束时，主播最好以感谢的话结尾。例如："本次直播就快要结束了，很舍不得大家，感谢大家这 3 个小时的陪伴，下场直播大家一定要来，主播还有很多压箱底的福利要送给大家。""下一场直播在明晚同一时间，不见不散，主播会给大家带来本年度超火爆的商品。"

2．设计直播互动环节

主播在直播时不能只顾自己说话，而要与用户热情互动，引导用户积极参与，以活跃直播间的氛围。直播间的氛围越热烈，就越能吸引更多用户进入直播间。

（1）开场互动

直播开场会使用户形成对主播及其直播的第一印象，如果第一印象不好，用户会立刻离开直播间，而且很有可能不会再来。一般来说，直播一开始观看人数较少，主播可以通过"剧透"直播商品进行预热，热情地与用户互动，引导用户选择喜欢的商品。例如，某主播在直播开场时引导用户打出想要的保温杯的颜色，参与抢购 49.9 元的保温杯。该主播特意准备了一定数量的低价保温杯来给用户送福利，而用户为了买到实惠的商品，纷纷在评论区留言，形成"刷屏"之势，使直播间的气氛迅速升温。

（2）发红包

要想带动用户积极互动，积聚人气，主播可以使用发红包的方法。主播要提前告诉用户，自己要在几分钟后准时发红包，并让用户邀请好友进入直播间抢红包。

① 现金红包

如果主播的直播间是新直播间，在线人数不超过 200 人，主播可以用发红包的方式提升直播间人气，但要让用户进入粉丝群，在粉丝群内发红包。发红包可以缓解在线人数太少、无人互动的尴尬局面，而用户在互动的同时也会逐渐建立对主播的信任。

主播最好每介绍完一款商品就发一次红包，以延长用户在直播间里的停留时间。为了促使用户参与抢红包的活动，主播要用话术来推动。例如："好了，现在要进入我们的发红包环节了，我们要在粉丝群发放大额红包，没有进群的朋友们赶紧进群了！点击直播间左上角主播的头像，你会看到"关注"和"粉丝群"选项，点击"粉丝群"选项就能进群。快来吧，主播马上就要发放大额红包了！"

主播最好拿起手机，对着镜头演示如何进粉丝群，这样能让用户更清楚地看到操作步骤。然后，主播可以倒计时 10 秒，让用户做好抢红包的准备，发完红包后，主播可以打开群，展示有多少人抢到了红包，红包金额有多少，强化抢红包活动的真实性。

如果直播间的在线人数超过 200 人，主播可以与用户约定在某个时间节点发红包，如点赞量满 3 万时发红包。需要注意尽量不要总是在固定的时间点发红包，否则用户会等到特定的时间进入直播间抢红包，而在其他时间很少互动甚至退出直播间。只有让用户通过互动来推进发红包的时间节点，他们才会有更高的积极性，从而更快地提升直播间的人气。

② 口令红包

口令红包是指红包中设置了输入口令，一般为商品或品牌的植入信息。用户在输入口令的同时会对商品或品牌产生印象，并会随着直播加深对商品或品牌的记忆。

口令红包大多是优惠券的形式，用户抢到红包后要购买商品才能使用，而为了避免浪费红包，用户通常会选择购买自己需要的商品，这就提升了直播间的购买转化率。

主播可以对口令红包的使用做出一定程度的限制，包括限制使用条件和限制使用期限。限制使用条件是指红包要满足一定的条件才能使用，一般是满足某种消费额度，如"满 99 元减 50 元"。限制使用期限是指红包在限定的时间内使用有效，超出限定的时间则作废，如"红包有效期截止到 2025 年 7 月 12 日 24 时，超时未使用自动过期"。

（3）抽奖

进行直播间抽奖可以增加用户的平均停留时间，增强用户黏性。在开展抽奖活动时，主播送出的奖品最好是直播间推荐过的商品，或者是"爆品"，或者是新品；不要过于迅速地把奖品送完，而要把奖品分散在直播的各个环节，可以通过点赞量或弹幕量掌握抽奖节奏。

抽奖主要有 3 种形式，分别是签到抽奖、点赞抽奖和问答抽奖。

① 签到抽奖

主播正式直播的前 1.5 个小时，甚至前 15 分钟，是直播的"黄金时间"。如果这个时间段直播间的在线人数多，那么主播不仅可以在与同时段的主播竞争时获得先发优势，还能获得更长的用户停留时间和更高的商品销量。因此，签到抽奖是一个十分有效的开场互动方式。

签到抽奖的具体方式如下：主播每日定时开播，在签到环节，用户要连续 7 天来直播间签到、评论，并保存好相关截图发给主播助手，主播助手对截图核对无误以后，用户即可获得一份奖品。

② 点赞抽奖

要想让黏性强、闲暇时间多的用户延长在直播间的停留时间，或者让黏性一般的用户增加进入直播间的次数，进而增加直播间的每日观看量，主播可以开展点赞抽奖活动。

在开展点赞抽奖活动时，主播可以设置每增加 2 万点赞量就抽奖一次。虽然这种活动的操作比较简单，但对主播的控场能力有较高的要求。

③ 问答抽奖

主播可以根据商品详情页提出问题，让用户在里面寻找答案，然后在评论区回答问题，主播从回答正确的用户中抽取某些用户赠送礼品或红包。问答抽奖通过让用户自己寻找答案，增加了商品详情页的浏览量，提升了商品的点击率，让用户知道了商品的更多细节，进而有可能增加对商品的兴趣，延长停留时间，其购买商品的可能性也随之增加。此外，用户的评论互动还可以增加直播间的热度，吸引更多用户进入直播间。

（4）直播贴纸

主播可以在直播间设置贴纸（见图 6-10）来公布重要信息，以避免了反复口播带来的时间损耗，增加商品讲解时间，进而提高直播间的购买转化率。

直播贴纸的内容主要有以下 4 类。

① 用户可能会问的信息，如主播的基本信息、商品的基本信息。

② 直播的主题和具体流程，如本次直播会先介绍××，之后分析××，最后推荐××。

③ 直播间即将开展的福利活动，如点赞量到 5 万发红包。

④ 告诉用户不要询问哪些问题，如主播不便回答的情感问题。

图 6-10　直播贴纸

（5）互动游戏

在直播间发起互动游戏可以大幅提升直播间的互动率，增加用户观看时长。互动游戏有很多种，如我画你猜、挑战赛等。以挑战赛为例，主播与用户互动期间，用户的点赞会影响主播的分值，而主播挑战成功就会送出福利。为了尽快获得福利，用户会主动给主播点赞，但主播也要通过不断口播与用户互动，以营造出真正的挑战感和紧张感。

直播开始之前，主播要通过直播间顶部公告、直播贴纸预告或口播预告等形式发出预告，让用户有动力为了好玩的互动内容和预期权益准时进入直播间，从而延长观看时长。

主播要为互动游戏设置一定的权益，如大额优惠券、红包或礼品。主播在设置权益时，要根据玩互动游戏的分值设置不同的规格，也可以从点赞的用户中抽取几位额外赠送小礼品。

任务实训

一、实训目的

1. 掌握直播中有效的沟通技巧和直播营销话术设计技巧。

2. 学会提高直播间互动率和购买转化率的方法。

二、实训要求

1. 分组进行：每 3～5 人为 1 组，每组选出 1 名组长。

2. 实训形式：根据不同产品和用户需求，灵活运用直播营销话术，分析并总结直播营销话术在不同场景下的应用效果，做成 PPT 进行讲解。

三、实训内容

1. 话术准备：研究并撰写针对图书的直播营销话术，包括商品介绍、商品特点、优惠信息、互动提问等环节。准备应对用户可能提出的问题的答复话术。

2. 模拟直播：使用准备好的直播营销话术进行模拟直播练习，注意语速、语调、停顿等语言表达技巧，尝试运用不同的方式激发用户的购买欲望和兴趣。

3. 话术优化：观看自己或同学的模拟直播录像，分析直播营销话术的使用效果。根据分析结果，调整和优化直播营销话术。

4. 案例分析：观看至少一场图书类目的专业直播，注意观察并分析主播的营销话术运用，总结并分析该直播营销话术的优点和不足。

四、总结分析

每组代表进行汇报，教师总结点评，并排出各组的名次。

任务6.2 直播引流推广

为了使直播吸引更多用户关注，直播运营团队需要通过多种渠道进行宣传引流，也需要掌握各种引流推广方法。

❉ 6.2.1 直播引流概述

1. 直播引流的定义与类型

直播引流是指利用多种方法，吸引、引导用户进入直播间，增加直播间在线人数。根据引流时间点的不同，我们可以将直播引流分为直播前引流、直播中引流和直播后引流。

直播前引流：直播活动前进行预热，直播运营团队通过不同渠道对直播进行预告，吸引用户在直播时进入直播间。

直播中引流：在直播过程中引导用户关注直播间，利用发红包、发优惠券、抽奖等增加用户的停留时长，增强用户黏性。

直播后引流：在直播结束后利用各种方法，如剪辑并传播直播的精彩片段、做好粉丝维护等，为直播间引来更多的流量。

2. 直播引流的模式

根据流量的来源，我们可以将直播引流分为公域引流模式和私域引流模式两种。在介绍这两种模式前，先来了解一下公域流量和私域流量的概念。

（1）公域流量和私域流量的概念

公域流量也叫平台流量，它不属于单一的个体，而是集体共有的流量，是商家通过淘宝、京东、拼多多等平台销售商品所获取的流量。公域流量的特点是，流量属于各个平台，商家入驻后通过搜索优化、参加活动、投入推广费及开展促销活动等方式来获得客户。

私域流量是相对于公域流量来说的，指不用付费就可以在任意时间、任意频次直接触达用户的流量，例如 QQ 好友、微信好友、社群中的用户。比起公域流量，私域流量更注重引导和运营。

（2）公域引流模式和私域引流模式的区别

公域引流模式和私域引流模式有以下三个方面的区别。

第一，公域引流模式的内容和选题范围更广，可以适当跟进当下的时事热点，增加内容的曝光度，毕竟泛领域、泛娱乐才有更多的人感兴趣；私域引流模式的内容和选题范围则相对较窄，应以用户为中心来设置内容。

第二，公域引流模式的服务对象较为广泛，面向的是普通用户和大众市场，可以通过平台来获取更多的流量和关注度；私域引流模式的服务对象则是更加精准、特定的用户群体，需要提供针对性的服务和定制化的内容。

第三，公域引流模式的商业模式以广告、流量变现为主，如今日头条、抖音等；私域引流模式的商业模式则以付费、分成等为主，如微信公众号、私域系统，这也就意味着私域流量比公域流量的商业价值更高。

（3）公域引流模式和私域引流模式的选择

个人可以根据公域引流模式和私域引流模式的优劣势选择合适的引流模式，直播运营团队则通常会组合使用两种引流模式。例如，在淘宝平台做直播引流，直播运营团队通常会在开播时通过投放钻展引流，这就是一种公域引流模式。而在直播中，主播会引导用户加入粉丝群，以便下次开播或有活动时在粉丝群中进行通知，这就是一种私域引流模式。

✱ 6.2.2 直播前预热引流

1．直播文案预热

很多主播在直播前都会对直播进行详细的预告，并通过巧妙的文案吸引大量用户提前守候在直播间。下面介绍几种直播预热引流文案的实用写作技巧。

（1）个人简介文案预热

个人简介文案预热是指在个人账号的昵称、简介处写上直播预告信息，包括直播时间和直播内容。平台的个人昵称、主页简介等是较好的直播预告公告板，主播可以在重要的直播活动前5天，及时修改相关信息，让粉丝对直播活动一目了然。

有的主播喜欢将昵称修改为"名字+固定直播时间"，如图6-11所示。这种方式让新老粉丝可以直接通过账号信息了解主播的直播习惯，适用于上架商品比较单一的主播。如果主播上架的商品种类比较多，则可以将昵称修改为"名字+直播时间+品类"，如图6-12所示。

图6-11 名字+固定直播时间　　　　图6-12 名字+直播时间+品类

（2）小视频文案预热

要想开播前有足够的人气，主播可以在开播前的2～3个小时发布小视频，通过视频标题和贴纸告诉用户直播时间。在小视频中，主播要详细告知用户参与活动的商品，并且重点突出活动力度，以及直播间用户可以获得哪些小礼物等，吸引用户关注直播间。

（3）多渠道平台文案预热

如果主播有自媒体矩阵，还可以多渠道配合做直播预告。很多头部主播每次直播前都会在微博上通过文字、海报、链接等告知微博粉丝直播的时间、优惠活动及参与的名人等，如果用图文结合的方式会更直观。

除了微博，主播也可以利用公众号、知乎、小红书等渠道，将多渠道的粉丝集中吸引到直播间，为直播间增加人气。

2．短视频预热

很多主播在直播前都会发布短视频，这一方面是为了将主播即将开播的消息通知粉丝，另一方面则是为了造势，让更多用户看到直播预告，进入直播间。短视频预热是开播前非常重要的引流方法。

（1）纯直播预热

纯直播预热比较简单，一般是主播真人出镜，直接告诉用户直播时间、优惠力度等重点信息，也可以在短视频开头或者结尾卖个关子，引起用户的好奇心，从而吸引其进入直播间。

（2）诱饵预热

诱饵预热是指在视频中点明直播期间会有抽奖环节，以此作为"诱饵"，并且奖品要有足够的诱惑力，如性价比较高的赠品、品牌化妆品的试用装等。短视频时间不用太长，15秒左右即可，告诉用户主播会在直播间送什么福利。如果用户对这些福利感兴趣，就会按时进入直播间。

（3）剧情植入直播预热

剧情植入直播预热适合有一定粉丝基础的账号，它是指在账号日常发布的短视频中植入直播预告，让用户在潜意识里记住主播的开播时间。例如，你在吃酸辣粉，你的朋友看到后尝了一口，说："太好吃了！"此时你说："想吃，今晚来我直播间啊……"剧情应根据账号定位进行设计。在短视频最后，通常以直播预告海报结尾，让用户看清直播的时间和福利。

（4）实拍专柜或实体店直播预热

实拍专柜直播预热适合代购类主播，主要是为了提升用户对主播的信任度，证明货品来源可靠。实拍实体店直播预热则是为了展示即将直播销售的商品，体现出直播中商品的价格优势、选择广泛、稀缺性等。

3．不同平台的付费引流

如果想要快速增加直播间的人气，主播可以在即将开播或刚刚开播时，通过付费引流的方式为直播间引流。

（1）抖音直播付费引流

抖音直播常用的付费引流方式为投放 DOU+。DOU+既可以为直播的预热短视频加热，也可以直接为直播间引流。主播可以在直播前投放 DOU+，也可以在直播中投放 DOU+。直播前投放 DOU+的方法很简单，具体如下。

① 打开抖音 App，在任意直播界面点击下方的"更多"按钮，在弹出的界面中会出现一个"DOU+上热门"选项，如图 6-13 所示。

② 点击"DOU+上热门"选项，系统默认的是快速加热方式，主播需根据直播需求确定一个投放目标，然后进行选择设置，支付款项后即可完成投放，如图 6-14 所示。

图 6-13　"DOU+上热门"选项

图 6-14　快速加热方式

（2）快手直播付费引流

在快手平台直播，主播也可以在直播前进行付费引流。具体方法如下。

① 打开快手 App，点击界面底部的"+"按钮，选择"开直播"选项，点击"更多"选项，在弹出界面中选择"上热门"选项，如图 6-15 所示。

图 6-15　直播"上热门"选项

② 打开"直播推广"界面，主播可以根据需求选择推广方式和期望提升目标，设置完毕并支付款项后即可完成投放，如图 6-16 所示。

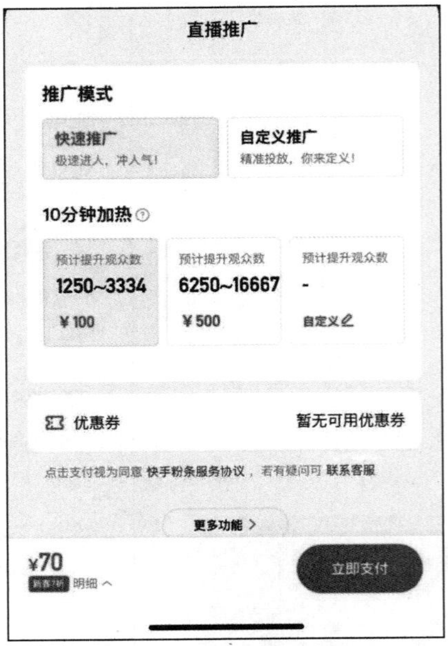

图 6-16 “直播推广”界面

6.2.3 直播后引流

通常来说，直播并不是只做一场，而是会持续做。因此直播后，直播运营团队还需要将“流量”变成“留量”。这就需要直播运营团队在直播后做好后端变现和维护。常用的引流方法有以下 3 种。

1．进行直播复盘

要想让下一场直播效果更好，在下播后进行复盘十分有必要。几乎所有头部直播运营团队都会在每场直播结束后进行直播复盘，所谓复盘，就是在直播结束后梳理直播过程，说明预先是怎么设定直播过程的、中间出了什么问题、为什么没达到相应目的，吸取教训并总结经验，给接下来的工作提供参考。

通过复盘，直播运营团队通常可以得到以下几个方面的收获。

（1）摸索规律，使工作流程化

在直播的开头、中间、结尾，主播都会使用一些销售技巧，有时这些技巧可以产生事半功倍的效果。但是这些技巧并不是固定的、唯一的，主播需要通过不断摸索找到最适合自己的技巧。通过复盘，主播可以发现哪些技巧适合自己，从而让整个直播的工作流程化。

（2）发现不足，及时改进

通过复盘，直播运营团队会发现直播中不足的地方，并及时改进，下次就能避免出现同样的问题，使直播效果变得更好。

（3）分析突发状况，找到解决方案

复盘的时候，直播运营团队要将直播中遇到的突发状况记录下来，并进行分析总结，找出对应的解决方案，以便再遇到类似状况时可以沉着应对。

2．做好粉丝维护

直播结束后，直播运营团队一定要做好粉丝维护，促进老用户复购，同时进行口碑宣传，引导新用户关注，争取拥有更多的流量。做好粉丝维护需要关注以下两点。

（1）做好售后服务工作

直播结束后，售后服务是至关重要的。很多用户因为受到直播间的气氛感染而冲动下单，但是冷静下来后可能会做出退单的举动，而良好的售后服务与沟通可以减少这类现象的发生。

（2）建立粉丝群

要想长期做好直播营销，一定要建立粉丝群。首先，直播运营团队可以在粉丝群定期举办一些活动或者不时发放红包、小礼品，加强与粉丝之间的联系。其次，如果粉丝有售后问题，直播运营团队可第一时间帮助粉丝解决，树立良好的团队形象。最后，直播前，直播运营团队可以在粉丝群发送通知，为直播引流，让直播从一开始就拥有比较高的人气。

3．将直播视频剪辑成精彩的短视频

对直播视频进行剪辑，将其制作成精彩的短视频并发布，让每一个有兴趣的用户都能关注直播账号并将其分享到自己的社交圈，这也是一种直播后引流的方法。

这种方法类似于播放电视剧、电影，让观众对成片产生兴趣。如果上一场直播中有好玩或精彩的片段，就可以将其剪辑成短视频发布，为下一场直播造势、引流。

任务实训

一、实训目的

1. 掌握直播前预热文案的写作方法。

2. 掌握直播前及直播后引流的方法与技巧。

二、实训要求

1. 分组进行：每 3～5 人为 1 组，每组选出 1 名组长。

2. 实训形式：分析并总结不同直播场景及直播产品的引流方法，做成 PPT 进行讲解。

三、实训内容

1. 假设 3 天后某公司将在抖音进行一场开学专场直播，请你提前为其做好预热工作（撰写抖音平台和小红书平台的预热文案）。

2. 观看一场直播，分析并总结直播过程中的引流方法有哪些。

四、总结分析

每组代表进行汇报，教师总结点评，并排出各组的名次。

任务6.3　直播活动实施

直播作为一种新的互动营销形式，具有高成效、低成本、多样化、个性化等特点，越来越多的企业选择将其视为一种生产力工具并运用于品牌及产品宣传和推广。当然，在直播过程中，企业也要考虑品牌形象的保持，合理规划直播主题和内容，确保直播活动能够达到预期的效果。下面以农产品和生活用品直播为例来介绍直播活动的实施。

6.3.1　农产品直播

随着乡村振兴战略的深入实施、电商及数字农业的快速发展，越来越多的乡镇启动直播助力农产品销售，越来越多的"新农人"加入直播带货大军。农产品直播带货已成为推动农村经济发展、拓宽农产品销售渠道的重要方式。

1．介绍农产品的关键卖点

一款商品的卖点通常是比较多的，但在直播有限的时间里，主播不可能将商品的所有卖点一一讲解。因此，主播可以选择一些能够使所售农产品与同类农产品相区别的关键卖点，如味道、产地、外形、价格等进行讲解。

（1）味道

就可食用的农产品而言，味道好是促使用户购买的重要因素。但是直播时，用户不能亲自品尝农产品，只能通过主播的表现来想象农产品的味道。因此，主播要围绕农产品的味道进行描述，并搭配一些肢体动作，突出农产品的可口。

另外，如果农产品需要烹饪，主播可以现场展示烹饪过程。首先要尽量多用近景展示农产品的全貌，详细描述农产品的外观，然后要试做、试吃，之后再描述农产品的味道、口感等。这样既能向用户传递农产品的烹饪方法，也能展示农产品的美味。

（2）产地

对农产品来说，产地也是一大关键卖点。例如，要在直播间售卖新疆葡萄，主播就可以将产地作为卖点，因为新疆拥有充足的日照，十分有利于葡萄的种植，而且新疆葡萄皮薄肉嫩、含糖量高，深受大家认可。

要想以产地作为关键卖点来介绍、销售农产品，在条件允许的情况下，主播可以将直播场地移到田间地头，向用户展示真实的农产品收获场景，以有效提升用户的参与感。

（3）外形

如果农产品的外形比其他同类农产品更有优势，主播可以在直播时强调农产品的外形，如个大饱满、红润有光泽等。如果农产品的外形比较独特、少见，主播可以在直播时采用对比的方法来展现农产品外形独特这一特点。例如，同样是桃子，图 6-17 所示为市面上常见的桃子，图 6-18 所示为外形比较独特的桃子，主播在讲解时就可以强调其外形方面的特点。

图 6-17　市面上常见的桃子　　　图 6-18　外形比较独特的桃子

（4）价格

许多人选择在直播间购买商品的一大原因就是可以享受优惠的价格。就直播而言，客单价低、性价比高的商品非常容易成为热销商品。因此，如果直播间的农产品拥有价格优势，主播可以将价格作为一大卖点。具体话术方面，主播可以采用价格对比的形式，将直播间农产品的价格与该农产品的历史价格做对比、与同类农产品的价格做对比、与其他平台该农产品的价格做对比，或者向用户强调直播间的满减、折扣等优惠活动，突出自己的直播间的价格更低。例如："给大家看看这款大米平时的售价，一袋是 79 元，今天在直播间买两袋只需要 129 元，真的特别划算，小伙伴们千万不要错过！"

（5）增加农产品的附加值

农产品容易出现同质化程度较高的情况，主播要想在同类农产品直播中脱颖而出，提高农产品的销量，可以从品牌和包装两方面入手。

① 品牌

除了品质，农产品深层次的竞争是品牌建设和文化内涵的竞争。打造独具特色的品牌，赋予农产品特殊的文化意义，不仅可以提升农产品的档次，还可以提升农产品的知名度，增加农产品的销量。在直播时，主播可以强调农产品的品牌理念，如："山西省平遥牛肉集团集饲草种植、种牛繁育、肉牛育肥、屠宰分割、深细加工、文化旅游为一体，是我国商务部认证的'中华老字号'企业。企业以'生产的是质量，经营的是诚信'的理念，严格把控产品质量。其产品冠云平遥牛肉获得的荣誉众多，其传统制作技艺还被列入非物质文化遗产名录。"

主播也可以讲述品牌故事，如品牌创始人的故事、品牌创建的故事、种植人"匠心种植"的故事等。图 6-19 所示为某茶叶品牌故事的部分截图，其很好地体现了品牌创始人不忘初心的情怀，能提升用户对品牌的好感度，主播在直播时可以补充讲述相关内容。

图 6-19　某茶叶品牌故事的部分截图

② 包装

良好的包装不仅能够在运输过程中为农产品提供更好的保护，还能提升用户对农产品的好感，增加农产品的附加值。图 6-20 所示为某品牌的草莓，主播在讲解时就可以说："这款草莓的包装很精致，很用心。给朋友们看看，内包装用泡沫网套直接包裹单个草莓，再使用异形泡沫内衬做缓冲，进一步固定草莓，这能很好地保护草莓！外包装是设计师精心设计的，看起来特别上档次，拿出去送人也十分合适！"

图 6-20　某品牌草莓的包装

2．如何打造农产品直播带货流量爆款

（1）标题和封面设计

制作引人入胜的标题和封面，吸引观众点击。标题要简明扼要，封面图要有视觉冲击力，突出农产品的特色。

（2）专属福利与会员制度

打造专属福利，吸引用户成为会员。会员制度可以包含专属折扣、提前购买权益、定期会员日等福利，激发用户消费忠诚度。通过这种方式，用户更有可能选择在直播中购买，形成稳定的流量。例如，设立会员专享购物日，会员在该日购买农产品享受额外折扣或尊享礼品，通过会员制度提高用户黏性和消费意愿。

（3）优选礼品与限量款式

提供优选礼品或推出限量款式，增加产品的稀有性，引发用户的购买兴趣。用户在农产品直播中往往更愿意购买独特的商品，特别是带有限量或独特标签的商品。例如，可以推出限量版农产品礼盒，包含独特包装，只在特定直播活动中限量销售。

（4）跨界合作与名人助阵

考虑与其他行业进行跨界合作，或邀请名人助阵，增加商品的曝光度。合作方能够为直播间带来额外的流量，提高直播的关注度和用户规模。例如，与知名厨师合作，进行农产品烹饪直播，通过专业的烹饪技巧和知名厨师的影响力，吸引更多用户关注直播并购买农产品。

（5）定向推广

在直播前，通过多种方式进行定向推广。可以利用社交媒体、短视频平台等，扩大直播的曝光度。合理运用平台的推广工具，提高直播的可见性。通过精心策划和执行，农产品直播带货不仅可以提升农产品的销售业绩，更有助于树立品牌形象，吸引更多的忠实用户。在这个充满竞争的市场中，只有不断创新和优化，才能脱颖而出。

（6）讲故事，传递情感

农产品直播并非单纯的商品展示，更是一个传递情感和讲述故事的过程。主播在直播间讲好农产品的故事，能够唤起用户的同理心，快速拉近与用户的距离，加深用户对农产品的印象，增强用户对农产品的感知。主播讲的故事可以是自己的故事，也可以是他人的故事。讲故事时要注意，语言应生动有趣，不能过于直白，目的是让用户在轻松的氛围中接受农产品。

"我在农村长大，夏末初秋时节，躺在院子里的凉席上，听大人讲他们一天的收获和第二天的计划。晚风徐徐吹来，树叶沙沙作响，空中繁星点点。那些夜里，我要么抱着一个在井里冰镇过的西瓜大快朵颐，要么啃着一根自家地里种的玉米，那根玉米的口感就正如这款玉米。我回不到那段时光，但我可以找到属于那段时光里的味道……"这是某主播在介绍某款玉米时讲述的故事。该主播回忆了自己儿时在乡村的夏夜乘凉的情景，通过对环境的生动描述，营造了一个宁静美好的场景，并在这个场景中植入要推荐的玉米，引导用户去想象玉米的口感。

（7）制定独特的直播主题

制定独特的直播主题是一个需要综合考量的过程，需要深入了解农产品的特性与故事，同时分析目标用户的需求与偏好。在此过程中，寻找独特视角、创新直播形式、注重情感共鸣是关键。同时，进行市场调研以了解竞争对手并寻找差异点也至关重要。例如，可以选择"农家乐园探秘"作为主题，通过实地探访农场，展示农业生产过程，让用户感受农场的宁静

和丰收的喜悦。这样的主题不仅可以突出农产品的原生态与新鲜度，也可以吸引喜欢田园风光的用户。

✿ 6.3.2　生活用品直播

1．介绍生活用品的关键卖点

生活用品是人们日常生活中的消耗品，主播在推荐时可以从实用、耐用、优惠、美观等卖点入手。

（1）实用

实用即从生活用品的功能出发，说明其非常好用。例如，图 6-21 所示为某品牌的扫把，主播在介绍时就可以说："朋友们，你们在扫地的时候有没有遇到这样的情况：灰尘怎么也扫不干净，扫把头上缠绕的头发怎么也清理不干净，缝隙夹角怎么都扫不到？今天给你们推荐一款我自己家一直在用的扫把。这款扫把不仅设计了刷毛非常浓密的扫把头，扫把头可 180°随意旋转，而且搭配的簸箕上特别设计了可伸缩的梳齿，既可以轻松扫走头发和灰尘，不会留卫生死角，还能快速用梳齿刮走扫把头上的垃圾，包括头发和灰尘，真的特别好用！"

图 6-21　某品牌扫把

（2）耐用

耐用主要通过商品的使用寿命来反映。主播可以从材质、制作工艺等方面说明商品的耐用性。例如，图 6-22 所示为某品牌的垃圾袋，主播在介绍时可以说："朋友们，垃圾袋质量好真的太重要了！我之前经历过好几次，打扫完卫生，结果刚提出门垃圾袋就坏了，然后垃圾掉了满地！后来经过仔细挑选和对比，我终于找到了一款质量足够好的垃圾袋。这款垃圾袋使用加厚 PP（聚丙烯）材质，韧性强，耐高温，非常耐用，就算是装两桶水都完全不会破！"

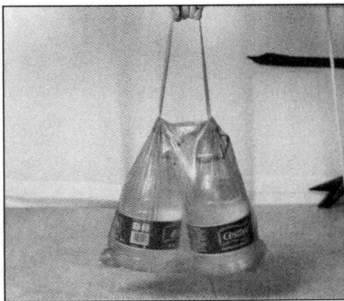

图 6-22　某品牌的垃圾袋

（3）优惠

强调生活用品的实用、耐用可以体现生活用品的使用价值，而优惠信息可以体现其高性价比。因此，在直播带货过程中，主播可以不断提醒用户购买商品所能享受的优惠，让用户意识到商品的高性价比，从而产生购买欲望。

由于直播间商品的售价一般比平时的售价低，主播在介绍优惠信息时有两个方法。一是先说出生活用品的原价，再说出直播间的优惠价，通过价格对比刺激用户产生购买欲望。二是使用层层递进的话术，让用户感觉到生活用品的优惠。例如，某品牌给的最低折扣是 7 折，而这个折扣对很多用户来说并不具有很强的吸引力，那么主播可以利用层层递进的话术，先说："今天××品牌做促销，价格要比平常低，给我们的直播间价格是原价的 9 折！"

如果有用户说 9 折的优惠力度不大，主播就可以趁势说："朋友们，9 折的价格已经比平时低很多了，不过为了显示我们的诚意，我们向品牌争取了 8 折的价格！"

如果还有用户要求更大力度的折扣，那么主播可以说："8 折已经是很低的折扣了，我非常难办呢，但是看朋友们这么热情，为了感谢你们的支持，我决定再给大家一些福利，请工作人员赶紧协调一下，看能不能直接打 7 折！"

这种持续互动并一步步给出更多优惠的方式可以让用户的购买热情越来越高。

（4）美观

一般来说，在直播间购买生活用品的用户中，女性用户的占比较大。对于某些女性用户而言，同一类型的生活用品，更美观的往往对其吸引力更大。例如，图 6-23 所示的两款雨伞，如果用户认为左图中的比右图中的更美观，其购买左图的雨伞的概率就更大。因此，如果某生活用品的外形比较好看，那么主播可以多强调其美观性，如："这款雨伞真的好可爱，伞面有可爱的兔子。撑一把这样的伞出门，我感觉我的心情都会变得很好！"

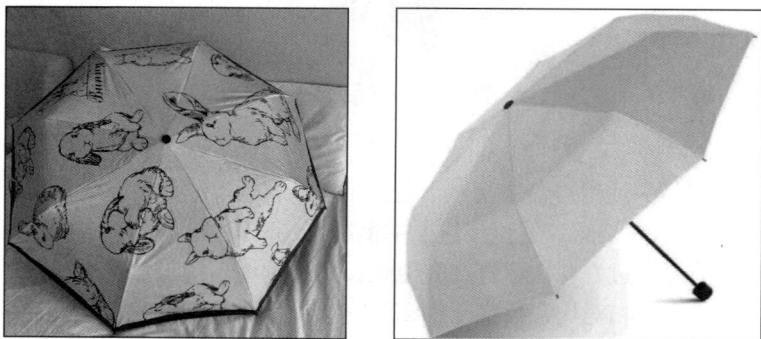

图 6-23　两款雨伞

2．试用生活用品

试用即在直播现场亲自使用商品。主播在直播现场试用生活用品，可以将商品卖点具象化，从而让商品卖点更具说服力，为用户营造真实的体验感。主播可以采用试用的方法验证生活用品的卖点或对比使用前后的效果。

（1）验证生活用品的卖点

主播展示生活用品的使用方法和使用过程，验证其讲述的卖点，并分享使用体验与效果，可以激发用户的使用需求和购买欲望。例如，某直播间的主播针对行李箱静音、耐摔、抗压的卖点进行了试用验证，如图 6-24 所示，以提升用户对行李箱的信任感。

图 6-24　验证行李箱的卖点

（2）对比使用前后的效果

对比使用前后的效果可以让用户形象地了解生活用品的使用效果。例如，就拖把而言，对拖地前和拖地后的效果进行对比，可以让用户了解拖把的清洁能力，增强用户对拖把的兴趣；就收纳箱而言，展示收纳前的凌乱和收纳后的整齐，可以让用户了解收纳箱的优点，进而产生购买欲望。

另外，主播还可以将自己销售的生活用品与同类生活用品的使用效果进行对比，让用户直观地看到主播销售的生活用品的优势，提升用户对主播的信任度，进而提升购买欲望。

在试用生活用品时，主播要用生动的语言将自己的使用感受描绘出来，使用户产生联想，如"这款行李箱非常轻，感觉跟我的平板电脑差不多重"。

任务实训

一、实训目的

1. 掌握农产品的直播方法。

2. 掌握生活用品的直播方法。

二、实训要求

1. 分组实施：每 3～5 人为 1 组，每组选出 1 名组长。

2. 实训方式：针对农产品和生活用品进行一场模拟直播，直播时长为 60 分钟。

三、实训内容

1. 话术筹备

① 农产品直播话术：深入研究并撰写针对特色农产品的直播话术，内容需涵盖产地情况、种植/养殖技术、产品新鲜程度、营养价值、优惠信息等；同时，针对用户可能提出的关于产品来源、质量等问题，准备详细的答复话术。

② 生活用品直播话术：深入研究并撰写针对日常生活用品的直播话术，内容需包括产品功能、使用效果、材质特点、价格优势、适用场景等；同时，针对用户可能提出的关于产品使用、保养等问题，准备详细的答复话术。

2. 模拟直播实践

使用精心准备的直播话术进行模拟直播练习。在练习过程中，注意控制语速、语调和节奏，以展现良好的语言表达技巧。同时，尝试运用不同的策略和方法来激发用户的兴趣和购买欲望。

3. 话术优化与调整

观看自己或同学的模拟直播录像，客观分析话术使用的实际效果。根据分析结果，对自己准备的话术进行必要的调整和优化，以提升直播效果。

四、总结分析

根据直播实践情况，各小组进行自评和互评，撰写个人心得和总结，最后由教师进行评价和指导。

知识考核

一、单选题

1. 下列关于公域流量和私域流量的说法错误的是（　　　）。

    A. 公域流量也叫平台流量

    B. 商家通过淘宝、京东、拼多多等平台销售商品所获取的流量属于公域流量

    C. 主播对公域流量没有支配权，只能跟随平台的发展规律顺势而为

    D. 私域流量对商家的运营能力要求比较低

2. 下列不属于直播前预热的是（　　　）。

    A. 将主播在平台上的账号昵称修改为"名字+固定直播时间"

    B. 在微博上通过文字、海报、链接等告知微博粉丝直播时间、优惠活动等

    C. 发布短视频，真人出镜，告诉粉丝直播时间

    D. 在粉丝群派发红包

3. 下列关于直播引流的说法正确的是（　　　）。

    A. 直播引流就是指直播过程中的引流

    B. 直播结束后，粉丝维护对引流毫无意义

    C. 直播前，直播运营团队可以通过文案、短视频等进行引流

    D. 直播引流包括直播前引流和直播中引流

4. 下列话术中可能会让主播丢失粉丝的是（　　　）。

    A. 不好意思，发货由品牌方和厂家那边负责，可能有什么原因耽误了，你再等等吧

    B. 非常抱歉，让你们久等了，我在这里向大家真诚地道歉。这款连衣裙销售非常火爆，当晚卖出×套，瞬间爆仓。这是出乎主播和品牌方意料的，真的非常感谢大家的厚爱！目前品牌方正在连夜赶制，他们会按照订单顺序以尽可能快的速度为大家发货，再次向大家表示歉意

    C. 非常抱歉，未能在 24 小时内发货，真的对不起大家了！因为下单的人太多了，厂家那边的物流有些紧张。不过，目前厂家正在有序地发货，相信 48 小时内所有订单都会发货。为了表示歉意，对于未按时发货的订单，我们会给相应用户发放一张 30 元的优惠券，无使用门槛

    D. 非常抱歉，这款衣服是由厂家直接发货的，主播也不能掌控。我们的客服已经和厂家联系，他们承诺在 24 小时内全部发货。为了表示歉意，我向大家额外提供一张 8 折优惠券。希望大家看到我的诚意之后继续支持我，谢谢大家

二、多选题

1. 下列属于公域引流模式优势的有（　　　　）。

    A. 受众面广，可将信息快速传递给受众人群，形成广而告之的效应

    B. 可以持久地刺激消费者，有助于塑造品牌形象

    C. 有助于塑造品牌，用户可近距离感受企业服务，提高对品牌的认知度

    D. 可以保持品牌活跃度和竞争规模，增加品牌存活时间

2. 在粉丝群派发红包的好处有（　　　　）。

    A. 缓解主播的尴尬

    B. 容易促成用户购买商品，提高购买转化率

    C. 增加关注度

    D. 增加用户停留时长

3. 下列属于在直播间活跃气氛的方法有（　　　　）。

    A. 在粉丝群发红包　　　　　　　　B. 连续签到送福利

    C. 点赞量满 2 万发红包　　　　　　D. 整点发红包

4. 下列有关直播后引流的说法中正确的有（　　　　）。

    A. 每次直播后都要对直播进行总结，分析直播过程中的优缺点

    B. 每隔一段时间，对直播进行一次总结

    C. 做好粉丝维护，促进老用户复购

    D. 对直播视频进行剪辑，将其包装到推文中或做成精彩的短视频，让每一个有兴趣的用户都能关注直播账号并将其分享到自己的社交圈，为直播间引来更多的流量

5. 下列直播引流的方法正确的有（　　　　）。

    A. 定点在直播间派发现金红包

    B. 点赞量满 2 万通过口令红包派发现金红包

    C. 点赞量满 2 万通过口令红包派发优惠券

    D. 邀请名人进入直播间合作直播

三、判断题

1. 直播运营团队只需要在直播前和直播中对直播间进行引流，直播后就不需要引流了。（　　　　）

2. 公域流量比私域流量更注重引导和运营。（　　　　）

3. 直播预告只能预告直播时间。（　　　　）

4. 如果是在抖音进行直播，直播运营团队可以在直播前使用 DOU+进行引流。（　　　　）

5. 在线人数不超过 200 人的直播间，适合通过发放口令发红包的方式引流。（　　　　）

四、案例分析题

某电器企业董事长在 2022 年 4 月开启了直播带货，但是由于准备不足，其直播首秀成绩不佳：全网共 431 万人观看，销售额仅 22 万元。

2022 年 5 月，该电器企业董事长卷土重来，开启了第二次直播。这一次，她做足了准备：优化设备、调整网络、充分演练、邀请名人暖场、邀请达人辅播……在如此策划与筹备后，第二场直播非常成功，主推单品成交额破 1 亿元，100 分钟内总成交额破 2 亿元，3 个小时后最终成交额突破 3.1 亿元，超额完成了任务。

1. 查找资料，分析该电器企业董事长首次直播成绩不佳的原因。
2. 分析该电器企业董事长在第二次直播前都做了哪些准备。

📊 项目实训

一、实训项目

淘宝或抖音直播运营实战

二、实训目标

1. 掌握淘宝直播或抖音直播的策划与运营技巧。
2. 掌握直播脚本的撰写方法。

三、实训要求

1. 分组进行：每 3～5 人为 1 组，每组选出 1 名组长。
2. 实训形式：以小组为单位，明确各自的职责，一起筹备并完成一场直播。

四、实训内容

1. 搭建直播运营团队：小组内部讨论各个成员擅长的技能，明确各自的职责，确定好以后，搭建直播运营团队。
2. 布置直播间：规划直播场地并进行直播间布景。
3. 直播选品：根据直播运营团队的能力与资源，选择适合自身定位的商品。
4. 商品定价：采取合适的策略为商品定价。
5. 预热引流：在微信、微博、短视频平台等渠道为直播预热引流。
6. 设计直播封面图、标题：根据直播主题设计合适的封面图与标题，以此来吸引用户进入直播间。
7. 商品上架和讲解：按照特定顺序上架商品并讲解商品的特征与优势，使用户了解并接受商品。
8. 提升直播间氛围：积极与用户互动，如开展抽奖活动、回答用户的问题、讨论热点话题等，提升直播间的人气。
9. 结束直播：结束直播后，直播运营团队要进行复盘。

五、总结分析

每个组派代表进行情况汇报，教师进行总结点评，并排出各组的名次。

项目 7

新媒体营销数据分析

🛒 **知识目标**

- 了解新媒体营销数据分析的意义；
- 了解新媒体营销数据的类别和来源；
- 熟悉新媒体营销数据分析的工具；
- 掌握新媒体营销数据分析流程；
- 掌握新媒体营销数据分析报告的框架。

🛒 **能力目标**

- 能够收集不同类别和来源的数据；
- 能够使用分析工具进行数据处理与分析操作；
- 能够撰写新媒体营销数据分析报告。

🛒 **素养目标**

- 树立数据隐私保护意识，坚守法律底线；
- 建立商业伦理观，培养社会责任感。

2024上半年抖音内容与电商数据报告

一个真正的新媒体营销高手，一定是一个"数据控"。很多新媒体营销从业人员都有每天看数据的习惯，但是如何分析平台数据是否达到最佳运营效果呢？飞瓜数据出品的《2024上半年抖音内容与电商数据报告》，从内容热门类型与趋势、创作者表现、电商带货复盘、平台特色布局等维度全面剖析抖音平台2024年上半年各项表现，洞察抖音市场发展趋势，找到2024年下半年营销、销售突破口。

1. 生活风格类视频占据热门，中长视频持续发展

在2024年上半年的热门视频中，随拍类视频数量远高于其他类型的热门视频，达到了总热门视频的17%。从内容标签的同比增幅趋势来看，二次元在抖音的影响力加大，明星八卦这类可以引发话题娱乐性的视频也有所增长，更易吸引用户注意。

近年来，抖音持续保持着对中长视频的挖掘与投入。从视频类型分布来看，2024年上半年中长视频发布数量增长较快。其中，时长在30～60分钟的视频同比发布数量增幅高达392.1%，而时长超过60分钟的超长视频总体互动率较高。根据飞瓜数据的统计可以发现，近半数中长视频为影视解说内容。

2. "种草"视频已成营销利器，潜力达人带货热度可观

在抖音的内容体系中，"种草"视频已经延伸出了"内容+流量"的多样化打法。"种草"视频的整体数量持续倍增，品牌依靠达人影响力布局的"种草"视频数量更是增加了157.2%。从各层级达人来看，潜力达人发布的视频不仅拥有最大的数量盘，且其发布的"种草"视频占比增长高达177.2%。点赞量超过100万的低粉爆赞内容多集中在游戏类相关视频中。

在细分品类中，新车、汽车零配件、汽车用品这三大汽车相关品类占据了"种草"视频同比增速的前3名，且呈现暴增趋势。汽车品牌已将抖音作为心智占领、线索获取、引导转化的重要阵地。不仅传统油车品牌利用抖音流量优势深耕新车上市宣发，国产新能源汽车品牌也发布各类内容与话题吸引用户互动，引发讨论。

从带货视频的销售热度来看，服饰、食品相关视频占有绝对优势。从达人层级来看，粉丝量在10万以下的潜力达人与粉丝量在10万～100万的腰部达人占了视频带货的大多数。并且，潜力达人的销售热度占比还在增长。智能家居、食品饮料等品类更易出现低粉爆单。

在高销售热度的带货视频中，美容/个护仪器、二手3C数码、全屋智能等细分品类互动热度较高。通过飞瓜品策的舆情分析功能可以了解到，美容/个护仪器的产品体验常被讨论，二手3C数码与全屋智能的功能需求则更被关注。

3. 图文内容持续发展，种草类增幅更为显著

随着抖音近年来对图文内容的持续投入，品牌商家利用图文营销的影响力在持续扩大。图文视频整体数量较2023年同期翻倍增长。在"种草"图文内容方面，游戏服务类图文人气指数最高，运动装备相关的户外/登山/野营、旅行用品、运动包/户外包/配件细分品类占据人气指数前5名中的两席。此外，低粉爆单的带货图文以服饰和食品类为多数。

从2024年上半年图文视频各类标签表现来看，美食、医疗健康内容发布数量同比涨

幅较大，在 30%以上。颜值、二次元、萌宠、影视内容则是"获赞高手"，平均获赞都超过 2000 次。在各类型组件的运用上，团购、橱窗等组件是主要使用类型，而晒单、活动组件的互动率遥遥领先。

4．商品卡已成生意关键，多个品类以此开拓新增量

2024 年，抖音在货架场景领域持续发力，商品卡为抖音整体电商市场带来强劲增长动力。其中销售热度较 2023 年上半年同期增幅高达 153.6%。从各个细分品类表现来看，电脑组件、畜牧/养殖物资、DIY 电脑等的商品卡的销售占比已超过 50%，货架场域成为品类最重要的出货渠道。

(任务7.1)　认知新媒体营销数据分析

新媒体运营的日常工作除维护新媒体平台、产出优质内容外，最主要的就是做好数据分析，越来越多的企业在录用新媒体运营人员时更看重求职者的数据分析能力。

对于企业来说，每天分析新媒体营销数据，可以更好地预测运营方向、控制运营成本及评估营销方案。只有及时进行数据分析，才可以更精准地去运营企业或账号。

7.1.1　新媒体营销数据分析的意义

1．预测运营方向

新媒体运营人员需要借助互联网查看相关数据，以此来分析和判断是否要结合相应的网络热点来为新媒体活动编辑相应文案。常见的可以用来收集数据的网站包括但不限于百度指数、微信指数及头条指数等，学会使用工具和数据网站也是新媒体运营人员必须具备的能力。

2．控制运营成本

成本是每个企业都非常在意的新媒体数据，企业在做新媒体营销时一方面要关注销售额的增长和品牌知名度的提升，另一方面要控制运营成本，特别是广告的投放成本。因此新媒体运营的广告投放必须精准，不精准的投放极有可能造成成本的浪费，这就需要新媒体运营人员借助数据来分析应该在哪里、在什么时间段、投放什么样的广告。

3．评估营销方案

每一次的营销方案都是根据上一次的经验总结出来的，可以参考但不能完全借鉴，因为数据是在变动的，因此需要重新进行数据的评估。对于营销方案，要评估的数据有目标达成率、最终销售额、过程异常数据以及失误率等。

7.1.2　新媒体营销数据的类别和来源

1．新媒体营销数据的类别

常见的新媒体营销数据类别丰富多样，涵盖了用户行为、内容、广告等多个方面。以下是一些主要的数据类别。

（1）用户行为数据

用户行为数据包括用户的登录、浏览、点击、分享、评论、点赞、购买等行为数据。例

如，用户在微博上的转发量、评论数，或者在抖音上的观看时长、点赞数等，都是用户行为数据的体现。这些数据能够反映用户对内容的兴趣程度和互动意愿。

（2）内容数据

内容数据涉及平台上的各类内容，如文章、图片、视频等。对于文本内容，可以通过自然语言处理技术进行情感分析、主题提取等；对于图片和视频内容，则可以通过图像识别和视频分析技术来提取关键信息。例如，新闻资讯平台上的新闻发布量、阅读量，短视频平台上的视频观看量、点赞量等，都是内容数据的重要部分。

（3）广告数据

如果新媒体平台涉及广告投放，那么广告数据也是一类重要的数据。广告数据包括广告的投放量、点击量、转化率等。这些数据有助于评估广告的效果，优化广告投放策略。

（4）社交数据

在社交媒体平台上，用户的关注、互动等方面的社交数据也十分重要。这些数据能够反映用户之间的社交关系和互动情况，对于理解用户行为、构建用户画像以及进行精准营销具有重要意义。

此外，根据不同的新媒体平台类型和业务需求，还可能有其他特定的数据类别。例如，音频平台可能会有音频播放次数、时长等数据；电商平台则可能关注商品的浏览量、购买量、销售额等数据。这些数据不仅有助于平台了解用户的需求和行为，优化内容和服务，还能为广告商和运营人员提供决策支持，实现更精准的营销和推广。同时，对这些数据进行深入分析和挖掘，还能发现更多的商业机会和潜在价值。

2．新媒体营销数据的来源

从获取数据的渠道来看，数据来源包括新媒体平台后台数据、第三方工具数据、公共资源平台数据以及人工统计数据。

（1）新媒体平台后台数据

企业采用的新媒体平台主要是微信、微博、抖音等。这些平台的后台都提供了相关数据，如公众号后台提供包括消息发送人数、消息发送次数、新增关注数、新增用户来源、单篇图文阅读量、全部图文阅读量、微信菜单点击数在内的各项详细数据指标。分析相关指标，对于公众号运营具有极强的指导意义。

（2）第三方工具数据

当新媒体平台的后台无法提供所需的数据，可以利用第三方工具进行数据获取，目前常用的第三方数据分析工具有很多，例如新榜、西瓜数据、孔明社会化媒体管理平台、考拉新媒体助手等。这些工具通常具有强大的数据收集、处理和分析能力，能够帮助新媒体运营人员更全面地了解新媒体营销的效果，为决策提供数据支持。在使用第三方数据分析工具时，要确保数据的安全性和准确性，同时遵守相关法律法规和平台规定。

（3）公共资源平台数据

在新媒体营销过程中，对行业的分析与市场的调研也不可或缺，需要获取大量相关数据来了解行业趋势、热点、权重等问题，这些数据的来源主要如下。

① 政府及相关部门网站。这些网站的数据具有权威、及时、准确的特点，如国家及各省（区、市）统计部门的官方网站。

② 行业协会。很多行业协会是本行业权威数据的发布方，他们拥有很多主管政府部门没有的数据，如景气指数、价格指数等，这些数据是对政府主管部门数据的一个补充。

③ 行业网站。专门的行业网站会自己调查发布一些数据，其优势是能够深入到细分领域，数据更加详细。

④ 咨询公司、智库。很多咨询公司和智库也会建设自己的数据库并对外发布调研数据和研究报告，研究报告中的数据往往能很好地反映一些市场现状，但是其数据连续性可能较差，数据的分布也比较零散，如易观分析、艾瑞咨询、中商情报网等。

⑤ 其他公开数据源，如调查上市公司可以查看其官方网站发布的定期报告，研究舆情话题热度可以利用百度指数、微指数、微信指数，等等。

（4）人工统计数据

还有些数据来源于调研，包括调研问卷、线下活动的现场登记及一些即兴反馈等，有时这些数据还需要人工统计。目前可以在很多线上调查网站进行调研，例如问卷星，这样可以将传统纸质问卷转化为简单快捷的在线调查问卷，能轻松导入问卷，多渠道分发问卷，还能完美适配移动端。这些网站还具备后期分析功能，总体来说十分方便。

7.1.3 新媒体营销数据分析的工具

新媒体运营人员在日常工作中会用到很多数据分析工具，这不仅可以提高工作效率，还能为运营目标提供数据支撑，方便运营方案调整及修改。

1. 公众号数据分析工具

（1）新榜

新榜是一个新媒体大数据平台，提供公众号、抖音、小红书、B站、快手等主流内容平台的数据工具和服务，可帮助用户了解和运营自己的内容账号。对于微信公众号，新榜提供的数据分析内容包括公众号粉丝数、阅读数、点赞数、文章分析、文章排行榜、关键词搜索趋势、公众号运营数据、地域分布、设备分布、年龄分布、性别分布等。图 7-1 所示为新榜官方首页界面。

图 7-1　新榜官方首页界面

（2）西瓜数据

西瓜数据是一个专业的社交媒体账号数据分析平台，其主要功能包括提供数据分析平台，致力于为电商商家提供公众号数据分析服务，同时也适用于其他平台。作为一款公众号数据分析平台，西瓜数据提供了丰富多样的功能和服务，包括查询公众号相关信息、提供多维度的公众号榜单、公众号关键词动态追踪和公众号分析诊断等。图 7-2 所示为西瓜数据官方首页界面。

图 7-2　西瓜数据官方首页界面

除此之外，西瓜数据还拥有数据监控、公众号之间的对比分析、广告删文检测和投放分析等功能，能够帮助运营人员从多个维度了解公众号的运营情况，并进行高效的营销决策。

（3）微信指数

微信指数是微信官方提供的、基于微信大数据分析的移动端指数产品。它能够反映某个词语在微信内的热度变化。微信指数所反映的热度变化来源于对微信搜索、公众号文章以及朋友圈公开转发文章形成的综合分析。图 7-3 所示为微信指数官方首页界面。

图 7-3　微信指数官方首页界面

2．抖音数据分析工具

（1）飞瓜数据

飞瓜数据是一个短视频与直播数据查询、运营及广告投放效果监控的专业工具，旨在为用户提供高效、准确的数据统计与分析服务。该平台具有数据挖掘、数据分析、数据可视化、推荐算法等多项核心功能，可帮助用户快速完成数据挖掘和分析工作。图 7-4 所示为飞瓜数据官方首页界面。

图 7-4　飞瓜数据官方首页界面

（2）新抖

新抖是一个抖音短视频和直播电商数据工具。新抖是新榜旗下的抖音数据产品，是抖音全场景 AI 数据平台，不仅提供抖音热门视频、抖音话题挑战赛等抖音创意素材，也提供抖音号及 MCN 机构排行等信息，还提供打卡探店、直播带货、名人直播监测、短视频种草带货、热卖商品、品牌营销等方面的在线数据服务，助力达人更好地运营账号。图 7-5 所示为新抖官方首页界面。

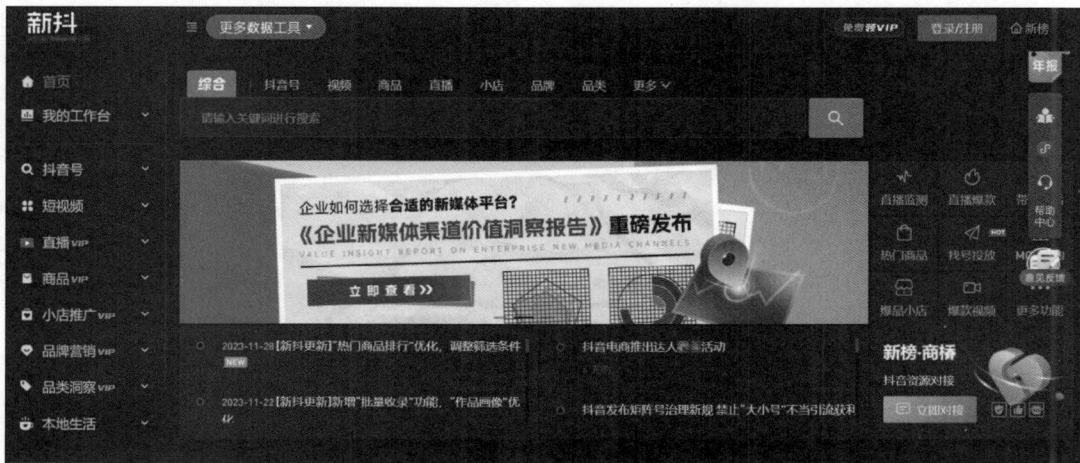

图 7-5　新抖官方首页界面

（3）抖查查

抖查查的数据接口提供抖音、快手等短视频平台的全量直播数据、短视频数据，能够对数据进行抓取、解析、汇总和整理，并在此基础之上进行可视化分析。这些数据可以用于分析短视频平台上的流行趋势，挖掘热门内容，追踪用户行为等，对内容创作者、品牌商家和电商从业者来说具有很高的参考价值。图 7-6 所示为抖查查官方首页界面。

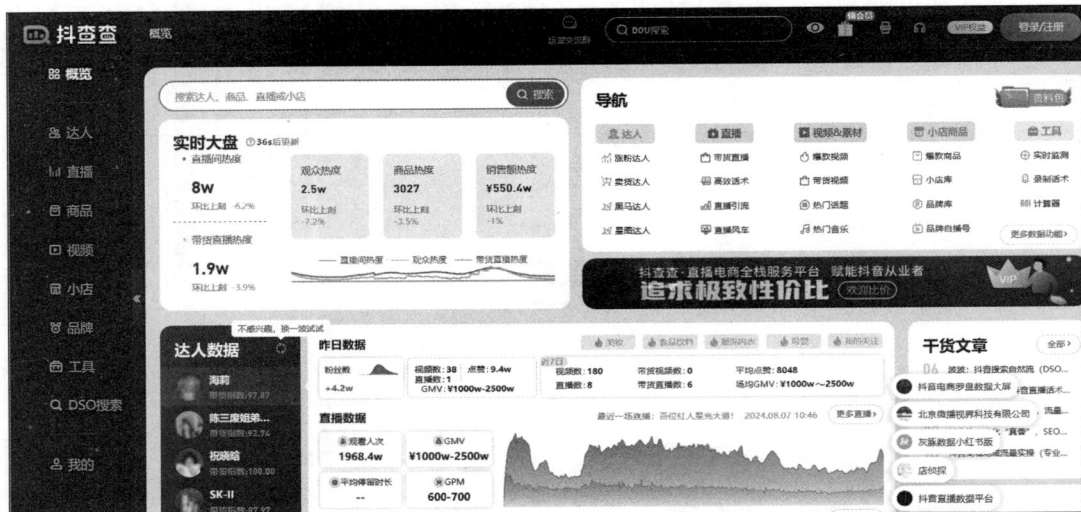

图 7-6　抖查查官方首页界面

（4）蝉妈妈

蝉妈妈是一款短视频与直播电商数据分析工具，旨在为商家和达人提供深入的直播、短视频数据查询与分析，能够帮助用户更好地了解抖音平台的市场情况，制定有效的营销策略。图 7-7 所示为蝉妈妈官方首页界面。

图 7-7　蝉妈妈官方首页界面

蝉妈妈提供了包括抖音达人、抖音商品、抖音品牌、抖音话题等在内的全面数据分析，用户可以快速了解抖音的热门内容和商品，把握市场趋势和用户喜好。同时，蝉妈妈还提供了数据监测和预警功能，能帮助用户及时发现异常数据表现，及时调整营销策略。

3．小红书数据分析工具

（1）小红书蒲公英

小红书蒲公英是小红书官方推出的一款社交媒体推广工具，主要用于品牌和优秀内容生产者之间的合作推广，可以让品牌通过支付给内容生产者一定的推广费用，在内容中植入产品或服务，来扩大品牌影响力，提升品牌形象，吸引潜在客户。图 7-8 所示为小红书蒲公英的官方首页界面。

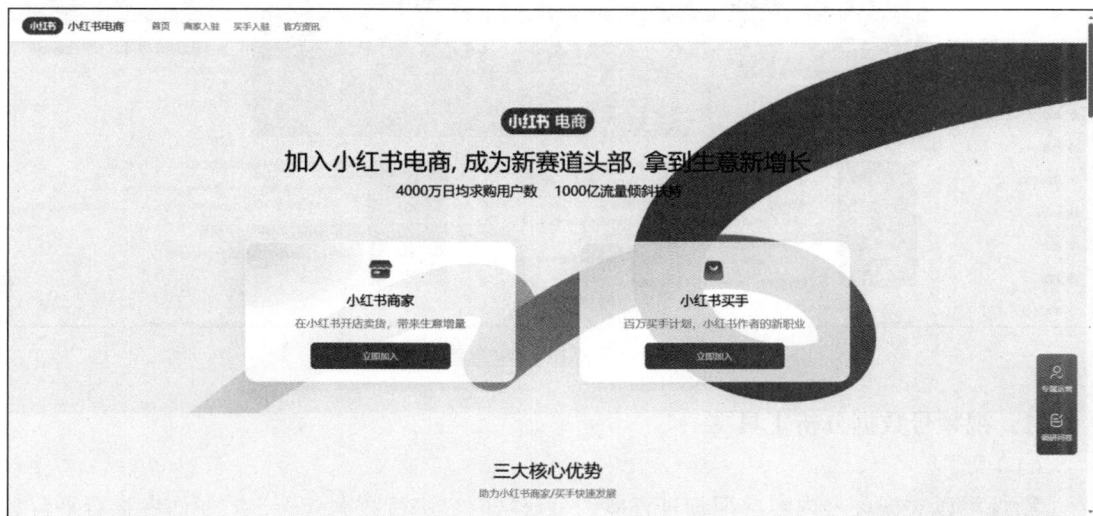

图 7-8　小红书蒲公英官方首页界面

（2）新红

新红是一款小红书的数据分析工具，它为品牌和商家提供了一系列的数据分析和洞察，以帮助他们更好地了解小红书用户的需求和行为，优化营销策略。图 7-9 所示为新红官方首页界面。

图 7-9　新红官方首页界面

（3）千瓜数据

千瓜数据是一款小红书大数据可视化分析工具，它能够同时提供营销策略方案及精准"种草"服务，通过多维度拆解用户行为，驱动业务决策与营销增长，赋能品牌数字营销能力。图 7-10 所示为千瓜数据官方首页界面。

图 7-10　千瓜数据官方首页界面

4. 视频号数据分析工具

（1）新视

新视可以对视频号内容、视频号直播、公众号内容进行数据分析，方便作者查看平台数据，进行运营策略调整。图 7-11 所示为新视官方首页界面。

图 7-11　新视官方首页界面

（2）友望数据

友望数据是一款全面的新媒体数据检索、分析、运营及管理工具，提供矩阵式的互联网数据监测分析功能，其数据涉及新闻媒体、自媒体、短视频、电商等全媒体领域。友望数据致力于提供及时、全面、准确的数据，满足客户在运营管理、数据分析、舆情监测等方面的需求。同时，友望数据还提供多种定制化的服务和产品，如数据 API 接口服务、数据挖掘分析报告、定制化数据产品等，以满足不同客户的需求。图 7-12 所示为友望数据官方首页界面。

图 7-12 友望数据官方首页界面

任务实训

一、实训目的

1. 了解新媒体营销数据分析的重要性及应用场景。
2. 掌握新媒体营销数据的收集与整理方法。

二、实训要求

1. 分组进行：每 3~5 人为 1 组，每组选出 1 名组长。
2. 实训过程：保持积极的学习态度，认真完成每个步骤的任务。
3. 数据收集：真实、准确，不得捏造或篡改数据。
4. 实训报告：条理清晰、内容翔实，能够反映出实训过程和成果。

三、实训内容

1. 理论学习：学习新媒体营销数据分析的基本概念、原理和方法，了解常用的数据分析工具及其功能特点。
2. 数据收集：选择一个新媒体平台（如微博、微信、抖音等）上你熟悉的品牌账号，收集该品牌在此平台本周内的营销数据，包括用户行为数据、内容数据、广告数据等。
3. 数据整理：对收集到的数据进行清洗、分类和整理，确保数据的准确性和可用性。

四、总结分析

每组选 1 名代表对该品牌的新媒体运营数据进行简要的描述总结，并进行小组互评，教师点评。

任务7.2 掌握新媒体营销数据分析流程和方法

能够对新媒体营销数据进行科学合理的统计和分析，将极大提升新媒体运营的效率，这要求相关的个人和企业熟悉平台以及熟练运用数据分析方法。

7.2.1 新媒体营销数据分析流程

新媒体营销数据分析需要新媒体运营人员理解业务流程，具备用数据解决问题的思维。

要想用数据分析来实现新媒体运营工作的优化和迭代，首先要搭建指标体系，做好数据采集和监控工作。

1．搭建指标体系

搭建指标体系的第一步是梳理业务流程，并搭建影响关键指标的数据模型。

在新媒体运营工作中，新媒体运营人员首先要明确该业务需要关注的核心指标是什么。

例如，抖音带货直播的运营工作中，核心指标有人气指标、互动指标、商品指标和交易指标等。在明确了核心指标后，可以进一步拆解影响核心指标的关键指标，并呈现其关系。

（1）人气指标

人气指标主要反映的是直播间的流量。带货直播间的人气指标主要有总观看人次、总观看人数、最高在线人数和平均在线人数。

总观看人次：指进入直播间的总人次，主要反映各个流量渠道的流量规模、流量的效率。

总观看人数：指观看直播的总人数。

最高在线人数：代表同时观看本场直播的人数峰值。

平均在线人数：本场直播平均每分钟的在线人数。

（2）互动指标

直播间互动指标主要有互动率、增粉率、加团率和人均观看时长。

互动率：指的是点赞、评论、分享行为的用户数和总观看人数的占比，体现的是用户对于直播内容的喜欢程度。

增粉率：也称关注率或涨粉率，主要关注的是直播间新增粉丝的数量，它反映了直播内容对用户的吸引力，以及直播间在吸引新用户方面的能力。

加团率：指某场直播中加入粉丝团的人数占该直播总观看人数的比例，也叫转粉团率。粉丝团是抖音等平台提供的一种功能，用户可以成为主播的粉丝团成员，享受更多的福利。加团是比增粉更加被用户认可的行为。

人均观看时长：指用户在直播间的平均停留时长，是衡量主播控场能力的重要指标之一，用户停留是互动的基础。直播间人均观看时长越长，直播间商品转化率就越高。影响直播间人均观看时长的因素有主播表现力、控场节奏、促单话术、定时福利、互动状况等，但人均观看时长主要和主播表现力有关，因此想要增加人均观看时长，主播就需要不断提升自己的表现力。

（3）商品指标

商品指标反映的是用户对于商品的兴趣，包括商品的点击人数、商品的曝光率、商品的点击率。

商品的点击人数：主要指用户实际点击商品的次数。如果直播间的商品展示次数为1000，商品的点击人数为10，那说明主播的引导力和货品的吸引力都存在一定问题，直播运营人员要考虑优化方案。还有一种情况是，品牌账号的粉丝群体与直播间产品的消费群体不匹配，那品牌就需要调整账号的日常运营工作了。

商品的曝光率：指商品展示给用户的次数与直播间进入人数的比率，它可以直观体现商品是否受欢迎、是否符合用户需求。商品的曝光率与商品标题、封面、价格、详情页等因素都有关，因此想提高商品的曝光率，需要做好物料的用户界面设计工作。

商品的点击率：这个指标通常需要保持在10%~20%，即有100个用户点击了商品链接，然后有 10~20 个用户下单购买。商品点击率反映的是直播团队在直播间运营方面的能力。

（4）交易指标

交易指标能反映直播间的整体变现效率，其核心要素分别是看播成交转化率和客单价。按次数来看，看播成交转化率结合客单价得到的是 GPM（Gmv per Mille，千次观看成交金额）；按人数来看，看播成交转化率结合客单价得到的是 UV（Unique Visitor，独立访客）价值。

看播成交转化率是指在直播场景中，产生购买行为的观众人数在观看直播的人数中所占的比例。它是衡量直播效果的重要指标之一，反映了直播内容、主播表现力、产品吸引力以及营销策略等多个方面的综合效果。

客单价：指平均每个用户的成交额，计算方法是客单价=GMV/直播的消费人数。直播间的商品客单价与商品价格密切相关。一般来说，成熟的直播间会出现商品价位两极化的情况，低客单价商品负责引流，贡献主要销量，而高客单价商品则负责获得利润，贡献主要销售额。

GMV（Gross Merchandise Volume，交易总额）：指的是下单总额，包含付款和未付款的部分，所以一般 GMV 值大于实际销售额。

UV 价值：指每个进入直播间的人带来的成交金额。UV 价值越高，代表单个用户对直播间贡献越大；相对地，UV 价值越高，平台也会更愿意给这样的直播间推流。因此，UV 价值对于直播团队而言是一个重要指标。

ROI（Return On Investment，投资回报率）：计算方法是销售额/坑位费。ROI 一般分为综合 ROI 和投放 ROI 两种。综合 ROI=销售额/单场投放成本。投放 ROI=因投放而产生的销售额/单场投放成本。

渗透率：指因直播产出的销售额与当天总销售额的比率，它反映的是直播对店铺的重要程度。

转化率：指直播间成交的订单数量在进入直播间观看的人数中的占比，是衡量直播效果的重要指标之一。自然流量转化率=通过自然流量产生的订单数 / 自然流量观看数。自然流量转化率剔除了付费流量的影响，仅针对直播间自然流量进行评估，最能反映直播间的"硬实力"。

单品转化率与整体转化率：单品转化率为后期选品、排品提供参考，整体转化率则影响后期平台是否给直播间推自然流量。

GPM：直播间平均每一千个观众下单的总金额，常用来衡量直播间的卖货能力。

CPC（Cost Per Click，每次点击费用）：即点击单价。

2．解决具体问题

在用新媒体营销数据分析方法解决具体问题时，可以采用这样一套基本流程：确定和分解问题、数据整理和分析、评估数据得出结论、整合结论做决策。以下是对这一流程每一部分的详细介绍。

（1）确定和分解问题

目的明确。首先，需要清晰地界定要解决的问题是什么。在新媒体营销中，这可能涉及用户增长缓慢、内容互动率低、广告投放效果不佳等具体问题。明确问题的核心是什么，有助于后续的数据分析和策略制定。

问题分解。将大问题细化为一系列可操作的小问题或子任务。例如，用户增长缓慢可进一步分解为用户来源分析（哪些渠道有效，哪些无效）、用户画像分析（目标用户群体的特征是什么）、内容吸引力分析（哪些内容更受用户欢迎）等。

（2）数据整理和分析

数据收集。利用专业的数据分析工具和社交媒体平台自带的数据分析工具，收集与问题相关的各类数据。这些数据可能包括用户行为数据（访问量、浏览量、点赞数、评论数等）、内容数据（阅读量、转发量、分享量等）及市场数据（竞品分析、行业趋势等）。

数据清洗。对收集到的原始数据进行清洗，去除重复项、处理异常值、统一数据格式等，确保数据的准确性和一致性。

数据分析。对清洗过的各类数据进行系统化处理与深度剖析，深入探索用户行为、内容表现、渠道效果等关键指标，提炼出有价值的信息，为后续的策略制定提供坚实的数据支撑。

（3）评估数据得出结论

经过前两个步骤，可以判断出问题出在哪个指标上，接下来要罗列影响该指标的情况可能有哪些，并结合实际情况得出结论。

（4）整合结论做决策

整合结论后，就可以展开具体业务决策，调整接下来的营销策略，同时还要继续对数据进行记录和观测，从而验证问题是否得到解决。

✸ 7.2.2 新媒体营销数据分析方法

1. 对比分析法

对比分析法，是指对不同客观事物加以比较，从而达到认识事物本质和规律的目的。对比分析法通常是将两个或两个以上相互联系的数据进行对比，从数量差异上揭示数据背后的规律，如规模大小、水平高低等。对比分析法需要两类数据，一类是目标数据，另一类是参考数据，通过对目标数据与参考数据进行对比，对目标数据的相对好坏做出评价。

对比分析法的应用场景如下。

（1）时间标准——纵向对比

常见的数据指标有同比、环比。

同比是指与上一年同期比较，查看今年数据是否有增长。

同比计算公式：

$$同比=（本周期指标/去年同期指标）×100\%$$

$$同比增长率=（本周期指标/去年同期指标-1）×100\%$$

环比是指通过与上一周期（上月、上季度）进行比较，查看这一周期（本月、本季度）的数据增长趋势。

环比计算公式：

$$环比=（本周期指标/上一周期指标）×100\%$$

$$环比增长率=（本周期指标/上一周期指标-1）×100\%$$

（2）空间标准——横向对比

将本公司的数据与其他公司的数据进行对比，查看本公司在行业中的水平：可以与竞品公司进行对比，可以与行业头部公司进行对比，可以与行业平均标准进行对比。

通过与不同对象进行对比，可以查看本公司在市场上的竞争力如何，同时找到调整方向。

（3）理论标准——差值对比

这是指将本公司的数据，与业内确立的、大家达成共识的标准，即理论标准进行对比，查看是否合格。

例如，关于一个人是否肥胖，业内有一个标准，即 BMI，亚洲人正常的 BMI 应在 18.5～23.9，与之对比，即可得知某人是否肥胖。

（4）目标标准——目标对比

目标标准是指业务目标，如销售额、GMV、获取线索量等。用当下的数据与业务目标进行对比，即可得知是否达标。

2．分组分析法

分组分析法是指通过统计分组的计算和分析来认识所要分析对象的不同特征、不同性质及相互关系的方法。分组分析法是通过研究对象内部结构的差异，进行定量或定性分析，以便找到事物的发展规律，正确发现问题、分析问题和解决问题。

例如电商运营中按照销售渠道进行分组，分成天猫、京东、抖音等，然后对比不同渠道的转化效果。

以上这些分组都是按照类别进行的，在实际应用中还需要对数值型数据进行分组，例如年龄、销售额、数量等，对数值型数据的分组也叫分箱。

例如，某公司想了解客户购买数量的情况，即只购买了 1 件的客户数，购买了 2～6 件的客户数，购买了 7～11 件的客户数以及购买了 11 件以上的客户数等。这里只是举个例子，在实际工作中分组方式要根据具体情况而定。

3．结构分析法

结构分析法是在统计分组的基础上，将某类数据与总体数据进行对比，计算各组成部分占整体的比重，进而分析某一整体的内部结构特征的统计方法。结构分析法简单实用，应用范围广。通过结构分析可以了解总体中某一部分的重要程度，再结合对比分析法分析某一结构指标是上升了还是下降了，新媒体运营人员可以快速了解活动的运营状况。结构分析法的使用方法如下。

（1）明确对象

假设一个新媒体平台（如微博、抖音等）正在进行用户行为分析，分析对象是用户在该平台上的活跃度和参与度。

（2）找到指标

在这个分析中，我们可以将用户行为分为几个主要的组别，如"浏览内容""点赞""评论""分享""关注/取消关注"等。

（3）分层观察

首先，我们收集一定时间段内（如一个月）的用户行为数据，然后对这些数据进行统计分组。接着，我们计算每个组别的行为次数或用户数，并将其与总体数据进行对比，得出每个组别占总体的比例。我们可能发现"浏览内容"组别的用户占比最高，达到了 80%，而"点赞"和"评论"组别的用户占比分别为 10%和 5%。这说明大部分用户在平台上的行为主要是浏览内容，而相对较少的用户会进行点赞和评论等更深入的互动。

（4）总结形态

通过上述结构分析，我们可以得出以下结论：平台的内容吸引力较强，能够吸引大量用户浏览。用户对内容的互动意愿相对较低，可能需要通过优化内容或增加互动功能来提高用户的参与度。基于这些结论，新媒体平台可以制定相应的策略来提升用户的互动程度和参与度，例如增加有趣的话题讨论、举办互动活动或优化点赞、评论等功能。

需要注意的是，结构分析法只是一种分析工具，其结果需要结合实际情况和其他分析方法进行综合考虑。同时，为了得到更准确的分析结果，需要确保数据的准确性和完整性。

任务实训

一、实训目的

1. 掌握新媒体营销数据分析的基本流程和方法，学会搭建有效的指标体系。

2. 运用新媒体营销数据分析方法解决实际问题，并进行总结提炼，以提升新媒体营销效果。

二、实训要求

1. 实训任务：××品牌新媒体平台近一周的营销数据分析。

2. 分组进行：每 3～5 人为 1 组，每组选出 1 名组长。

3. 实训形式：制作报告和汇报 PPT，各小组讲解。

三、实训内容

1. 确定分析目标：明确本次数据分析的主要目的，如提升用户活跃度、增加粉丝数量、提高内容互动率等。

2. 选择数据源：收集××品牌新媒体平台近一周内的营销数据，包括但不限于粉丝增长数、视频阅读量、视频点赞数、视频评论数、视频转发数、视频播放量、视频观看时长、用户画像等。

3. 搭建数据指标体系：根据分析目标，设计关键指标，如粉丝增长率、内容互动率、转化率等，并构建数据指标体系框架。

4. 数据收集与整理：利用平台自带的数据分析工具，对收集到的数据进行去重、缺失值处理、异常值检测等清洗工作，确保数据的准确性和可靠性；将清洗后的数据按照一定的逻辑（如时间、内容类型等）进行整合，便于后续进行分析。

5. 数据分析：选择一种分析方法，从数据中提炼出对提升营销效果至关重要的信息点。

6. 完成实训报告，包括数据分析流程、方法应用、结果展示和结论总结，并制作 PPT 进行汇报。

四、实训总结

完成汇报后，小组互评，教师点评。

任务7.3 撰写新媒体营销数据分析报告

新媒体营销数据分析报告是连接数据分析与营销决策的桥梁，其通过深入剖析用户行为、内容表现、市场趋势等关键数据，为团队提供科学、客观的决策依据。一份详尽而精准的新媒体营销数据分析报告，不仅能够帮助营销人员快速识别营销策略的有效性，及时调整方向以避免资源浪费，还能使其洞察市场先机，发现潜在的增长点和优化空间。此外，新媒体营销数据分析报告也是衡量团队工作成效、促进跨部门沟通的重要工具，其直观展示的数据成果能够激励团队成员持续优化营销策略，共同推动品牌影响力的提升和业务目标的达成。因此，对于新媒体营销从业人员而言，掌握数据分析技能，高效制作高质量的新媒体营销数据分析报告，是提升个人专业能力的关键所在。

7.3.1 新媒体营销数据分析报告撰写原则

想要撰写一份全面而有效的新媒体营销数据分析报告，关键在于围绕既定目标，明确分析范畴，系统性地揭示存在的问题及其原因，并积极探索解决之道。在此过程中，需遵循以下核心原则。

1．规范性原则

报告采用的术语应为行业内通用的术语，并且要保证标准统一、前后文一致，以增强报告的专业性和可读性。

2．重要性原则

报告中要体现分析重点。通过对关键指标及问题的重要程度进行分级，实施科学而聚焦的分析，确保报告内容精练且富有针对性。

3．真实性原则

报告必须坚持真实性原则，确保基础数据的完整性与准确性，分析过程应科学严谨，所得结论应合理、全面且贴近实际，做到实事求是。

7.3.2 新媒体营销数据分析报告的框架

新媒体营销数据分析报告的展现形式丰富多样，受众（如决策者、客户）和分析目标不同，其最终框架设计也不同。不过，一般而言，普遍采用且行之有效的框架遵循“总—分—总”逻辑，涵盖开篇导入、主体论述及结尾总结三大板块，具体包括以下内容。

1．标题

标题作为报告的灵魂，应力求精练而醒目，通常浓缩为一行或两行，旨在迅速传达报告主题，明确报告核心目标，激发读者兴趣。

2．目录

目录是报告的导航图，概括性地呈现分析框架与思路，辅助读者快速定位信息。目录的编排应简明扼要，避免冗余细节，确保主要章节一目了然。

3．前言

前言部分至关重要，它奠定了报告的基础，明确了分析背景、目标与思路。一个清晰明确的目标设定，能够增强报告的针对性与指导性，确保分析成果能够精准对接业务需求，为决策者提供坚实的数据支撑。

4．正文

正文是报告的核心，需详尽阐述分析过程与成果。正文部分要依据既定的分析框架与思路，运用多种数据分析方法，结合文字与图表，系统而深入地展示各项分析内容，确保逻辑清晰、信息全面。

5．结论与建议

结论部分是对分析结果的总结，要注意避免简单重复，应结合公司业务实际，通过综合分析与逻辑推理，形成具有洞察力的总体论断。同时，要针对发现的问题与挑战，提出切实可行的改进建议，旨在使公司保持优势、弥补不足，推动业务持续优化。

6．附录

附录是报告的辅助部分，非必需，但极具价值。它提供了正文中提及但未详细展开介绍的背景资料、专业术语解释、计算方法说明、重要原始数据等，为读者深入了解分析过程与结果提供了额外途径。

任务实训

一、实训目的

1．培养撰写新媒体营销数据分析报告的能力。

2．能够深入分析新媒体营销活动的现状、问题及趋势，并提出有效的建议。

二、实训要求

1．分组进行：每 3～5 人为 1 组，每组选出 1 名组长。

2．实训形式：撰写并制作 Word 版报告。

三、实训内容

1．现状分析：描述新媒体营销活动的整体概况，包括主要平台、内容形式、受众群体等；分析新媒体营销活动的表现，如用户参与度、传播效果、转化率等。

2．问题诊断：识别新媒体营销活动中存在的问题，如内容创意不足、用户黏性弱、营销渠道单一等；分析问题产生的原因，如市场需求变化、竞争对手策略调整等。

四、总结分析

完成汇报后，小组互评，教师点评。

知识考核

一、单选题

1．新媒体营销数据分析流程的第一步是（　　　）。

    A．解决具体问题　　　B．搭建指标体系　　　C．分析与诊断　　　D．数据总结

2．以下不属于公众号数据分析工具的是（　　　）。

    A．新榜　　　　　　　B．西瓜数据　　　　　C．微信指数　　　　D．新抖

3．以下不属于小红书数据分析工具的是（　　　）。

    A．小红书蒲公英　　　B．新红　　　　　　　C．千瓜数据　　　　D．新抖

4．对不同客观事物加以比较，从而达到认识事物本质和规律的目的。这句话描述的数据分析方法是（　　　）。

    A．结构分析法　　　　　　　　　　　　B．分组分析法

    C．对比分析法　　　　　　　　　　　　D．以上都不是

5．新媒体营销数据分析报告一定要真实，基础数据必须真实完整，分析过程必须科学严谨，分析结果需要合理、全面、实事求是。以上描述撰写报告的原则是（　　　）。

    A．真实性原则　　　　　　　　　　　　B．重要性原则

    C．规范性原则　　　　　　　　　　　　D．以上都不是

二、多选题

1. 新媒体数据的类别包括（　　　　）。
   A. 用户行为数据　　　B. 内容数据　　　C. 报告数据　　　D. 社交数据
2. 公共资源平台数据的来源有（　　　　）。
   A. 政府及相关部门网站　　　　　　　　B. 行业协会
   C. 咨询公司、智库　　　　　　　　　　D. 行业网站
3. 常见的数据分析方法主要有（　　　　）。
   A. 结构分析法　　　B. 分组分析法　　　C. 对比分析法　　　D. 趋势分析法
4. 撰写新媒体营销数据分析报告应遵循的原则有（　　　　）。
   A. 规范性原则　　　B. 真实性原则　　　C. 重要性原则
5. 新媒体营销数据分析报告的框架包括（　　　　）。
   A. 标题　　　　　　B. 目录　　　　　　C. 前言
   D. 正文　　　　　　E. 结论

三、判断题

1. 学会使用工具和数据网站是新媒体运营人员必须具备的能力。（　　　）
2. 在新媒体运营工作中，运营人员首先要明确该业务需要关注的核心指标是什么。（　　　）
3. 分组分析法是指通过统计分组的计算和分析来认识所要分析对象的不同特征、不同性质及相互关系的方法。（　　　）
4. 报告中所使用的名词术语可以不是业内公认术语。（　　　）
5. 新媒体营销数据分析报告中的前言主要包括 3 个方面：分析背景、目的和思路。（　　　）

四、案例分析题

图 7-13 所示数据为 2023 年 12 月 3 日华为品牌近 30 日的微信指数，请依据图片分析华为 2023 年 11 月的营销效果。

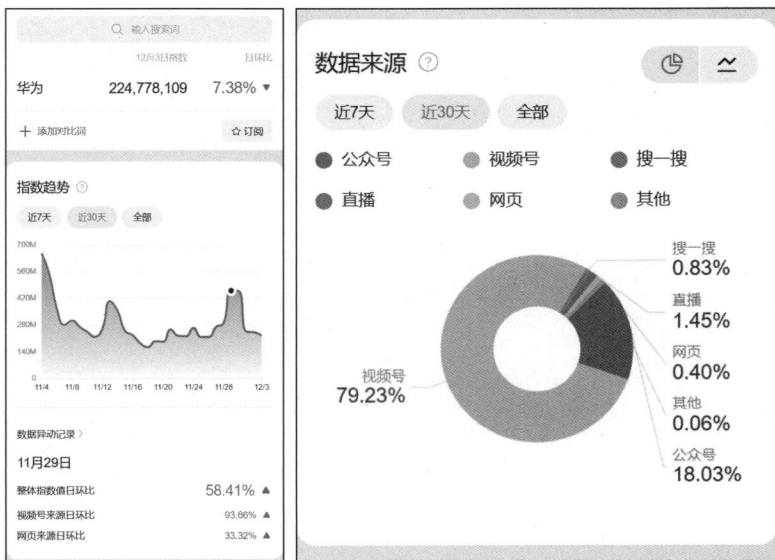

图 7-13　华为品牌的 30 日微信指数

项目实训

一、实训项目：撰写一份新媒体营销数据分析报告

二、实训目标

1. 熟悉新媒体营销数据分析流程。

2. 运用新媒体营销数据分析方法。

3. 提高新媒体营销数据分析报告撰写能力。

4. 培养数据收集能力及团队合作能力。

三、实训内容及要求

1. 选择一个品牌在某新媒体平台的年度或者某次营销活动，撰写新媒体营销效果数据分析报告。可以根据内容采用 PPT、Word 等不同软件完成。

2. 分组进行：每 3～5 人为 1 组，每组选出 1 名组长。

3. 报告要求：结构合理、逻辑清晰，实事求是、反映真相，用词准确、避免含糊，篇幅适宜、简洁有效，结合业务、分析合理。

四、总结分析

完成报告后以小组为单位进行路演，所有同学互相评议，教师点评、总结。